保赔保险发展演变与监管困境

郭丽军 张虹 著

中国财经出版传媒集团
中国财政经济出版社

图书在版编目（CIP）数据

保赔保险发展演变与监管困境／郭丽军，张虹著. --北京：北京：中国财政经济出版社，2020.6
　ISBN 978-7-5095-9846-7

　Ⅰ.①保… Ⅱ.①郭… ②张 Ⅲ.①海上运输保险-研究 ②海上运输保险-保险法-研究 Ⅳ.①F840.63 ②D912.280.4

中国版本图书馆 CIP 数据核字（2020）第 092250 号

责任编辑：孙　琛　　　　　　　责任校对：徐艳丽
封面设计：北京兰卡绘世

保赔保险发展演变与监管困境
BAOPEI BAOXIAN FAZHAN YANBIAN YU JIANGUAN KUNJING

中国财政经济出版社 出版

URL：http://www.cfeph.cn
E-mail：cfeph@cfeph.cn
（版权所有　翻印必究）
社址：北京市海淀区阜成路甲28号　邮政编码：100142
营销中心电话：010-88191537
北京财经印刷厂印刷　各地新华书店经销
787×1092毫米　16开　15.25印张　213 000字
2020年6月第1版　2020年6月北京第1次印刷
定价：68.00元
ISBN 978-7-5095-9846-7
（图书出现印装问题，本社负责调换）
本社质量投诉电话：010-88190744
打击盗版举报热线：010-88191661　QQ：2242791300

目 录

1. 导论 ……………………………………………………………（ 1 ）
    1.1　研究背景 …………………………………………………（ 1 ）
    1.2　国内外文献综述 …………………………………………（ 2 ）
    1.3　研究框架 …………………………………………………（ 11 ）

2. 保赔保险的内涵及演变历程 …………………………………（ 13 ）
    2.1　保赔保险的内涵与分类 …………………………………（ 13 ）
    2.2　保赔保险的起源与发展 …………………………………（ 17 ）

3. 保赔协会的组织机构及经营管理 ……………………………（ 22 ）
    3.1　保赔协会的组织机构 ……………………………………（ 22 ）
    3.2　保赔协会的经营管理 ……………………………………（ 25 ）
    3.3　保赔保险条款 ……………………………………………（ 30 ）
    3.4　其他特殊保险业务和服务 ………………………………（ 34 ）

4. 国际保赔保险的发展趋势及存在的问题 ……………………（ 38 ）
    4.1　国际保赔保险的现状 ……………………………………（ 38 ）
    4.2　国际保赔保险的发展趋势 ………………………………（ 43 ）
    4.3　国际保赔保险发展面临的问题 …………………………（ 48 ）

5. 中国保赔保险发展现状、问题及前景分析 …………………（ 54 ）

5.1 中国保赔保险发展现状 ………………………………（54）
5.2 中国保赔保险发展的问题及原因分析 ……………（60）
5.3 中国保赔保险发展的前景分析 ………………………（63）

6. 中国保赔保险发展的法律环境分析及建议……………………（77）
6.1 保赔保险合同的法律性质 ……………………………（77）
6.2 保赔保险合同的法律适用 ……………………………（85）
6.3 促进中国保赔保险发展的立法建议 …………………（89）

7. 中国保赔保险的监管困境及建议………………………………（92）
7.1 保赔保险监管的经济学分析与法律阐释 ……………（92）
7.2 中国保赔保险监管中存在的问题 ……………………（96）
7.3 完善保赔保险监管的建议 ……………………………（105）

8. 促进保赔保险发展的政策与保险人的应对措施………………（125）
8.1 促进保赔保险发展的政策 ……………………………（125）
8.2 保险人的应对措施 ……………………………………（133）

9. 结论与建议………………………………………………………（138）

附录1 中国船东互保协会保险条款（2019/2020） ……………（141）

附录2 中华人民共和国船舶油污损害民事责任保险实施办法 ……（227）

参考文献 ……………………………………………………………（234）

后　记 ………………………………………………………………（238）

1. 导论

1.1 研究背景

作为一种特殊的海上保险，保障与赔偿责任保险（Protection and Indemnity Insurance，简称保赔保险）伴随着海上风险的增加和海上责任制度的发展而诞生，对普通船舶险承保责任以外的，由海上风险引起的船东对他人的责任进行保障。

自 2001 年中国加入 WTO 后，进出口贸易额不断增加，2019 年，中国货物贸易进出口总值 31.54 万亿元人民币，比 2018 年增长 3.4%；其中，出口总值 17.23 万亿元，增长 5%；进口总值 14.31 万亿元，增长 1.6%。贸易的不断增长为航运企业发展提供了有利契机，同时根据 WTO 和服务贸易总协定的原则，除非特别列明，成员方不可以在市场准入方面对外国服务者采取数量、资本、地域、特别要求的法律实体或合资公司等方面的限制。迄今为止，中国航运业基本已实现全面对外开放，外资公司已经在港口装卸、船舶运输、内陆集装箱运输、国际集装箱中转及货运代理等方面直接参与了与中国航运企业的竞争，国内航运企业的市场空间受到挤压。此外，近些年来，随着航运、贸易、科技的迅速发展，船东所承担的责任有逐渐加重之势，在海上旅客运输、油污责任、危险品运输等方面，渐渐采用过错推定责任原则或无过错责任原则。虽然根据海事赔偿责任限制制度，在发生海上财产损害、人身伤亡时，作为责任主体的船东可以根据有关法律规定，适当降低赔偿数额至一定范围内，但此种赔偿限额也有不断提高之势，使船东的责任进一步加重，这些都促使船东对保赔保险的需求日益增加。

传统上，保赔保险由船东保赔协会经营，在性质上属于相互保险。船东投保保赔保险，必须加入保赔协会，成为协会会员，通过交纳会费，以共同之力面对单个会员所遭受的损失。但是近些年来，商业保险公司也在渐渐进入传统保赔保险的领域。一些船东为了追求更多的利润，把经过选择的一部分保障与赔偿责任，从保赔协会转移给商业保险公司承担，从而形成了保赔协会与商业保险公司相互竞争的态势。

中国的保赔保险始于1965年10月中国人民保险公司上海分公司采用西英保赔协会的条款承保了两条中波轮船公司的船舶。1984年1月1日，中国船东互保协会在北京成立。而最先承保保赔保险业务的中国人民保险公司于1993年1月1日，将1973年制定、1976年修订的"油污和其他保赔责任保险条款"更名为"船东保障与赔偿责任保险条款"，继续从事商业性保赔保险业务。近些年来，其他商业保险公司及境外保赔协会也涉足国内保赔保险领域。目前，在中国已经形成了中国船东互保协会（简称中船保）和以中国人民保险公司等为主的商业保险公司及境外保赔协会共同经营保赔保险业务的局面。

众所周知，中国船东互保协会是以船东互助保险组织的形式，遵循非盈利原则来经营保赔保险业务，而中国人民保险公司等商业保险公司按照商业保险形式，以盈利为原则为船东提供责任保障，二者的经营性质、经营原则不同。由于历史原因，中国船东互保协会由民政部和交通运输部进行监管，而商业保险公司归属于银保监会监管，多元监管由此形成，诸多问题也由此产生。此外，对于境外保赔协会的监管存在着空白地带，这些都为保赔保险的未来发展提出了严峻的挑战。

1.2　国内外文献综述

作为船东之间相互提供保障的组织——保赔协会一直以来占据着保赔

保险领域的主导地位。保赔协会在英美经历了从不具有法人性质的松散组织到相互保险社再到公司法人的演变过程。英国作为保赔保险的发源地，在这一领域扮演着领导者的角色，其他国家的保赔保险制度都是直接或间接受其影响建立的。虽然国外船东保赔协会的运行机制已历经百余年，但研究者并不多，且多将研究视角集中于保赔保险合同及船东保赔协会的组织结构上，如 Steven J. Hazelwood 的《保赔协会：法律与实务》（P&I Club: Law and Practice），Jereny Kingsley 的《保赔保险指南》（Handbook on P&I Insurance），这些著作多是对保赔保险进行一般性的、综合性的介绍，如保赔保险的起源、保赔协会的组织结构、入会要求、会员合同、保险费和协会基金、索赔理赔等，而且研究视角多仅限于英国的船东保赔协会制度。在国外，对于保赔协会的法律地位及监管，由于法律中早已明确为公司法人，并没有模糊之处，因此基本上并无研究。但是在中国，一方面，随着船东责任的日益加重，保赔保险的需求日益增加；另一方面，由于经营主体的差异，监管主体多元化与监管空白同时存在，使得保赔保险的规范发展受到很大的制约。遗憾的是，不仅在立法上对保赔保险的规定很不完善，而且在理论探讨上，对保赔保险制度做专门研究者也不多。

1.2.1 关于船东保赔协会的研究

船东保赔协会是在商业保险机构对船东责任采取避之不及的立场及船东责任日益加重的背景下产生的。英国作为保赔保险的发源地，许多学者对船东保赔协会的产生、演变、发展路径进行了研究，如 Steven J. Hazelwood 总结："船东保赔协会在诞生之初仅为未经公司登记的协会，自行承保协会成员的船舶风险。《1862 年公司法》颁布后，为了自身的合法性，获得起诉与被起诉的法律人格，船东保赔协会纷纷登记或注册为公司"。"现代的船东保赔协会一般是登记为无股份资本的担保有限责任公司，协会成员须按照《协会章程》和《协会规则》的规定共同向遭受损失的成员分担损害赔偿的相互责任，从而构成了'相互担保的网络'"。可见，为了满足法律的要求，英国船东保赔协会基本为公司法人。

在中国，一些学者也对国内外保赔协会的发展脉络进行了梳理，如安丰明[1]对英国保赔协会作了专门的研究，他认为："船东保赔协会的发展路径受立法和船东所遭受的责任风险所影响和推动，其法律人格也经历了合伙人说、个人集合说和法人说。当今的船东保赔协会经营业务和服务方式发生了巨大的变化，协会之间与商业保险公司之间竞争激烈，呈现出市场化取向。"但是在中国，中国船东互保协会成立的时间较晚，学者们普遍认为中船保为非营利性的组织，且为相互保险组织，而不是保险合作社。但由于《中华人民共和国保险法》（以下简称《保险法》）此前对于相互保险组织并未加以规定，之后颁布的《相互保险组织监管试行办法》实施时间较晚，因此中国船东互保协会是否拥有保险人的法律资格并不明确。对此，王晓怡[2]认为："中船保作为全国性社会团体在中华人民共和国民政部注册登记，依法享有社团法人资格，接受中华人民共和国交通运输部的业务指导和中华人民共和国民政部的监督管理。中船保作为提供非营利性质保赔保险的相互保险组织，尚不具有中国现行保险法律体系下保险人的法律地位。"李凤宁[3]也认为："新《保险法》183条对原《保险法》156条进行了修改。新法规定：'保险公司以外的其他依法设立的保险组织经营的商业保险业务，适用本法'。修改后的条文明确了其他保险组织的法律适用问题，但并未明确保赔协会作为相互保险社的组织形式。"综上，对于中船保的法律地位问题，研究者多认为其仅为相互组织，在现行法律体系下其并不具有保险人的法律资格，而这也成为保赔保险监管多元化和监管存在真空的根本原因。

1.2.2 关于保赔保险合同的研究

由于保赔保险领域基本上是船东保赔协会的天下，因此关于保赔保

---

[1] 安丰明：《从互助到保障和赔偿：船东保赔协会演变研究》，载于《现代法学》，2003年第10期。
[2] 王晓怡：《保赔协会法律地位研究》，载于《中国海商法年刊》，2009年第1期。
[3] 李凤宁：《我国保赔保险法律制度的完善研究》，载于《中国水运（学术版）》，2007年第1期。

合同的研究多集中在会员与协会间的权利义务上,以签发入会证书为标志的保赔保险合同具有何种性质是研究者们所关注的焦点。在英国,The Allobrogia 案中,斯雷德法官(Slade)认为:尽管《1930 年第三方法》未包含"保险合同"一词的定义,但是协会同会员的协议在一般法律术语上和直诉法规的范围中是"保险合同"①。此后的一系列案例也确认了保赔保险合同是海上保险合同,应该受《1906 年海上保险法》的约束。在中国,理论界普遍认为保赔保险合同属于保险合同的范畴,同时也是海上责任保险的范畴,如汪鹏南②指出:"《中华人民共和国海商法》(以下简称《海商法》)有关海上保险合同的规定,没有明确提到这类合同,但是有关海上保险合同的规定明确海事责任可以成为海上保险合同的标的,理论上也通常认为它是海上保险合同的一种。"另外,艾素君③认为:"保赔保险合同具有'双重性',入会证书是保赔协会在接受船东的投保后向船东签发的,它是双方保赔保险合同的证明;船东在收到入会证书起,即成为协会的会员,因此它又是船东会员资格的证明。可见,入会证书同时证明了两个合同——保险合同和会员合同。"因此,保赔保险合同具有保险合同与会员合同的双重性。在适用法律方面,根据英国《1906 年海上保险法》第 1 节关于海上保险合同的定义,保赔保险合同为海上保险合同,应受该法的约束和调整。在中国,研究者均从保赔保险合同是相互保险合同这个角度出发,多数认为保赔保险合同目前无法适用《保险法》和《海商法》的有关规定。如安丰明④认为:"尽管在理论上保赔保险属于海上责任保险,但是依照中国现行法律规定,它无法适用《保险法》和《海商法》相关规定。因为一方面,《保险法》明确规定只适用于商业保险行为,但保赔保险并非商业保险,由于保赔保险无法适用《保险法》和《海商法》的相关规定,因此保赔保险只能适用《合同法》《民法通则》等关于合同的一般

---

① The Allobrogia Steamship Corporation (The "Allobrogia"), Lloyd's Rep. 1979.
② 汪鹏南:《论保赔保险合同的法律性质》,载于《中国海商法年刊》,2002 年第 2 期。
③ 艾素君:《保赔保险合同法律制度研究》,武汉大学博士论文,2005。
④ 安丰明:《船东保赔协会法律制度研究》,西南政法大学博士论文,2004。

规定。但是，保赔保险作为海上责任保险合同，与一般意义上的合同有着许多重要的区别，因此单纯适用《合同法》《民法通则》等的规定不仅可能无法解决问题，也可能不够妥当、合理。"而中船保的章程中明确其受中华人民共和国法律的管辖，但《保险法》除外。可见，就目前而言，保赔保险合同并不适用《保险法》已被普遍认同，但是否适用《海商法》则存有争议。

1.2.3 关于保赔保险条款的研究

由于保赔协会具有相互性，是从满足会员利益的角度出发，因此保赔保险条款的承保范围十分广泛，且各协会的条款基本相同，同时近些年进入保赔保险领域的商业保险公司所使用的条款与保赔协会条款也基本一致。对于保赔保险条款，国外学者研究的并不多，仅在相关的著作中加以列明。中国学者对于保赔保险条款的研究，主要集中在保赔保险条款与船舶保险条款的比较上（如邱展发，《P&I 与船舶保险：理论及实务操作》，中国台湾，1991）以及中英保赔保险条款的比较研究方面；此外，也有对于保赔保险具体条款的研究，如保赔保险合同中"会员先赔"规则的研究和第三人对保赔协会的直接诉讼的研究。对于"会员先赔"规则，中国船东保赔协会保险条款规定："除非协会董事会另有决定，会员根据投保条款向本协会取得有关责任、费用的赔偿前，必须首先履行那些责任和付清费用。"艾素君认为："保赔保险合同中的先付条款是损失补偿原则的一种极端体现，也是保赔保险合同的一个特色条款。"另外一些学者对于第三人对保赔协会的直接诉讼进行了研究，王晓怡认为："对于直接对保赔协会的诉讼：在英国，第三人能否向保赔协会提起直接诉讼取决于协会和成员之间的保赔保险合同能否被视为保险合同。美国《1990 年油污法》也确立了油污受害方可直接向保赔协会提起索赔之诉的权利。中国《保险法》和《海商法》目前均未对直接诉讼作出明确具体的规定。在不具有涉外因素的油污损害赔偿案件中，受害人向保险人提起直接诉讼缺乏实体法依据。"由此可以看出，在中国现行的法律制度之下，保赔保险条款中的一些规定存在一定的争议或者缺乏法律依据。

1.2.4 关于保赔保险市场及商业保赔保险的研究

一直以来，国外的保赔保险市场完全由船东保赔协会占据，虽然近年来，商业保险公司开始进入保赔保险市场，但影响不大。基于此，国外关于保赔保险市场的研究也仅集中在保赔协会上，尤其是国际保赔集团所占据的市场，研究焦点即是各协会的经营情况，对于商业保险公司的进入仅有零星的新闻报道。保赔协会属于相互保险组织，国外一些学者对相互保险组织的优势及效率进行了深入研究，如 Airmen A. Alchian 和 Susan Woodward 认为互助性使组织成员能够防止外部股东通过降低服务质量剥削价值，保护既有成员利益不被新成员获得。同时他们也指出了互助组织的弱点，即互助性需要客户（也即股东），因而限制了风险分散化机会。也有大量的文献对在同一保险市场经营的股份公司和相互组织做了比较研究。研究表明，相互制保险具有较高的经营费用，较低的增长率，较低的资产风险，较低的违约风险等特点。中国学者对于保赔保险的研究多集中于法律方面，对于保赔保险市场的研究较少，仅有的如香港理工大学的 MIN JIE 在其博士论文《Choice of P&I Clubs and Role of Marine Mutual Insurance Cartel》中，以保赔协会为主体，对于垄断形式和竞争形式下的保赔协会进行了对比研究，分析了保赔保险合同的帕累托有效问题，即所有的资金储备和保费收入通过保赔保险赔款的形式在成员之间分配问题。通过模型分析指出了垄断和竞争状态下，保赔保险合同的帕累托有效的形式，并指出协会成员的效用未必会随着协会的扩大而提高；另外，保赔协会之间的竞争不会令新协会中原有成员和新成员的效用同时改善。

1.2.5 关于海上强制责任保险的研究

保赔保险实为责任保险范畴，其保险责任中包括了许多法律规定须强制投保的责任，如油污责任、人身伤亡责任等，而且随着保护环境及对生命健康权的日益珍视，强制责任保险的范围有不断扩大之势。对于强制责任保险的特性。郭锋、胡晓珂①认为："从本质上看，强制责任保险是建立在传统的民事责任基础上，通过国家公权力对保险政策的干预，把社会进步中难以解决的问题纳入责任保险的运作体系中，这种基于公共利益的政策考量使得强制责任保险呈现出与其他类型保险不同的'异质'性特点。一方面，强制责任保险在一定程度上突破了传统的保险契约自由原则，而具有传统责任保险所不具备的法定强制性等特点；另一方面，强制责任保险在法律容许的范围内对合同当事人意愿的尊重，又使得它在本质上区别于社会保险、政策保险这些带有明显强制色彩的保险品种。"邹海林②认为："强制责任保险产生的根本原因在于，用全面的社会保险取代民事责任的赔偿机能，缺乏现实的经济基础和伦理道德，而以自愿为基础的责任保险又不能满足责任保险的政策目标的基本需求。"实际上，强制与非强制保险直接体现了立法者的价值取向，一般而言，对存在涉及公共利益的、高度危险的突发性环境侵权行为和人命安全责任应采取强制投保方式，对于其他保险，仍应尽量维护"契约自由"原则，采取自愿投保方式。目前，海上强制责任保险集中体现在保赔保险领域，众多的国际公约都有关于强制保险的规定，这也为保赔保险的发展带来了新的机遇。值得注意的是，作为维护公共利益的强有力手段，强制保险的推动需要有关政策的支持，否则将难以达到强制之目的。

1.2.6 关于保险（包括保赔保险业）监管的研究

保险监管是保险市场发展到一定阶段的产物，其目的在于确保保险人的偿付能力，保障被保险人的合法权益，规范保险市场运作，提高保险体系的效率，促进保险业的健康有序发展。保险监管的理论基础总体上有三种：公共利益论、私人利益论和政治监管论。福利经济学中的公共利益论认为：监管是为了抑制保险市场的不完全性缺陷，以维护公众的利益，即

---

① 郭锋，胡晓珂：《强制责任保险研究》，载于《法学杂志》，2009年第5期。
② 邹海林：《责任保险论》，法律出版社，1999年版。

保险市场同样存在着公共物品、外部性、自然垄断、不完全竞争、不确定性、信息不对称等市场失灵现象，因此为了纠正市场失灵的缺陷，保护社会公众利益，政府有必要对保险主体行为进行直接干预，从而达到保护社会公众利益的目的。私人利益论认为监管是为了私人团体的利益而存在的，监管向来都只为部分人服务，而不是为全体大众服务。私人利益论中最著名是捕获论，认为被监管者能够通过一些手段去影响监管者的监管工作，或者说监管者被被监管者捕获了，在这场游戏中，双方的水平均得以提升，而被监管者通常能够捕获监管者为其服务，使监管有利于被监管者，从而使监管者在进行社会资源配置时，更多地向生产者剩余倾斜，而消费者剩余则会受到削减[①]。1985年，梅尔（Meier）提出了监管是通过不同利益集团的相互角逐而最终确立的，即"政治监管论"，该理论有两个前提条件：首先，国家是强制权的基本源泉，私人利益集团确信国家运用强制权能使其处境得以改善；其次，当局选择使效用最大化的行为是理智的。这两个前提导致一个假设：监管的供给是为了满足利益集团收入最大化的需求，政治体制是理性地建立起来并被理性地使用的，是实现社会成员愿望的合适的工具。尽管也存在各利益集团的相互较量，但是监管机构依然掌握有强有力的主动权，有着非常明确的监管目标，某一特定的利益集团想掌控监管部门还是非常困难的。上述三种理论先后有一些演变，但福利经济学的公共利益论被大多数学者认为是保险业监管的理论基础。

具体到保赔保险的监管，在前面已经提及了保赔保险合同的法律规范，因此，这里只涉及保赔保险业的监管情况。在国外，对于保险业的监管主要是对保险机构的组织监管，监管核心即是偿付能力监管，而对于具体的险种条款、费率及保险机构的市场行为，多采取了极为宽松的监管态度。尤其是以相互保险为特征的保赔保险，主要以协会自身的章程予以规范，而对于保险机构自身的保赔保险业务并不加以监管，只要经营保赔保险的机构（包括保赔协会与保险公司）符合关于机构进入、退出等规定即

---

① 薛生强，何凤隽：《保险监管的经济学分析》，载于《市场经济研究》，2003年第4期。

可。基于此，关于保赔保险业监管的研究极少。在中国，中国船东互保协会作为提供非营利性质保赔保险的相互保险组织并不受银保监会的监管，而是由民政部和交通部进行管理。近些年来，关于中船保监管问题的研究颇多。王晓怡[1]认为应对《保险法》和《海商法》进行相应的修改："首先考虑能否对《保险法》进行修改，将中船保提供的非营利性保赔保险纳入《保险法》的约束范围，并将中船保的相互保险组织形式列入《保险法》第70条保险公司的组织形式中。可以通过修订《海商法》来对中船保的法律地位进行重新界定，并对其承保保赔保险的有关问题作出特别规定。"安丰明[2]认为："《保险法》承认的保险公司形式只有股份有限公司和国有独资公司两种，那么就非得依赖单独立法不可。新的相互保险社的立法应将保赔协会的法律人格、协会章程及其内容、入会证书的签发、保函的签发、第三人直诉保赔协会等做出适当的规定。至于仿效英国公司法，直接将中船保这类相互保险社界定为担保/保证有限公司，规定并修改于中国现行公司法中，则无疑是理想的一步到位式的革新，或许那样将会使立法走得更远，但更切合国际保赔协会业界的惯例，值得重视和研究。"但是，上述研究的时间多在2009年《保险法》颁布之前，其中的一些分析是基于2002年《保险法》中的"保险公司形式须采取股份有限公司和国有独资公司"，而2009年《保险法》取消了关于保险人组织形式的限制，因此关于中船保地位的研究有待进一步调整和深化。

综上，目前，国内外关于保赔保险的研究多集中于保赔保险合同本身，以及船东保赔协会的演变、组织架构、保赔保险条款等方面，对于保赔保险的经营双轨制（由商业保险公司与船东互保协会共同经营）面临的问题研究得极少，对保赔保险业的监管进行专门探讨者更是寥寥无几。因此，全面、系统、有针对性地对中国保赔保险面临的法律、市场环境进行分析，对中国保赔保险的监管主体、监管内容等进行研究具有重要意义，

---

[1] 王晓怡：《保赔协会法律地位研究》，载于《中国海商法年刊》，2009年第1期。
[2] 安丰明：《船东保赔协会法律制度研究》，西南政法大学博士论文，2004。

有助于推动中国保赔保险的健康有序发展。

1.3 研究框架

本书分为 9 个部分，具体如下：

（1）导论。包括研究背景、国内外文献综述、研究框架。

（2）保赔保险的内涵及演变历程。本部分对保赔保险的基础性内容进行阐述，包括保赔保险的内涵、分类及演变发展历程，以为后面的研究作铺垫。就内涵而言，保赔保险承保的是船舶营运过程中船东的潜在责任风险和营运中可能遭受的损失，在性质上属于海上责任保险的范畴，是自愿与强制相结合的保险。根据经营主体的不同，本书将保赔保险分为两大类：相互保赔保险和商业保赔保险。后面的研究将以此分类进行。

（3）保赔协会的组织机构及经营管理。国际上普遍的保险人组织形式是股份有限公司，但在保赔保险领域扮演主要角色的保赔协会却是由船东自愿组织起来的一种互助的、非营利性的组织，其组织机构有独到之处，在经营管理上也更多地考虑会员船东的利益，其保险条款的责任范围非常广泛，对会员的限制也不似商业保险条款那样严格，此外还通常为会员提供许多其他服务，这些无一不彰示着互助互帮的本质。本部分将着重揭示这些独特之处，使读者对保赔协会有更深入的理解。

（4）国际保赔保险的发展趋势及存在问题。伴随着全球航运业的发展，海上事故日益频发，与航运业息息相关的保赔保险发挥的作用也越来越大。时至今日，保赔保险的主要承保者仍是保赔协会，本部分以国际保赔协会集团的 13 家协会为例分析了其发展状况。此外，还分析了国际保赔保险发展的趋势，如商业保险人介入、固定保费业务增加等，同时一些问题也不能被忽视，如承保业绩不佳、过于依赖投资、频繁追加会费等。这些发展趋势与问题，对于中国保赔保险的发展具有重要的参考意义。

（5）中国保赔保险发展现状、问题及前景分析。目前，中国保赔保险已经形成了中船保、以中国人民保险公司为主的商业保险机构以及境外保赔协会为供给主体的市场，由于数据获得的困难，本部分仅对中船保的保赔保险发展现状作了全面分析。虽然近些年来中国保赔保险取得了长足的进步，但是多元监管与监管真空同时并存、业务外流、某些业务过度竞争、自留额不高、人才匮乏等问题日益突出，成为保赔保险发展的掣肘因素。但从保赔保险的市场环境来看，船东对保赔保险的需求日益增加，对此，本部分从需求和供给二个层面对保赔保险的发展环境作了详细分析，并为后面的研究提供基础。

（6）中国保赔保险发展的法律环境分析及建议。本部分从法律方面对中国保赔保险（主要是合同）作了分析，根据第二部分的分类，即相互保赔保险和商业保赔保险，对二类合同的法律性质、法律适用进行了深入研究，基于此提出了在《海商法》中增加关于保赔保险内容的建议。

（7）中国保赔保险的监管困境及建议。本部分从经济学和法律两个角度对保赔保险监管进行了阐释，说明监管的重要意义。在中国的保赔保险监管中突出的问题是：多元监管、对境外保赔协会的监管不足、监管内容缺乏针对性、行业自律不力等。在此基础上，本书提出了促进保赔保险发展的监管建议，如赋予中船保相互保险组织的资格；统一监管机构，制定明确的业务监管规范；加强对境外保赔协会和强制保险的监管；加强行业自律等。

（8）促进保赔保险发展的政策与保险人的应对措施。保赔保险的发展还有赖于政府的政策支持及支持力度，这其中税收政策的支持尤为重要。本部分探讨了从增值税和所得税两个方面支持保赔保险的措施，同时政府的宣传推动及航运产业的发展也将对保赔保险起到一定的促进作用。最后，从保险人的角度探讨了其应采取的措施，包括完善产品体系、建立保险人间的横向合作机制、加大人才培养力度，等等。

（9）结论与建议。

2. 保赔保险的内涵及演变历程

2.1 保赔保险的内涵与分类

2.1.1 保赔保险的内涵

保赔保险是保障与赔偿保险（Protection and Indemnity Insurance）的简称，即：船东根据保赔保险合同的约定，向保险人支付会费（或保险费），保险人对船东所有（或者租用、管理）的船舶的潜在责任风险、与营运有关的可能损失以及由此引起的费用提供保障与赔偿。作为历史悠久的海上保险机制，保赔保险承保的是船舶营运过程中产生的船东对第三人的责任和费用风险，该责任和费用风险并不包含在普通船舶保险的承保范围之内。

从保赔保险的起源上来看，"保"（Protection）原指1/4碰撞责任（英国船舶保险人只承担被保险船舶与其他船舶发生碰撞责任后应承担的碰撞责任的3/4，其余1/4责任须由被保险人自行承担）及人身伤亡赔偿责任的保障险，"赔"（indemnity）则是指货损责任的赔偿险，保赔保险就是保障险与赔偿险的结合。随着保险业的发展，保赔保险的承保范围也逐渐扩大。现在所称的"保赔保险"，概括起来主要承保的是船东在船舶营运过程中可能面临的以下几种类型的保险责任：

（1）货物责任（如因交货短量、货物灭失或毁损等引起的索赔）；

（2）人身伤亡赔偿责任（如船员、装卸工人或旅客的人身伤害或死亡引起的索赔）；

（3）碰撞责任（仅限于没有被船舶保险所承保的部分）；

（4）货物之外其他财产的灭失或损坏责任（如船舶对码头、船坞的碰撞导致的损失，船员、旅客等私人物品的灭失或损坏而引起的索赔等）；

（5）合同责任（如拖航合同责任，浮吊服务合同责任等）；

（6）油污损害赔偿责任；

（7）其他责任（如罚款、绕航费用、船舶残骸处理费用、法律费用、共同海损分摊以及人命救助等）。

综合上述保险责任可知：保赔保险所承保的是船舶营运过程中船东的潜在责任风险和营运中可能遭受的损失，在性质上属于海上责任保险的范畴。

2.1.2 保赔保险的特点

与一般的海上保险险种相比，保赔保险具有以下一些特点：

（1）保赔保险是自愿与强制相结合的保险

随着环保意识的加强，许多国家将船舶投保油污责任险作为营运的前提条件。中国《舶油污损害民事责任保险实施办法》规定："在中华人民共和国管辖海域内航行的载运油类物质的船舶和1000总吨以上载运非油类物质的船舶，其所有人应当按照本办法的规定投保船舶油污损害民事责任保险或者取得相应的财务担保。承担船舶油污损害民事责任保险的商业性保险机构和互助性保险机构，应当遵守本办法。"基于油污责任保险的强制性，作为承保此项责任的保赔保险自然具有了强制性的特征。实际上，中国此项规定也与国际上相关公约和规定相符合[①]。另外，在旅客运输方面，《雅典公约2002年议定书》规定："承运人应该具有强制保险或者其

[①] 根据《1969年国际油污损害民事责任公约》和《1992年国际油污基金公约》的规定，经营国际航线的2000吨以上的散装油船都应投保油污责任险，并要求每艘船舶应携带有关证书以证明该船舶已投保油污责任险；不论该船在何处登记，缔约国须保证进入或离开该国港口的油轮，以及以该国港口为目的港或始发港的油轮都已投保油污责任险。

他的财务担保,例如银行的财务担保或者类似的财务机构的担保,来保证根据公约规定的严格责任下人身伤亡的损害得到充分的赔偿。"由此可以看出,保赔保险在油污损害赔偿责任和人身伤亡赔偿责任等方面具有强制保险的性质;而对于碰撞责任、货物责任等,保赔保险则体现出了自愿性原则,船东对于投保与否具有自主选择的权利。

(2)保赔保险是补充性的保险

保赔保险一般都以船舶保险为基础,船东只有在已投保船舶保险的前提下才能投保保赔保险。保赔协会章程一般规定:船东入会的前提是其船舶已经投保了船舶险①。此外,保赔保险的除外责任中一般都规定:船舶保单下的可保金额不赔。因此,保赔保险承保船舶保险所不保的风险,以补充船舶保险的不足,例如1/4的船舶碰撞责任和对船员人身伤亡的赔偿责任、油污责任、货损货差等责任。随着各国对外贸易和国际航运业的高速发展,海上风险也呈现出多样化的趋势,在此环境之下,一般船舶保险的承保范围是十分有限的,因此从为船东提供保障的层面来看,保赔保险是对船舶保险的有益补充。

(3)保赔保险是无最高赔偿限额的保险

一般的商业保险对于被保险人的赔偿通常不得超过保险金额或赔偿限额,而保赔保险通常没有这样的限制(只有油污责任的赔偿责任限额为5亿－10亿美元,各保赔协会有所差异)。保赔保险中无最高赔偿限额仅仅是针对会员或被保险人而言的,而对于海上保险事故的赔偿,保赔协会和商业保险人均可享受海商法或国际公约所赋予的海事索赔责任限制和对于单件货物的赔偿责任限制,从而将自身的责任限制在一定范围之内。

2.1.3 保赔保险的分类

传统的保赔保险是由船东保赔协会经营,具有互助、互保的性质。随

---

① 如根据中国船东互保协会章程和保险条款的规定,申请投保保赔保险的船舶须已经投保船壳险,且船壳险承保范围不应少于全损险加四个附加险。

着保赔保险的不断发展和商业保险市场竞争的加剧，商业保险公司逐渐进入保赔保险领域。因此，根据经营主体的不同，本书将保赔保险分为两大类：相互保赔保险和商业保赔保险。

（1）相互保赔保险

相互保赔保险即传统的保赔保险，船东以加入保赔协会并缴纳会费、成为协会会员的形式投保保赔保险，保赔协会为所有入会船舶在海上航行中面临的保赔保险承保范围内的责任风险提供保障和赔偿。船东既是被保险人，同时也是保赔协会的会员，要参与其他会员损失的分摊，从某种意义上说，会员船东也是保险人，同时享有获得赔偿的权利和履行赔偿的义务。在相互保赔保险中，保赔协会是一种非营利性质的保险组织，为平衡其收支，入会船舶所缴纳的保费也是以预付保费和追加保费的形式进行的，在保险年度末如果实现了盈余，保赔协会也会向会员船东退还部分会费。

（2）商业保赔保险

商业保赔保险是指由商业保险公司经营的保赔保险。在世界范围内，大多数的保赔保险都是由保赔协会经营的，但是也有部分业务是由商业保险公司承保的。随着海运业的发展，保赔保险的市场潜力不断被发掘，于是越来越多的商业保险公司进入保赔保险市场。商业保险公司通常不具备保赔协会"互助性"的特点，与被保险人之间是明确的合同关系，不具有保赔协会与会员船东之间的合同与会员的双重关系。在经营方式和经营目的上，商业保险公司所开展的保赔保险也体现出其与保赔协会的区别：首先，保费固定。与一般的商业保险相同，根据船舶总吨位、船龄、船型等因素收取固定的保险费，不发生追加保费和退会费的问题。其次，商业保险公司在开展保赔保险时以盈利为经营原则，以追求利润最大化为目标。

值得注意的是，中国的保赔保险始于1965年，是由中国人民保险公司为中波轮船公司开办的船舶保赔保险，而中国船东互保协会建立于1984年。也就是说，中国商业保赔保险的产生早于相互保赔保险，这与国际保赔保险的产生和发展轨迹是有区别的。

2.2 保赔保险的起源与发展

2.2.1 保赔保险的起源

保赔保险的起源和发展始终伴随着保赔协会的发展。保赔协会是向船东提供保赔保险的组织，船东要投保保赔保险，就必须加入保赔协会成为协会的"会员"（Member），通过向协会交纳"会费"（Calls），把他们的资源联合起来组成保障基金，共同面对单个会员所遭受的损失。

英国是海上保险历史最悠久的国家。1720 年英国政府通过的《泡沫法》（Bubble Act）规定船壳保险业务须由皇家交换保险公司（Royal Exchange Assurance）与伦敦保险公司（London Assurance）这两家保险公司特许经营，其他公司和团体被限制签发任何海上保险单和承保海上保险业务，进而这两家保险公司也就成为法定及事实上的垄断保险公司。《泡沫法》的目的本来是为了促使从事海上运输的商人选择市场上有信誉、实力的保险人进行投保，而不是选择那些无法保障其赔付能力的保险人，以避免出现赔偿不能实现的不利情况，最终促进海上保险的发展。但是事与愿违的是，皇家交换保险公司和伦敦保险公司凭借其市场垄断地位，在选择保险业务时对投保人及投保的船舶提出了各种极为严苛的条件，使得其接受的船只大多为风险极小的船只，这令船东对此项法案极为不满。由于《泡沫法》限制的仅是公司与社团经营海上保险业务，并没有限制私人承保海上保险业务，因此劳合社中的个人会员以个人保险人的身份开展海上保险业务可以受到该法案的特殊保护。由于船东对上述两家保险公司的垄断及苛刻条件极为不满，纷纷转向成为劳合社的个人会员，使得当时英国海上保险中的绝大部分市场份额由劳合社占据。但这也产生了一个问题：个人保险人在承保实力和专业技术上并不及保险公司，一些对伦敦市场并不熟悉的船东对于劳合社的个人保险人的信誉、实力、技术缺乏了解，其保险业务只能通过保险市场上专业的保险经纪人办理，而当时保险经纪人的佣金比例大概在25%左右，过高的佣金比例使得船东负担加重。同时，当时劳合社在经营中也存在一些问题，如在承保上过度小心谨慎、管理上僵化和赔付能力不足等，一度被认为是"停靠在被指责无效率（inefficiency）、不精确（inadequacy）和无赔付能力（insolvency）的码头"①。为了摆脱团体保险人（保险公司）和个人保险人的控制，转移自身所面临的责任风险，船壳保险协会（Mutual Hull Club）应运而生。

18世纪由英国船东组成的小型的船壳保险协会成为保赔协会的前身。这些船壳保险协会通常是由在一个地区从事航运业务的船东组成，他们为了解决劳合社个人保险人过高的保险费收费水平以及太过狭窄的承保范围，同时也是为了打破皇家交换保险公司与伦敦保险公司在当时海上保险市场的垄断地位，于是相互联合起来，以非营利为经营原则成立小型船壳保险协会。这些船壳保险协会实质上是非法人性质的组织，船东们是其成员，规模通常不大，管理环节缩短，可以进行高效率的决策。同时由于其非营利性的特点和会员间相互协商的承保与理赔方式，使其在费率和承保、理赔流程上都优于劳合社的个人保险人。基于上述各种原因，船壳保险协会有了快速的发展，其承保的地域范围和会员数量都有了很大程度的扩大和增加。这样的迅速扩张一方面保护了更多船东的利益，增强了协会抵御风险的能力，另一方面新入会的劣质船舶赔付率高、预付保费不足等问题也随之而来。

2.2.2 保赔保险的发展

1824年，英国《泡沫法》被废除，这意味着皇家交换保险公司和伦敦保险公司的垄断经营地位被终止，船壳保险市场成为自由竞争的市场。随着竞争的日益激烈，商业保险公司和劳合社保险人纷纷向船东提供更优惠的保险费率、更宽泛的保险条件以及更为优质的理赔服务。船壳保险协会

---

① Steven J. Hazelwood, P. & I. Clubs: Law and Practice (third edition), LLP, 2000.

原有的优势不再，协会慢慢开始走向没落。船级好的船东可以以低廉的价格从新兴财产保险市场获得优质服务，船壳保险协会仅剩下那些被其他承保人拒之门外的老船、旧船，成为声名狼藉的"垃圾桶协会"，在19世纪初中叶许多船壳保险协会不得不关门大吉。①

19世纪中期，英国船东在船舶营运中对第三人所承担的责任逐渐增加。当时保险人及船东所承担的责任是以1745年颁布的《海上保险法》（Marine Insurance Act）为基础的，该法案禁止船东将超过船舶价值部分的责任向保险人投保，要求其自负责任。在1836年的德沃诉萨尔瓦多一案中，法院判定对于船舶碰撞造成的损失，船东不能从保险人处获得赔偿，对此，英国海上保险业采用了一种相对折中的处理方法，即3/4碰撞责任②，但此种做法无疑加重了船东的赔偿责任。虽然英国政府在1945年通过了《船舶责任限制法》（Limitation of Liability Status），将每条船的价值按照每吨15英镑计算，但在实际中，船舶价值通常低于此价值，所以超过船舶实际价值的部分，船东依旧要对其进行赔偿。同时，人们的索赔意识不断提高，受伤或死亡的船员及其亲属向雇主寻求赔偿变得更加普遍。1846年，英国通过了坎贝尔勋爵法案（Lord Campbell's Act），根据该法案，死亡船员的受赡养人被赋予向船东提起索赔之诉的权利，这极大地便利了船员受赡养人的索赔，使其索赔的可能性大大增加，而船东这方面的赔偿责任在当时并没有受到法律的限制保护，因此船东迫切需要将这些风险转移出去。1854年，英国通过了商业船舶法案（Merchant Shipping Act），该法案将船东对于海上人身伤亡的责任限制在船舶与货物总价值以内，船东的赔偿责任受到一定程度的保护，这也为保赔保险的开展创造了有利条件。

基于以上背景，船东互助保障协会于1855年5月1日正式成立，参加协会的被保险人仍以"会员"为其称谓。随着时代的发展，船东互助保障

---

① Steven J. Hazelwood, P. & I. Clubs: Law and Practice (third edition), LLP, 2000.
② 保险人承保3/4碰撞责任，余下的1/4碰撞责任连同超出船舶价值的额外损失、伤亡责任、对船舶以外的固定物或漂浮物的损失，则由船东自己承担。

协会演变成为如今的不列颠尼亚轮船保赔协会（Britannia P&I Club）。它采取船壳保险协会的运营模式，但与其他船壳保险协会的区别是，它承保当时的海上保险单所不保的海上风险及超出保单限额的部分，包括死亡和人身伤害责任风险、碰撞责任风险等。

1870年，"Western Hope"号船舶在好望角不幸沉没，英国上诉法院判定船东对船上货物的灭失负有责任。这个案例不仅打破了之前法律认定船东对所载货物损失不负有责任的先例，也促使货主们从1871年起，开始纷纷向船东提起货损索赔。这项新的货损责任风险，也使船东意识到将货损责任风险转嫁他人是迫切需求。1873年，英国又成立了一家船东互助保障协会，专门承保船东要承担的货损责任。此后，各家协会为了提高自身的竞争力纷纷加以效仿，将船东货损责任的风险纳入自己的承保范围之内。1886年，北英保障协会（North of England Protection Association）与汽船所有人互助赔偿协会（Steamship Owners' Mutual Indemnity Association）合并，成立了第一家保赔协会（P&I Club）。

此后，其他类似的协会也相继成立。由于保赔协会的非营利经营性质，以及当时社会公众对责任风险认识不足和法律环境的局限性等原因，导致保赔保险在保险领域中长期被定位为一个单独的保险保障体系，并被大多数人忽视。保赔协会由互助俱乐部（club）逐渐演变而来，这也是后来保赔协会被称为"俱乐部"的原因。

随着航运业的发展和海商法律制度的日益完善，船东对保赔保险的需求不断增加，使得从事保赔险业务的保赔协会数量不断增多，承保范围不断扩大，协会中的会员开始时几乎全部是英国船东，之后协会开始吸纳世界各地的船东成为会员，不断扩张，大多数保赔协会逐渐发展成为国际性的保赔保险组织。同时，世界上航运比较发达的国家也效仿英国先后成立保赔协会。

20世纪20年代，为了分散各个保赔协会的经营风险，避免和协调保赔协会之间的竞争，巩固和加强保赔协会对保赔保险市场的垄断地位，英国9家保赔协会发起组织成立了伦敦保赔协会集团。随着保赔保险业务在世界范围内的发展，瑞典、挪威、美国等国家相继成立了保赔协会，原来由英国保赔协会完全占据市场的局面被打破，形成了新的市场格局。为解决市场中出现的新矛盾、新问题，伦敦保赔协会集团吸收其他国家保赔协会加入，形成了国际保赔协会集团（International Group of P&I Clubs），进而也形成了其对世界保赔保险市场的垄断局面。到目前，国际保赔协会集团的成员通过直接保险或再保险的方式垄断了国际保赔保险市场中90%以上的业务。随着国际保赔保险集团内部成员的淘汰与更新，现仅有13家成员，其中英国8家，挪威2家，瑞典1家，日本1家，美国1家。在集团内，各保赔协会的经营相对独立，对于一定数额以下的索赔，由各保赔协会独立承担，对于超过这个数额的保险责任，或由集团的共同基金承担，或由各保赔协会相互承担，或由集团向其他的保险市场进行分保。

3. 保赔协会的组织机构及经营管理

3.1 保赔协会的组织机构

保赔协会是由船东自愿组织起来的一种互助的、非营利性的组织，它通常拥有较为完善的组织机构，包括会员大会、董事会、经理部或经理公司等，其中会员大会是最高权力机构，董事会是执行机构，经理部或经理公司是日常管理机构。

3.1.1 会员大会

会员大会作为保赔协会的最高权力机构，由全体会员组成，每年召开一次。会员大会主要行使下列职权：制定协会章程；草拟、修改协会的保险条款；决定年度报告和财务报告的通过与否；选举董事会成员；选举审计人员；对董事会提交的事项做出决定；决定保费、分摊费和其他费用的征收；决定董事会成员的报酬；决定协会的解散和合并等重大事宜。

会员大会的议事规则由协会章程规定。协会会员通过行使其表决权来决定协会的重大事项。一般说来，协会会员的表决权根据其入会的船舶吨位来确定。当入会船舶灭失或失踪，会员的表决权通常持续到下次会员大会结束。入会不满一年的会员一般不授予表决权。

3.1.2 董事会

现代保赔协会都是由数目非常多的会员组成的，会员们作为一个整体，通常将协会的行政管理事务交给董事会。董事会由会员大会选举产生，保赔协会的一切会员均有资格被提名为董事候选人。董事会成员的多少因协会大小有所差别，规模较大的协会通常是由协会会员在本类船型（如集装箱船、不定期船、客船、油轮等）中占绝大多数的代表来充任。董事会的表决权同会员大会有所不同，它是按照船舶数量而非船舶吨位来行使，即实行一船一票制。

董事会一般每个月或每两个月召开一次会议，决定协会的大政方针，研究需要董事会批准的个别索赔案件。董事会有责任按照会员在会员大会上表达的意愿制定协会的全面方针和长远规划，其职责主要包括：（1）批准按协会条款要求需要经其批准的索赔。在通常情况下，由于会员提交协会处理的索赔案件数量很大，董事会一般只负责那些数额较大的索赔和由其行使自由裁量权范围内的索赔。（2）处理争议。一旦协会与会员之间产生争议，首先应交付董事会研究解决，对董事会的决定不服，可以依照协会保险条款的规定提起诉讼或仲裁。（3）决定保费的数额和征收的次数。（4）批准再保安排。（5）管理协会的经费。（6）雇用或解雇协会的行政管理人员。（7）编制财务报告。（8）决定保险年度的开始和结束。（9）决定储备资金的使用。（10）决定协会保险条款的修改。（11）决定经理人员和行政人员的报酬。他们根据形势的变化调整协会的保障范围，保证使会员随着他们所面临的风险的不断变化和增长而得到充分的保障。

3.1.3 经理部或经理公司

经理部是由董事会组建并在其领导下具体经营管理保赔业务的机构。由于保赔协会董事会的成员往往忙于自身船舶的经营管理工作，不能够全身心地投入到协会的日常事务中来，因而，他们通常把日常工作委派给专业的管理人员即经理部去做。

现代保赔协会的经理部有两种形式：一种是直接经营，即由保赔协会董事会直接任命建立经理部来处理保赔业务；另一种是委托经营，即由保赔协会聘请独立的经理公司经营保赔业务。经理公司对外叫经理人，其本身可以是合伙企业，也可以是股份公司。管理人员多为律师、船务代理人、高级船员、会计师、银行家等。不论采取何种形式，经理部或经理公司都要按业务性质，分设承保、理赔、抗辩、秘书、财务投资、通讯代理等若干具体部门。

经理部的主要职责包括：定期向董事会汇报保费收入、赔款和投资的情况，提出工作改进意见；收集和分析会员船东向协会索赔和受协会指示通过仲裁、诉讼和调解等方式进行抗辩的经验和教训；帮助协会会员船东处理海上事故，及时派出海事律师和专家赶赴现场处理事故，帮助或代表船东向有关当事方交涉，防止或减少海上事故的损失；为会员船东提供法律咨询、解释和修改有关海上运输合同和租船合同等；为会员船东提供适当担保，使会员船免遭扣押；审核索赔案，对于涉及第三者的责任索赔，决定采用何种方式解决索赔案。

此外，经理部还负责监督协会提供的除保险以外的服务，这些服务在当今协会的功能中是非常重要的一部分。在管理人和他们代表的指导下，有一批专业的承保人、分析家、律师和理算师，代表协会在处理保赔保障的索赔中提供范围非常广泛的专家意见和专门技术。

3.1.4 通讯代理

通讯代理是保赔协会在世界各主要港口聘用的专门为保赔协会提供各种服务的人，其主要作用是代替保赔协会经理部工作人员及时就近处理海事案件，以节省保赔协会的人力和费用。通讯代理一般不是专职的，多由港口所在地的律师事务所、航运代理公司或保险公司兼任。

通讯代理的权限比较有限，主要是在会员和保赔协会之间承担信息传递和联络的作用，除非经协会特别授权，没有决定保险赔付的权利。通讯代理的具体职责包括：（1）协助入会船舶进行装货前的检验工作，及时向保赔协会汇报入会船舶发生的海事或重大货损货差的情况；（2）调查了解海损事故发生的原因、损失的范围和程度、入会船舶对事故所负的责任，收集可能有利于抗辩或减少索赔的事实证据并任命检验人；(3) 接待保赔协会派出的代表，安排他们赴现场调查、参加损失检验；(4) 接受保赔协会的委托在当地聘请律师，以在诉讼或仲裁中为入会船舶进行抗辩；(5) 代表保赔协会出具担保；(6) 协助保赔协会审核有关入会船舶索赔的资料文件，传达争议双方的意见；(7) 帮助当地船东办理加入保赔协会的事务，向其提供有关协会的各种资料；(8) 定期或不定期地提供对会员有益的最新信息资料，如新近出台的法律法规等。

3.2 保赔协会的经营管理

3.2.1 保赔保险的投保

保赔保险的投保，亦称入会申请，是指船东为将其拥有的船舶加入保赔协会而提出的书面申请。入会申请要求提出申请的船东必须做到最大诚信，也就是在法律上要承担告知和保证等义务。

(1) 入会申请方式和程序

入会申请方式有两种：一种是船东自己直接向保赔协会提出申请；另一种是船东委托经纪人来办理保赔保险的投保事宜。申请方式不同，但申请程序一致，即先向保赔协会索要入会申请表，这也相当于保险人的"投保单"，逐项填明会员名称、入会船舶名称、注册地点、总吨位、建造年份、投保险别和条件、航行范围及保险期限等，然后将申请表并附上入会船舶近期的适航证书副本交给保赔协会。申请人在入会申请中提供的这些资料，被认为是会员与保赔协会之间成立保险合同的基础。

保赔协会在收到船东的入会申请书后，要对船东提出的入会申请和提供的文件进行调查和审核，并作出接受即承保与否的决定。如果协会同意接纳，随之开出费率和承保条件。申请入会的船东对此费率和条件若无异议，保赔协会便向其签发入会证书（Certificate of Entry）。入会证书的签发，意味着该船舶已被接纳为入会船舶，保赔协会开始对它承担保险责任范围内的风险和责任。

（2）入会证书的内容与性质

入会证书通常由两部分内容构成：第一部分包括投保险别、入会船东名称、入会船舶规范（如总吨位、建造年份、船旗等）、保险费；第二部分是承保条件，包括保险期限、除外责任、赔偿限制、付款条款和免赔额等。

入会证书是会员与协会之间订立保险合同的证明，而非保险合同本身。它相当于协会签发的"保险单"，但它不是内容具体的保单，也不包含入会的一切条款。尤其是有关承保范围与会员的权利、责任等保险合同的重要条款，通常并不在入会证书中载明。会员与协会之间保险合同的内容还取决于协会章程、协会规则和协会保险条款的规定。入会证书通常载有一个并入条款，通过该条款将协会保险条款并入保险合同。入会证书同时也是船东会员资格的证明。船东和协会之间一旦就船舶的入会条件达成一致，他们之间的合同即告成立，船东本人同时成为保赔协会的会员。

（3）船况检验

为了确保会费的稳定和会员的素质，协会通常会对船舶的最新状况进行检验，并查验船舶的入级记录。检验内容主要有船舶结构、舱室情况、起货设备和机舱设备情况、驾驶台设备及海图和有关资料、生活区情况、安全及消防设施、各种证书等。通过船况检验，可以全面了解入会船舶，并督促船东重视有效的维修以保证船舶的适航性和减少事故的发生。若检验结果不合要求，协会通常限令船东在规定期限内修理和改正，否则不予接纳；如已接纳入会的，则终止保险责任。如果是入会时的船况检验，由船东承担检验费用，续保时的船况检验，则由协会负责检验费用。

3.2.2 保赔保险的费率和保险费

保赔协会承保业务的资金来源，主要是会员船东缴纳的保险费，其次是短期投资收益。保赔保险的保险费是根据费率来计算的。

(1) 费率制定

保赔协会没有固定的费率表，它采取每年度同每个会员船东议定费率的做法。入会证书上载明的每总吨费率是保赔协会同意接纳入会船舶时所开出的费率，按该费率计算出的保险费就是预付保费。入会时的费率的议定依据是入会船舶的登记总吨位、船龄、船型、航区、技术状况、管理水平、营运特点、投保险别以及会员船东承担的免赔额等。在制定续保的费率时，除上述因素外，还要考虑保赔协会的管理费用、通货膨胀、投资和其他收益，以及入会船舶的赔付记录等。

(2) 保险费的构成

保赔保险费由预付保费（Advanced Calls）和追加保费（Supplementary Calls）构成，还可能加上特大事故追加保费（Overspill Calls）。

预付保费是保赔协会在入会证书上开出的每总吨费率乘以总吨数所得出的保险费。会员首先应当缴纳的就是预付保费，一般在入会时一次付清，但也可与保赔协会协商后在保险年度内分两次或多次付清。每个会员船东缴纳的预付保费是不同的。

追加保费是保赔协会在保险年度结束时根据保赔协会的整个赔偿情况即赔付率的高低，连同协会管理费用支出进行核算而决定征收的费用。追加保费在一个保险年度内可能是一次，也可能是数次。保赔协会收取追加保费的方式有两种：一种是按预付保费的一定比例计收，另一种是按入会船舶的每总吨费率的一定比例计收。各保赔协会一般是在保险年度结束后18个月内作出是否要征收追加保费的决定。因为如果保赔协会经营稳定，赔付情况较好或没有出现亏损，就可以少征收乃至不征收追加保费。

特大事故追加保费通常是指索赔总额超过了可以从与协会有分保协议关系的国际保赔集团摊回的赔偿额，而保赔协会留存的特大事故储备金又不足以支付时，由会员船东支付的额外保费。这种保险费是先由保赔协会确定一个费率，然后按会员船东各自拥有的入会船舶总吨位分别计算收取。

3.2.3 保赔保险的续保、停保、终止和撤销

(1) 保险期限

保赔保险的期限为1年,但起讫时间与其他保险不同。保赔保险年度通常从2月20日12时起算,至下一年的2月20日12时终止,以入会证书签发地的时间为准。年度中入会的船舶,保险期限从入会证书上载明的开始时间起至该保险年度结束时止。

(2) 续保和终止

按照保赔保险条款的规定,在保险年度终止时,如果船东继续在原保赔协会入会,必须在保险年度终止之前向经理部提出续保的申请,保险责任在下一年度重新开始。会员船东也可以自行决定,而且不必说明理由,在保险年度终止前向保赔协会发出终止保险的书面通知。同样保赔协会也有权书面通知会员船东终止下一年度的保险。

(3) 保险的停止

保赔保险的停止是指保赔协会提前终止保险合同和会员资格。中国船东互保协会的保险条款规定,如果会员船东发生下列任一事件时,即予停保:①对于个人会员,当其死亡、法院对其下达接收命令、破产、与其债权人原则上达成和解安排、精神失常时;②对于公司会员,当其自愿结业、发生强制结业令、解散、在破产案中接收人或管理人被指定、根据破产法开始法律程序以寻求破产保护或重组时。

如果入会船舶发生下列任一情况时,除非经理部另有书面同意,否则协会将停止对该船舶的保险:①入会船被出售或转让;②入会船被抵押担保;③入会船不符合经保赔协会认可的船级社的船级或其他要求;④入会船担保人占有了入会船产权;⑤入会船舶管理人发生变更;⑥船舶失踪;⑦经船舶保险人或保赔协会接受或认定为实际全损或推定全损。

自终止或停止保险之日12时起,保赔协会不再对入会船舶负责。已缴付的年度保费一般不退还,但有时也视具体情况酌情按比例退还。即使入会船舶停保或退保后,保赔协会仍有权根据情况计算该会员船东应负责的

与该船有关的分摊的款项。

入会船舶如未载运货物而停泊超过 30 天，该船船东就可以按照船舶保险中规定，向保赔协会要求停泊退费。退费按扣除再保险费和管理费后的净保费按日比例计算，退费比例会因停泊时有无船员在船上而有不同。例如，如停泊时有船员在船上，则按净保费日比例的 50% 退费；如果停泊时船上无船员，按净保费日比例的 95% 退费[①]。

（4）保险的撤销

当会员未能全部或部分交纳其应支付给协会的任何款项时，经理部可向其发出书面通知，要求其在指定日期内付款。如果会员在该指定日期内仍未能全部支付，协会有权撤销该会员全部或部分入会船的保险。会员的保险被撤销时，仍应负责支付其应当承担的所有摊款、会费及其他费用。自撤销日起，协会对于会员船舶的任何类别的索赔停止承担责任，包括这些索赔是在撤销日以前已经发生的事件而引起的，或者协会已经认可了责任或委托了律师或检验师来处理此索赔。

3.2.4　会员船东的义务

（1）缴付保险费的义务

缴付保险费是会员的最基本义务。保赔协会是船东互保性质的，不同于保险公司通过向投保人收取保费来取得自己的利润，因为保赔协会收取保费并非为赚钱，而是为了支付给各会员赔款，以及必要的协会行政管理开支。因此，只有每个会员认真履行足额、及时缴纳保险费的义务，才能实现承保风险出现后索赔补偿的"互助共赢"。如果会员不按规定缴付保险费，保赔协会有权取消其会员资格。

（2）事故通知和防损减损义务

当入会船发生保赔协会承保范围内的事故而且可能会引起对保赔协会的索赔时，会员船东应立即通知经理部，并及时聘请验船师进行检验；同

[①] 曾立新：《海上保险学》，对外经济贸易大学出版社，2001 年版。

时有义务采取一切合理措施，以避免或减少可能由协会承保的任何责任或费用，否则协会有权拒绝赔付或从赔款中扣减相应金额。会员通知协会后，协会经理部及其代理人有权向船东及其雇用人员调查事故。会员应在知悉此事故或索赔后 1 年内向经理部发出通知，否则协会对其提出的索赔不予赔偿。

（3）先付义务

当发生入会船舶因违约或侵权行为应对第三者承担赔偿责任时，会员船东在未得到保赔协会同意之前，不能先支付赔款和确认责任，即使这些责任有可能由协会承担。而会员从保赔协会取得对任何责任、开支或费用的赔偿的先决条件是必须首先解除该责任和付清该开支或费用。也就是说，经过经理部的同意，会员应先行支付赔款或履行责任，然后再向保赔协会请求获得对这些责任或费用的补偿。如果会员对任何责任或费用与索赔方或其他责任方达成协议结案后 1 年内，未将索赔案提交经理部求偿，会员的索赔即被解除，协会对此不再承担赔偿责任。

（4）保持船级的义务

会员船东必须保证其入会船在入会时和整个入会期间始终保持经协会认可的船级社所给予的船级，对于发生船级社通常会对造成的损坏进行修理或其他措施提出建议的事件或情况，会员应尽快报告船级社，并进行船级检验，核准原有的船级是否变更。此外，会员还应当在船级社所指定的时间内执行该船级社提出的与入会船有关的所有规则、建议和要求。倘若入会船不能达到原有的船级，会员应通知协会经理部。

保持船级和符合法定要求是协会承保入会船的基本条件。任何会员对在其不履行或未能履行上述条件期间而发生的任何索赔，概不能从保赔协会得到赔偿。

3.3 保赔保险条款

保赔保险的承保范围非常广泛，主要承担责任损失的赔偿，即船舶保险承保范围以外的民事损害责任赔偿。当然，保赔保险也规定有除外责任，明确对某些风险责任和费用拒绝承保；有的即使承保，但在赔偿上也有一定限制。各保赔协会的保险业务都是严格遵守各自的章程和规则以及本协会的保险条款，但各协会的章程、规则和保险条款的内容大同小异。以下结合中船保的保赔保险条款（2019/2020）[①] 进行简单介绍（条款具体内容见附录1）。

3.3.1 保赔保险的承保责任

保赔协会承保的对象是会员的"责任"或"损失"。前者包括根据合同或者因侵权产生的责任，以及根据其他特别法律的规定而产生的责任；后者包括各种损害、开支和费用等。承保必须满足以下三个条件，缺一不可：（1）须是在船舶入会期间所发生的事件；（2）须是与会员对入会船的利益有关；（3）须是与入会船舶的营运有关。

中船保的保赔保险条款承保下述25项风险：

（1）人员伤、病或死亡——入会船船员；

（2）人员伤、病或死亡——除入会船船员外的其他人员及对旅客的责任；

（3）船员遣返及替换费用；

（4）个人物品的灭失或损坏；

（5）船舶全损船员失业赔偿；

（6）由某些补偿协议或合同所产生的责任；

（7）碰撞责任；

（8）财产的灭失或损坏；

（9）改变航线；

（10）安置偷渡人员和避难人员；

---

① 本保险条款于2019年3月1日在中国上海市召开的第三十八届会员大会（特别）表决通过。款中第三条和第四条及与之有关的条款自2019年2月20日格林尼治标准时间12时起实施。本保险条款中第五条及与之有关的条款自2019年1月1日北京时间零时起实施。

（11）人命救助；

（12）污染风险；

（13）船舶拖带责任；

（14）残骸处理责任；

（15）检疫费用；

（16）货物责任；

（17）入会船上的财产；

（18）未能取得的共同海损分摊款；

（19）船方共同海损分摊款；

（20）罚款；

（21）对救助人的特别补偿；

（22）海事调查费用；

（23）船舶营运所产生的费用；

（24）损害防止及法律费用；

（25）执行协会指示所产生的费用。

3.3.2　保赔保险的除外责任

保赔保险承保船东在经营船舶业务中的责任和费用，其承保范围比一般船舶保险广泛得多，但是也并非对船东所有的责任和费用都予以承保。各保赔协会均规定了保赔保险的除外责任，以对自身的责任进行限制。

中船保条款中规定的除外责任主要有：

（1）船舶险中承保的风险；

（2）战争风险；

（3）核风险；

（4）入会船损坏、租金损失等；

（5）救助船、钻探船、挖掘船及其他船、特殊作业、潜水作业等产生的某些责任、开支和费用；

（6）双重保险；

（7）会员的故意或轻率行为；

（8）无纸贸易。

3.3.3 保赔保险的最高赔偿限额和免赔额

各保赔协会对油污责任的赔偿一般都规定了最高赔偿责任限制。对每次油污损害的最高赔偿额，联合王国保赔协会规定为5亿美元，西英保赔协会为4亿美元，中船保（2019/2020）条款规定对会员船东的油污损害的最高赔偿责任为每船每事件10亿美元。但当船舶由某一租船人（不包括光船租船人）或代表某一租船人，或由数个该等租船人作为共同入会会员时，协会对会员提出的与泄漏或排放油有关的任何索赔（不包括油的灭失或损害）和其他风险索赔的最高总赔偿责任为每船每事件3.5亿美元。

为了减少小额索赔和促使船东加强对入会船舶的管理，保赔协会在按承保责任赔偿会员船东的损失和费用时一般都规定要扣除免除额。各保赔协会具体规定的免赔额有所不同。关于免赔额，中船保的具体规定如下：

（1）船员伤、病、亡

有关船员伤、病、亡的索赔应扣除每人每次靠港500美元；同一船员因为同一病因或伤情挂靠两个或两个以上港口就医的，对相关病情的索赔总额仅扣除一个免赔额。

（2）旅客伤、亡、病

有关旅客伤、亡、病的索赔的免赔额为每位旅客500美元。

（3）货物索赔和货方共同海损分摊

货物索赔或未能向货方取得的共同海损分摊索赔的免赔额为每航次1000美元。在任一航次中发生货损货差和货方共同海损分摊的索赔，其赔付总额仅扣除一个免赔额，免赔额为每航次1000美元。

（4）罚款

有关污染罚款索赔的免赔额为每事件500美元；其他罚款索赔的免赔额为每次靠港500美元。

上述免赔额的规定并非一成不变，会员船东可根据自己的实际情况和自保能力与保赔协会协商,要求将免赔额规定得更高或更低些。免赔额的高低与保赔协会收取保费的费率高低有关:免赔额定得高,保赔协会开出的费率就相应低些;反之,免赔额定得低,费率就相应地提高。可见,不管对保赔协会,还是对会员船东,免赔额的规定都是有利的,对前者来说可以因此减轻赔偿责任,对后者来说则可以减少保险费支出。

3.4 其他特殊保险业务和服务

除了为会员承保上述一般性保赔保险外,保赔协会往往还承保涉及船东经营的船舶所特有的风险。这些特别风险的承保通常要单独与协会签订特别协议和支付额外保费。除了这些特殊的保险业务外,保赔协会也还根据情况为会员船东提供其他的服务。

3.4.1 特殊的保险业务

(1)运费、滞期和抗辩保险(Freight, Demurrage and Defense,简称FD&D)

运费、滞期和抗辩保险通常承保因下列事项引起的索赔、争议和诉讼所产生的合理开支和费用:由租船合同、提单或其他货运合同或因入会船所从事的货物运输或贸易所产生的运费、亏舱费、滞期费、延误费、速遣费、转运费、租赁费或其他事项;对入会船因碰撞事故滞留所支付的赔偿金;救助、拖带、共同海损分摊和费用;非本协会承保的保险单;入会船遭受的损害;入会船的任何建造、买卖、改装或修理合同;入会船的任何抵押或抵押合同,等等。但具体的承保范围往往受制于协会董事会的裁决权。

保赔协会在该险项下提供的承保范围相当广泛,但也规定了一些限制条件和除外责任。例如,规定会员在参与或准备参与争议或诉讼之前必须通知协会并征得其同意,否则协会有权拒绝承担任何责任;对于每项争议所产生的费用,不论是律师费、咨询费、仲裁费还是诉讼费,保赔协会规定有免赔额，船东一般自负 2500 美元①。

（2）战争保赔保险

保赔协会承保的战争险通常称为战争保赔保险，而专门承保战争保赔保险的协会叫船东战争险互保协会。战争保赔保险承保因战争行为引起的船壳和机器的损失，以及运费和其他费用的损失。历史上第一家提供战争保险的互保协会是 1898 年北英保赔协会，当时是为了回应船东抗议劳氏承保人和保险公司推行过高的保费②。还有一种战争保赔保险，仅承保因战争原因或敌对行为引起原属于保赔协会一般保赔保险承保范围的船东责任风险，如因战争行为引起船东所要承担的人身伤亡、遣返费用、救助人命费用等。为了不与前一种战争保赔保险相混淆，后者被称为特别战争保赔保险。不过，现在不少保赔协会都把战争保赔保险与特别战争保赔保险结合起来承保。

（3）罢工险

承保船东和承租人当其船舶被罢工、劳动封锁、劳动中止或劳动限制而引发的日常营运损失和租金损失的风险。保赔协会承保的罢工险有两种，即港区罢工险和船员罢工险，会员可任择一种或两种同时投保。前者主要承保会员入会船舶由于港口或码头工人的罢工造成的延误和/或在等待进入港口或到达泊位时延迟所遭受的损失；后者主要承保会员由于入会船舶的船员罢工而使该船在港口或码头泊位的延迟所遭受的损失。

除了上述三种特殊保险业务以外，保赔协会提供的特殊保险业务还有石油开发保赔保险、小型船舶保赔保险、租船人保赔责任保险等③。

3.4.2　其他各项服务

（1）帮助处理事故的服务

有不少事故，特别是一些案情复杂、索赔金额大的事故，通常都由保

---

① 安丰明：《船东保赔协会法律制度研究》，中国检察出版社，2006 年版。
② Steven J. Hazelwood. op. cit.
③ 曾立新：《海上保险学》，对外经济贸易大学出版社，2001 年版。

赔协会代替会员船东处理。只要会员船东及时与保赔协会或当地通讯代理取得联系并请求帮助处理，保赔协会一般会立即派出有丰富的处理海事经验的专家和有关技术人员到现场去检验查勘，分析致损原因，采取合理的、必要的措施及解决办法，以减少损失，维护会员船东和保赔协会的利益。保赔协会因帮助会员船东处理事故发生的各种费用，包括委请律师、检验师、通讯代理费等均由保赔协会负担。

（2）担保服务

当会员船东的船舶因涉及各种海事或赔偿纠纷而遭到扣船威胁或被实际扣留时，保赔协会为维护会员船东的利益，通常都免费为他们提供担保。由于保赔协会在国际保险市场上的地位日渐重要，一些由信誉较好、经济实力较强的保赔协会出具的担保越来越被世界上大多数国家和地区的担保受益人接受。一般由保赔协会出具担保函或通讯代理人代保赔协会出具担保函。若书面担保被对方拒绝，保赔协会则可安排银行担保，但从不提供现金担保。

（3）技术咨询和建议服务

根据国际保协集团协议和明文规定，各保赔协会之间的业务竞争不是在保险费率上，各保赔协会因此非常重视通过向会员船东提供包括技术咨询和建议服务在内的高质量服务来争取客户和业务。保赔协会在此方面提供的服务项目主要有：提供防损防灾方面的知识，介绍国际上有关海事的法律和规定的最新变化；帮助起草修改有关法律文件或提供有关咨询；提供世界范围的通信等。

（4）安全调查服务

保赔协会还为会员船东调查他们的入会船舶因遭受各种犯罪行为而造成的损失，并提供防损服务。一些大的保赔协会为此成立安全调查服务部，负责对委托人由于被盗窃、被欺诈或受骗引起的船货灭失事件进行调查并出具报告；推荐有效的防损措施，以防止因犯罪活动造成的损失；对货物运输和储存的程序或途径提出改进的建议以减少罪犯得逞的机会；代为识别各种假单据；检查保安工作；询问当事人；对一般有关安全方面的问题提供咨询意见。

（5）出版刊物

保赔协会定期或不定期出版各种刊物，免费发放给会员船东。目的是介绍保赔协会的有关情况，通告航运法规的修订或变化，提出注意事项，组织重大案例的介绍和分析，总结经验等，为会员船东和广大船员提供学习资料。

（6）其他服务项目

保赔协会提供的其他服务项目还包括提供有关证书培训、举办研讨会和培训人员等。

4. 国际保赔保险的发展趋势及存在的问题

4.1 国际保赔保险的现状

伴随着全球航运业的发展，海上事故日益频发，与航运业息息相关的保赔保险发挥的作用也越来越大。保赔保险发展到今天，虽然保险公司也在承保，但是其主要的承保者仍是保赔协会。目前，国际上有20多家保赔协会，占全世界总吨位大约90%以上的商船都加入了国际保赔协会集团所属的13家保赔协会和它们的相关机构，从而形成了国际保赔协会集团对世界保赔保险市场的垄断局面。这些协会分布在伦敦、百慕大群岛、北欧、卢森堡、美国和日本。另外，保赔保险的经营主体还包括一些小的独立的保赔协会和商业保险市场上的保赔保险机构。本章主要以国际保赔协会集团的保赔保险业务作为研究对象。

近些年，随着国际贸易、航运业的发展，各种事故发生频繁，相应地，船东要承担的责任也越来越多，因此需要保赔协会作为专业机构提供高水平的保赔业务与补偿服务来支撑。国际保赔协会的联营协议①（Poo-

---

① 国际保赔集团对其成员之间的竞争有反不正当竞争的协议规定，成员之间的竞争主要是在服务上而非价格上：如已加入某一协会的船舶想转入另一家同属于集团的其他协会，后者必须按照前者原来的费率承保，这就避免了协会之间为争取业务出现竞相降价、低费率承保业务的不正当竞争行为，避免影响和损害协会的市场形象，冲击其市场的垄断地位。虽然由于欧洲共同体（欧盟）1975年对该协议的抵制，国际保赔协会集团被迫正式宣告了该协议的终止执行，但实际上保赔集团协会间在实务操作上仍然按照协议办理。

ling Agreement）进一步巩固了协会之间的财政联系，增强了联营协会的竞争能力和协作能力。此外，国际保赔协会集团通过内部成员之间的分保方式有效地整合了集体的财力，解决了各成员的经营风险保障问题，增强了各成员的承保能力和赔偿能力，也使得协会成员的信誉与日俱增。图 4-1 为国际保赔协会集团 13 家协会 2005—2019 年的业务承保情况。

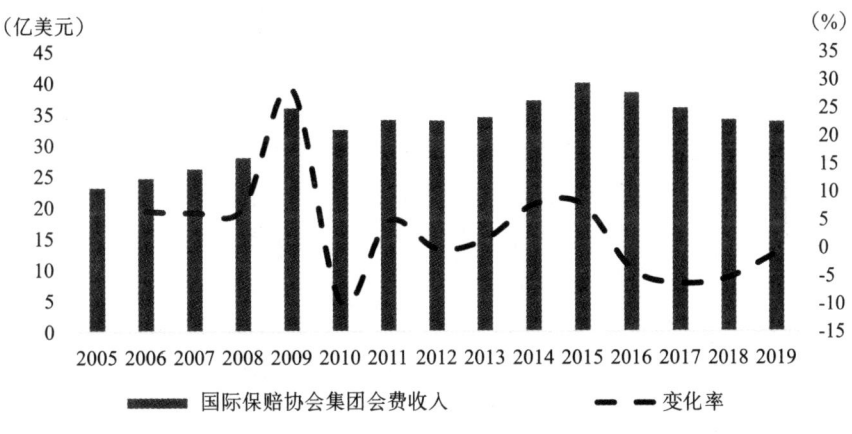

图 4-1　2005—2019 年度国际保赔协会集团会费收入

数据来源：TYSERS, THE P&I REPORT, 2019.

从图 4-1 可以看出：总体上，近年来国际保赔协会集团的会费收入呈不断增长的趋势，会费收入最高的为 2015 年度，该年度的会费收入为 39.92 亿美元，虽然之后几年会费收入有所下降，但是基本稳定在 35 亿美元左右的水平。

但是，13 家保赔协会的市场份额有很大差距，其中，Gard 的市场份额最大，承保吨位占保赔集团总吨位的 18.0%，会费收入占国际保赔协会集团总收入的 19.9%。就会费收入来看，其次是 Skuld 和 Standard。而 Swedish、London 和 American 三家保赔协会市场份额最小，分别为 4.0%，2.8% 和 2.6%。具体见表 4-1。

在承保的船舶种类方面，13 家保赔协会也显示出极大的差异性。Gard、UK、Skuld、American 协会承保的船型以油轮和油气船为主，Japan 和 London 保赔协会的散货船占比达到了 50% 或以上，而 Standard 保赔协会

表 4-1　　　　2019 年度 13 家保赔协会的市场份额

保赔协会	承保吨位（万吨）	市场份额（%）	年度会费（百万美元）	市场份额（%）
Gard*	22950	18.0	73491.6	19.9
NOE（North of England）	14700	11.6	34501.9	9.4
UK	14400	11.3	32239.8	8.7
Standard	13000	10.2	38640	10.5
Britannia	11190	8.8	20441.5	5.6
Japan	9550	7.5	19438.6	5.3
WOE（West of England）	9280	7.3	21972.6	6.0
Steamship	8560	6.7	30666.1	8.0
London	5110	4.0	10366	2.8
Swedish**	4750	3.7	14608.8	4.0
Shipowners	2725.2	2.1	22426.7	6.1
American	1870	1.5	9595.1	2.6
合计	127265.2	100	368550.8	100

数据来源：TYSERS，THE P&I REPORT，2019.

承保的散货船与油轮占比相当。具体见表 4-2。

表 4-2　　　　2019 年度 13 家保赔协会的船型占比

保赔协会	按吨位计的船舶种类（%）
Gard	油轮/油气船（39%）散货船/矿石船（27%）集装箱（15%）干货船（5%）客船/游船/特种船/其他（14%）
UK	油轮/油气船（41%）散货船（35%）集装箱（13%）其他（11%）
Britannia	散货船/矿石船（33%）油轮（原油）（18%）集装箱（29%）油轮（其他）（14%）货船/其他船（6%）
Japan	散货船（53%）油轮（21%）汽车运输船（8%）集装箱船（14%）普通货船/其他（4%）
NOE（North of England）	散货船（40%）油轮（29%）集装箱（21%）其他（10%）
Standard	油轮（31%）货船/集装箱（30%）散货船（24%）客船/轮渡（2%）离岸船舶（12%）其他（1%）

续表

保赔协会	按吨位计的船舶种类（%）
Skuld	散货船（35%）油轮（40%）集装船（9%）普通货船（8%）其他（8%）
Steamship	散货船（37%）油轮（23%）集装箱（19%）游船/渡船（12%）普通货船（6%）其他（3%）
WOE（West of England）	散货船（38%）油轮（30%）集装箱（18%）货船/冷藏船（10%）渡船/客运/其他（4%）
London	散货船（54%）液态天然气/液化石油气&油船（26%）集装箱（17%）货船（3%）
Swedish**	集装箱（39%）油轮（21%）散货船（37%）其他（3%）
Shipowners	港口（28%）驳船（20%）渔船（9%）渡船（14%）离岸船舶（12%）干货船（7%）油船（4%）快船（6%）
American	散货船（35%）油轮（40%）普通货船/客船/集装箱（16%）拖船/驳船/小船（9%）

数据来源：TYSERS，THE P&I REPORT，2019.

2019 年度，13 家保赔协会整体上实现了承保盈利，然而并不是所有的保赔协会在 2019 会计年度都经历了"丰收之年"，在保赔保险市场表现整体上升的同时，协会个体之间的差距却在拉大。以综合赔付率为例，2019 会计年度最高的协会为 London，达到了 140.10%，而最低的协会为 Japan，仅为 95%。具体见图 4 - 2。

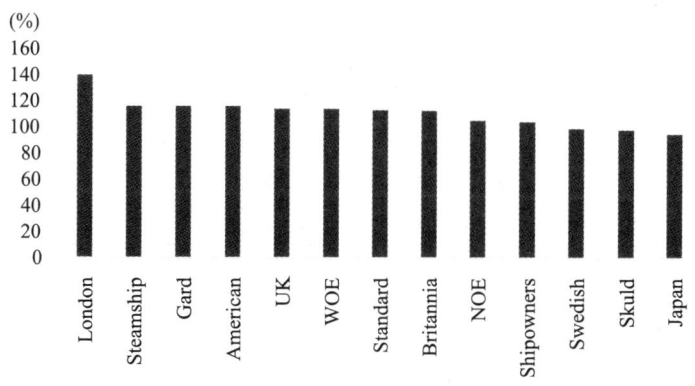

图 4 - 2　2019 年度 13 家保赔协会的综合赔付率

数据来源：TYSERS，THE P&I REPORT，2019.

2019 年度的保赔保险市场表现不太理想，国际保赔协会集团亏损几乎达 3 亿美元，但是这一数字包括 9000 万美元的保费返还和现金分摊。2019 年度平均每一承保吨位的保赔基金为 4.19 美元，与 2016 年度水平近似。整体来看，国际保赔协会集团依旧拥有非常稳固的市场地位，但很多协会成员都认为保险费率太低，已经到了不正常的水平。再加上大额索赔案件的出现越来越频繁，协会成员面临着巨大的压力。表 4-3 中的数据显示了从 2002 年度到 2019 年度国际保赔协会集团的 13 家保赔协会公布的标准会费增加比例。

表 4-3　　　　　13 家保赔协会标准会费增长情况

年度	2002	2004	2005	2006	2007	2008	2009	2010	2011	2012	2013	2014	2015	2016	2017	2018	2019
American	26	17.5	10	10	10	20	29	4.2	2	5	10	10	4.5	2.5	0	0	0
Britannia	28.8	8.5	7.5	-2.5	5	23.8	12.5	5	5	5	16.5	2.5	2.5	2.5	0	0	0
Gard	25	7.5	5	7.5	5	10	15	0	0	5	5	5	2.5	2.5	0	0	0
Japan	0	0	0	0	10	20	21.2	12.5	10	3	5	7.5	3	3	0	0	0
London	27.5	15	12.5	12.5	7.5	17.5	15	5	5	5	12.5	10	6	5	0	0	0
NOE	25	17.5	12.5	7.5	7.5	17.5	17.5	5	3	5	15	7.5	4.75	2.5	0	0	0
Shipowners	20	0	0	0	5	*	10	0	0	0	5	5	5	0	0	0	0
Skuld	30	15	7.5	5	2.5	7.5	15	5	**	**	8.5	8.5	0	0	0	0	0
Standard	25	20	12.5	5	5	15	15	3	3.5	5	7.5	12.5	5	2.5	0	0	0
Steamship	25	20	12.5	5	9	15	17.5	5	0	5	7.5	10	5	0	0	0	0
Swedish	25	15	10	10	7.5	15	15	2.5	2.5	5	7.5	7.5	2.5	0	0	0	0
UK	20	17.5	12.5	12.5	7.5	17.5	12.5	5	5	3	7.5	10	6.5	2.5	0	0	0
WOE	25	15	12.5	12.5	5	15	19.2	5	5	5	7.5	7.5	2.5	0	0	0	5
Average	23.3	13.0	8.8	6.5	6.7	16.2	16.5	4.8	3.4	4.3	8.8	8.0	3.1	1.8	0	0	0.38

数据来源：《protection and indemnity market review 2011/2012》.

TYSERS, THE P&I REPORT, 2019.

注：*Shipowners 虽然没有正式宣布 2008 年度的标准会费增长比例，但普遍认为在 15% - 20% 之间。

**Skuld 虽然评估了会员的个体情况，但没有正式宣布 2011 年度和 2012 年度的标准会费增长比例。

近年来，国际保赔协会集团对免赔额的相关规定不断更新。受通货膨胀压力和美元贬值的影响，许多协会不得不提高免赔额，这一举措虽然被船东勉强接受，但也认为有时免赔额的调整幅度太过剧烈，远远超出了正常的通货膨胀和美元贬值的幅度。2019 年度 13 家保赔协会免赔额的规定如表 4-4 所示。

表 4-4　　　　　　　2019 年度 13 家保赔协会免赔额规定

协会	2019 年赔偿限额（美元）	2019 年免赔额
American	2000000	所有费用的 25%，最少 5000，最多 30000
Britannia	10000000	超过 7500 的所有费用的 1/3
Gard	10000000	所有费用的 25%，最少 5000，最多 50000
Japan	14000000	超过 1000 的所有费用的 1/3
London	7500000	所有费用的 25%
NOE	250000	所有费用的 25%，最少 10000，最多 150000
Shipowners	5000000	所有费用的 25%，最少 750，最多 30000
Skuld	5000000	所有费用的 25%，最少 10000
Standard	5000000	所有费用的 25%，最少 10000
Steamship	10000000	最低免赔额为 5000，5000 以上费用的 1/3，最多 30000
Swedish	5000000	最低免赔额为 12000，超过 250000 部分的 25%
UK	15000000	无免赔额，但不赔付因纠纷导致的 12000 以下的费用
WOE	10000000	最低免赔额为 5000，5000 以上费用的 25%，免赔额上限为 50000 美元，但若是因新的纠纷导致的费用，免赔额上限为 100000

数据来源：TYSERS, THE P&I REPORT, 2019.

4.2　国际保赔保险的发展趋势

随着法律及市场环境的变化，保赔保险在其漫长的演变过程中出现了一些新的发展趋势，主要可以归结为以下几个方面：

4.2.1 商业保险人逐渐介入

保赔保险有着巨大的市场以及相对平和的竞争，对于商业保险人充满着吸引力。近年来，商业保险人纷纷试图介入保赔保险市场。在20世纪90年代后期，许多商业保险人参股或者开办收取固定保费的保赔保险业务，如 Ingostrakh、Navigators、Osprey、Raets Marine、Southern Sea、Terra Nova、Dragon PNI、Jonathan Jones 等。目前，商业保险人参与传统的保赔保险市场已经形成了一定规模，这一方面是因为商业保险人以固定保费的方式承保保赔保险，不会因灾害波动而影响船东的财务稳定性，使得船东对成本有稳定的预期；另一方面，一些船东基于降低成本和便利的角度考虑，将船舶自身保险及其保赔保险一并转嫁给保险公司承担，避免了保险漏洞，提高了效率。

然而，商业保险人介入保赔保险领域也面临着巨大的挑战。保赔保险业务本身由于责任限额高，容易在开办业务初期出现赔付情况剧烈波动的现象。另外，新介入的商业保险人由于缺乏保赔协会的长期经验沉淀，其中层和普通理赔人员的能力、素养、与现代网络的磨合程度普遍较差，这也不可避免地导致新的商业保险人在理赔费用和成本上远远超过传统的保赔协会。如无完善的再保安排和风险防范体系，无全面而专业的服务和有效的现代网络，商业保险人将很难在保赔保险领域立足。

目前，保赔协会仍处于保赔保险业的领军地位，短时间内依然难以撼动，但是部分有实力的商业保险人的介入将有助于服务质量的提高和保赔保险体系的日趋完善。

4.2.2 固定保费业务增加

在传统的保赔保险中，船东在保赔协会投保后即成为协会会员，以会费的形式缴纳保费。保赔协会收取的保费主要由预付会费、追加会费构成，一些协会，如 London 协会，还有延期会费。保赔协会在收取预付会费时会根据船舶吨位、船龄、船型、船舶技术状况、营运特点、保险险别以及历年保险赔付状况等因素商定保费。在保险年度结束后，保赔协会再根据整体的赔付情况决定征收追加会费和延期会费。在必要的情况下，保赔协会还会加收巨灾会费以弥补保赔协会留存的巨灾事故储备金不足以支付赔偿金的部分。另外，在会员退会时，协会还要征收退会免责费，以应对将来可能发生的相关责任费用。会员如果没有如期支付退会免责费，则在这一阶段仍需支付协会征收的延期会费、追加会费和巨灾会费。2008年，金融危机导致了以西方市场为主要投资区域的国际保赔协会投资亏损。在接下来的2009年保险年度中，国际保赔集团13家协会均采取了征收预算外追加会费、调高续保保费、调高退会免责费率等保守的财务和承保政策。这些政策成为保赔合同的一部分，所有的会员必须执行，否则就是违约，国际保赔协会可以采取扣船等法律手段收取会费，这无疑给船东增加了负担。[①]

固定保费业务由于其保费的固定性，不因赔付情况而改变，成为一些商业保险人提供保赔保险时强有力的竞争工具。QBE和Hanseatic等近年来纷纷推出多种固定保费的险种充分证明了此种业务方式的发展前景，表4-5反映了目前各固定保费业务提供者的情况。此外，一些保赔协会也开始摒弃预付会费、追加会费的经营模式，转向固定保费方式，如南英保赔协会在2010年度为1120艘船只（散货船占68%、普通货船占16%；中国、中国台湾、中国香港船只占比56%）提供了保赔保险保障，责任限额为5亿美元，保费收入625万美元。租船人保赔协会在2010年度的保费收入为260万美元。可见，固定保费业务的增长将会成为国际保赔保险未来的发展趋势之一。

表4-5 2011年度非国际保赔协会集团保险人固定保费保赔保险情况

固定保费业务保险人	最高限额（美元）	标普评级	船舶数量（艘）
British Marine	5亿*	A+（QBE）	11148
Eagle Ocean Marine	2500万	BB+	n/a
Hanseatic P&I	5亿	n/a	n/a
Hydor	5亿	A+（Lloyd's）	n/a

---

① 韩鑫：《关于船舶保赔保险几个问题的讨论》，载于《世界海运》，2010年第5期。

续表

固定保费业务保险人	最高限额（美元）	标普评级	船舶数量（艘）
Ingosstrakh	5亿	BBB -	923
Navigators	5000万	A	1330
Osprey	1亿	A+（Lloyd's）	2250
Raets Marine	5亿	A-（Amlin Insurance N. V.）	4500

数据来源：Willis Report 2011/12.

* 特殊情况下为 10 亿美元。

4.2.3 寻求规模扩张

国际研究结果表明：跨国服务业机构通常在专业分工、财务管理等方面享有规模经济的好处。通过对国际上 13 家主要保赔协会的行业规模和船舶吨位的平均经营成本的关系进行实证分析，也可以发现平均成本随着规模的增大而减小，这说明保赔保险业同样具有规模经济这一特点。

实证研究的结果表明，在保赔协会这一行业中存在着"U"形的规模效应，规模经济的上限大约是承保规模 8000 万总吨。对于承保规模不超过 8000 万总吨的保赔协会而言，平均经营成本的确随着规模的扩大而下降，规模经济是存在的。这种规模经济可以从图 4-3 中很直观地看出，其中横轴表示规模（单位：百万总吨），纵轴表示平均每吨的经营成本（单位：美元）。①

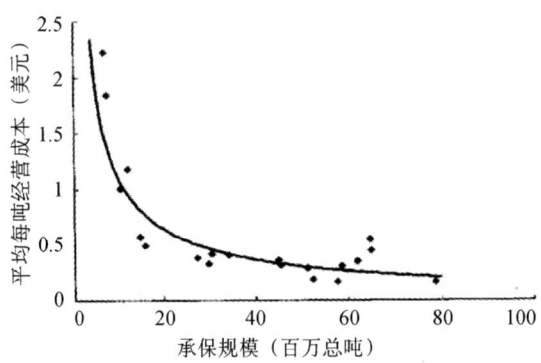

图 4-3 当承保规模不超过 8000 万吨时平均经营成本与规模的关系

---

① 结论与图形均来源于王杉，宋逢明：《国际船东互保协会的规模经济问题及启示》，载于《保险研究》，2005 年第 8 期。

根据目前各保赔协会的经营规模状况来看，寻求规模扩张是大多数保赔协会的发展要求所在。而对那些超过这一上限的保赔协会而言，平均经营成本随规模的扩大而上升，于是他们在扩张中反而可能遭受规模不经济带来的损失。目前规模已经超过和即将超过这一上限的船东互保协会应该谨慎对待规模扩张。

4.2.4 健全的再保险体系

再保险对于原保险人具有分散风险、扩大承保能力、稳定经营成果的功效。由于保赔保险具有巨额高风险的特性，如果没有国际分保支持，是无法实现稳健经营的。因此保险人必须要通过再保险渠道将超过自负能力的风险责任转嫁到国际保险市场，降低风险集中度。同时，再保险机构的介入也能够为被保险人提供更为专业的风险管理服务。

目前国际保赔协会集团内的协会各自独立经营，各协会分摊一定数额以上的索赔，并以集团名义在保险市场上安排再保险，使集团内各协会以最优惠的费率获得最宽泛的保险保障。

表4-6反映了国际保赔集团再保险体系的情况，可以看出目前国际保赔集团已经形成了较为完善的再保险体系。

表4-6　　2019年度国际保赔集团再保险安排

	非污染		油污		非污染合计	油污合计
整体溢额索赔	10亿美元		/		31亿美元	/
第三层	6亿美元		/		21亿美元	/
第二层	7.5亿美元		2.5亿美元		15亿美元	10亿美元
第一层	70%市场配售	30%私募配售	70%市场配售	30%私募配售	7.5亿美元	7.5亿美元
上层分摊基金	Hydra占92.5%，即4625万美元；ICR占7.5%，即375万美元				1亿美元	1亿美元
上层分摊基金	2000万美元（Hydra分担100%）				5000万美元	5000万美元
下层分摊基金	2000万美元				3000万美元	3000万美元
协会自留额（ICR）	1000万美元				1000万美元	1000万美元

数据来源：TYSERS, THE P&I REPORT, 2019.

4.2.5 不断扩大的产品体系

随着航运业和保险业的发展,保赔协会所提供的产品体系也逐渐完善,目前可以承保船东经营过程中涉及第三者责任的几乎所有风险,如船员伤亡责任、船舶碰撞后所附带的超额赔付责任、油污责任、沉船打捞等责任,通过船东互助、共同分担风险的非营利方式,最大程度地保障船东的航运利益。

近年来,世界各国对环境问题的关注日益提高,与此同时,由于世界贸易量的增加,船舶所致的人身伤害、船舶碰撞、搁浅、污染、货物损失等案件也大量发生。因此,欧洲制定了更为严格的规则,新规则包含发生意外事故追究船东和船员刑事责任的条款。同时,出于对环境问题的关注,MARPOL 附则 VI 以及 HNS(危险和有害物质)公约等也分别对船舶排放的硫化物和氮化物以及防止化学品造成的污染方面作了限制,并禁止排放破坏臭氧的物质。新的公约和法律规则催生了新的保险需求,这必然促使新产品的出现,使保赔保险的产品体系不断完善,保赔协会也将扮演越来越重要的角色。[①]

4.3 国际保赔保险发展面临的问题

虽然国际保赔保险发展呈现出良好的局面,但是在其发展中不可避免地存在着一些问题,这些问题可能将国际保赔保险业的发展引向不利的方向。

4.3.1 承保业绩不佳,过于依赖投资

保赔保险的整体业务收益由承保业务收益和投资业务收益组成,承保

---

① 崔连德:《保赔协会:链接和谐海事——专访英国托马斯米勒公司亚太区主席罗福》,载于《中国船检》,2005 年第 6 期。

业务收益是由保赔保险保费收入净值减去其总索赔支出和总营运支出之后得到的。近年来,随着航运业的快速发展,海盗活动猖獗,各种纠纷频繁发生。国际组织越发重视环境保护工作,国际海事组织(IMO)在2010年初针对卸货和船舶碳排放等方面公布了一系列新的法则和规章制度,对船东的限制和监管措施越来越严厉,因此船东面临的风险在不断增大,由此也导致保赔协会的赔付率上升,承保业务收益不甚理想。表4-7是2004—2018年度国际保赔协会集团的收益情况。

表4-7　　国际保赔协会集团保赔保险业务收益情况　　单位:百万美元

年度	整体业务收益	承保业务收益	投资收益
2004—2005	122.5	-133.7	250.8
2005—2006	203.3	-119.9	323.1
2006—2007	291.0	-314.6	605.6
2007—2008	-7.3	-359.0	351.8
2008—2009	-200.3	567.6	-768.6
2009—2010	532.0	-84.0	636.0
2010—2011	634.0	97.0	537.0
2011—2012	115	-155	274
2012—2013	195	-267	420
2013—2014	274	-86	360
2014—2015	325	72	242
2015—2016	211	-168	375
2016—2017	427	127	368
2017—2018	453	-89	543
2018—2019	-288	-333	45

数据来源:《船舶保赔协会的承保风险及13大国际保赔协会的财务信誉状况》
《protection and indemnity market review 2018/2019》

从表4-7中可以看出,2008年度之前,国际保赔集团的承保业务收入一直是赤字,究其原因,主要是索赔总额在之前几年一直不断增加。所以2008年之前的几年中,保赔协会不仅习惯于用投资收入来加强自由储备,还用其来消除不良甚至亏损的承保结果。但是2008年度,受国际金融危机的影响，国际保赔集团的投资业务首度出现了赤字。从数据中可以看到，尽管 2008 年国际保赔集团的承保业务结果得到了彻底的改观，而且除了 Japan 和 Britannia 协会外，其他 11 家保赔协会都实现了承保业务的扭亏为盈，总共赚取了 5.68 亿美元的盈余，较 2007 年实现了 258% 的增长，但是承保业务收入增长无法弥补各大协会投资所带来的损失，国际保赔协会集团总体上仍然亏损超过 2 亿美元，这一数值比 2007 年的 730 万美元的赤字增长了 2654%，是过去五年中赤字的最高额。13 家协会中，除了 Japan 协会以外，其他协会在 2008 年度的投资业务中全部亏损，其中 Gard 协会出现了 2.16 亿美元的最严重亏损。从百分比来看，London 协会则从上一年度 20 万美元的盈余下跌 18640% 至这一年度的 4000 万美元亏损。[1]

国际金融市场的复苏使 2009 年度的投资收入呈现活力性的反弹，这在某种程度上使一个相对非常不错的承保业绩（1% 赤字）黯然失色，尽管在这一年度保赔保险市场的索赔达到了以往国际保赔保险市场的最高水平。[2] 2010 年度各大协会的投资收益都呈现出积极良好的态势，虽然 2008 年投资市场的急剧衰退，使协会不能再依靠丰厚的投资回报来抵消承保业务的亏损，并且更多的协会已经开始意识到使其承保业务达到一定的目标且满足协会保险主业的收支平衡是非常重要的。但是从数据中依然可以看出，投资收入对于绝大多数协会来说仍然是其财政增长的柱石。

近些年，国际保赔保险市场的索赔数量和索赔额都呈现不断上升的趋势，这对各个协会以及国际保赔集团来说都是不小的压力。而且历年数据也显示，大多数协会日常费用和管理费用不断增加，索赔数量的增多和通货膨胀的压力也使个案支付的成本上升。除此之外，来自国际相关监管组织和信用评级机构的压力也对协会造成了一定的影响。丰厚的投资回报的确可以给各个协会带来很大的益处，减少其财政上的压力，但是从 2008 年金融危机开始，国际金融市场一直处于动荡不安的状态，这增加了各大协

---

[1] 上海市海上律师事务所：《船舶保赔协会的承保风险及 13 大国际保赔协会的财务信誉状况》，2011。

[2] 数据来源于 Willis Report《Protection and Indemnity Market Review 2010/2011》，2011。

会投资业务收入的不确定性。各项成本不断上升的趋势已经使协会不能再单纯地依靠投资回报来实现其整体的收益,弥补承保业务的亏损,提高承保业务的质量和成果显得越发重要。

4.3.2 追加会费频繁

保赔协会以预付会费、追加会费方式承保保赔保险业务(有的协会还有延期会费)。会员通常须于保险年度开始时向协会缴纳预付保费,其后视协会的年度核算结果决定是否需要缴纳追加会费和延期会费,在必要的情况下,会员还有可能缴纳特大事故追加会费(overspill call)。[①] 协会最基本的原则是:会员每年缴纳的会费应该足以支付本年度中协会面临的所有索赔、再保险和管理费用。如果会费因为索赔额太高而不足时,会员们需要按比例缴纳"额外会费",如果会费有盈余,会员们将得到资金返还,或者将盈余转移积存起来,用以支付以后年度的损失。追加会费又分为预算内追加会费(budgeted call)和预算外追加会费(unbudgeted call)。很多协会在年初续保时估计出基础会费和预算内追加会费,在本年度结束时再根据当年的赔付和其他支出情况来确定是否收取预算外追加会费。2000年度至2019度年国际保赔协会集团13家协会追加会费情况如表4-8所示。

在过去几个保险年度中,美元贬值、航运成本(船员工资、修船费、燃油费)上升、货值(矿石、粮油、原油)上升、法律环境严格化等均造成赔款成本的大幅提高。由于国际资本市场的不稳定,提高标准会费和追加会费成为各大协会维持其偿付能力的首选措施。从表4-8中可以看出:除了NOE、Skuld、Standard三家协会以外,其他协会近些年都频繁追加会费,并且在普调会费之后,大部分协会的预算内追加会费无法满足其保险年度内的赔付需求,还需要会员缴纳预算外追加会费。由于国际金融市场的不稳定,可以预测,在未来的年度,收取预算外追加会费的保赔协会将更多,并且不排除已公布收取预算外追加会费的协会将进

---

① 韩鑫:《关于船舶保赔保险几个问题的讨论》,载于《世界海运》,2011年。

表 4-8 国际保赔协会集团追加会费（预计追加会费/实际追加会费）情况

保险年度	American	Britannia	Gard	Japan	London	NOE	Shipowners	Skuld	Standard	Steamship	Swedish	UK	WOE
2000	25/115	25/25	25/25	20/20	40/40	25/25	25/25	20/65	25/25	0/30	0/0	0/0	50/50
2001	25/60	25/25	25/25	20/10	40/40	25/25	25/0	0/0	25/25	0/40	0/0	0/0	20/20
2002	40/70	40/40	25/25	20/20	40/40	0/0	25/0	0/0	0/0	0/0	0/0	0/0	20/20
2003	20/50	40/40	25/25	30/10	40/40	0/0	25/25	0/0	0/0	0/0	0/0	0/0	20/20
2004	0/0	40/30	25/25	30/30	40/40	0/0	25/25	0/0	0/0	0/0	0/0	0/0	20/35
2005	0/20	40/30	25/20	30/30	0/0	0/0	25/25	0/0	0/0	0/0	0/0	0/0	20/35
2006	0/20	30/30	25/20	30/60	40/89	0/0	25/25	0/0	0/0	0/12.5	0/35	0/20	20/40
2007	0/30	30/30	25/25	30/30	40/89	0/0	10/10	0/0	0/0	0/14	0/35	0/25	20/55
2008	0/25	40/40	25/25	30/30	40/75	0/0	10/10	0/0	0/0	0/20	0/0	0/20	20/65
2009	20/20	40/40	25/10	40/40	0/0	0/0	10/10	0/0	0/0	0/0	0/0	0/0	30/30
2010	25/25	40/40	25/15	40/50	0/0	0/0	0/0	0/0	0/0	0/0	0/0	0/0	30/30
2011	25/25	40/40	25/20	40/40	0/0	0/0	0/0	0/-2.5	0/0	0/-10	0/0	0/-2.5	30/30
2012	0/0	40/40	25/15	40/40	0/0	0/0	0/0	0/-2.5	0/0	0/-10	0/0	0/0	30/30
2013	0/0	45/45	25/15	40/40	0/0	0/0	0/0	0/-2.5	0/0	0/0	0/0	0/0	35/35
2014	0/0	45/35	25/15	40/20	0/0	0/0	0/0	0/0	0/-5	0/0	0/0	0/-2.5	35/35
2015	0/0	45/40	25/15	40/30	0/0	0/-5	0/0	0/0	0/-5	0/0	0/0	0/-3	35/35
2016	0/22.5	45/45	25/0	40/30	0/0	0/0	0/0	0/0	0/0	0/0	0/0	0/0	35/35
2017	0/17.5	45/45	25/0	40/40	0/0	0/0	0/0	0/0	0/0	0/0	0/-4	0/0	35/35
2018	0/0	45/45	25/12.5	40/40	0/0	0/0	0/0	0/0	0/0	0/0	0/-5	0/0	35/35
2019	0/0	45/45	0/0	40/40	0/0	0/0	0/0	0/0	0/0	0/0	0/0	0/0	0/0

深灰色代表高于原先的预计；浅灰色代表低于原先的预计；其他代表和原先预计相当。

数据来源：TYSERS，THE P&I REPORT，2019，Update.

一步扩大收取金额的可能性，即国际保赔协会的承保亏损和投资亏损全由会员买单。

2000 年度至 2019 年度各协会合计追加的会费情况如表 4-9 所示。保赔协会若财务状况和信用不佳，就面临着被合并或破产的可能。保赔协会被合并或破产，直接受损失的是其会员，如果会员选择在原来的协会续保，则只能接受保赔协会追加预算外会费的决定。收取预算外追加会费、重塑协会财务稳健是一个漫长的过程，至少需要 1 至 3 个保险年度，在这期间，保赔协会必定会不断追加会费，因为"现金为王"是适用于保赔协会的一条铁律。在这个过程中，会员将面临一系列的问题：协会将严格审核会员的索赔是否为承保风险，临界索赔则可能严格遭拒；协会理赔审查面将扩大并严格化，对船舶状况、ISM 体系的实施等将在理赔时进一步审核，审核不合格将成为协会拒赔的理由；协会将审慎提供信誉担保和银行担保。① 如今航运业面临的风险种类越来越多，事故发生的频率也有提高的趋势，运费水平则是水涨船高，导致船东经济压力增大。若船东财务状况恶化，必将影响整个航运业的发展，因此保赔协会应尽力采取其他措施来改善现有的局面。

表 4-9　　　　2000—2019 年度 13 家保赔协会合计追加会费　　　　（%）

American	Britannia	Gard	Japan	London	NOE	Shipomners	Skuld	Standard	Steamship	Swedish	UK	WOE	平均
500	750	332.5	650	533	45	165	57.5	40	96.5	61	57	635	302

数据来源：TYSERS, THE P&I REPORT, 2019 Update.

---

① 家诺：《2009 保险年度国际船舶保赔市场分析》，载于《水运管理》，2009 年第 1 期。

5. 中国保赔保险发展现状、问题及前景分析

5.1 中国保赔保险发展现状

5.1.1 中国保赔保险的历史

中国保赔保险的历史很短。20 世纪 50 年代，中国远洋运输船队尚未建立前，中外合资航运公司的船舶都直接在国际市场上投保。例如中波轮船有限公司拥有的悬挂中国旗的船舶均向波兰保险公司投保船舶保赔保险。

20 世纪 60、70 年代，为了适应中国远洋运输船队的发展，中国人民保险公司在开展船舶保险业务的同时，也开办了船舶保赔保险业务。1965 年，人保公司上海分公司采用西英保协的条款承保了两条中波公司船舶的保赔保险，中国保赔保险由此发端。1961 年成立的中国远洋运输公司最初只向人保公司投保船舶保险，直到 1973 年 9 月才要求人保公司承保油污和其他保赔责任，后者当时使用的是联合王国保赔协会的保赔保险条款。1976 年 1 月 1 日，中国人民保险公司开始使用自己的保赔保险条款，1978 年对该条款进行了全面的补充修订。出于对分散风险责任的考虑，自 1979 年，人保公司先后与西英保协和联合王国保协建立起保赔保险的分保关系，把承保责任的 80% 分保给这两家英国保赔协会。随着中国船队的发展和国际航运环境的变化，对保赔保险的需求越来越迫切的中国远洋运输公司下属的船舶有的直接加入联合王国保协，有的则向西英保协投保。

1984年1月1日，中国船东互保协会（China Ownerships Mutual Assurance Association，CPI，简称中船保）于北京正式成立，它是经中国政府批准的船东互相保险的组织。依照国务院颁布的《社会团体登记管理条例》的规定，中船保作为全国性社会团体在民政部注册登记，依法享有社团法人资格，接受交通部的业务指导和民政部的监督管理。1989年中船保公布了协会章程，根据章程，协会的宗旨在于维护与保障会员的信誉和利益，并为之提供各项专业性保赔业务与补偿服务。1995年，中船保制定了"中国船东互保协会保险条款"。自中船保成立以后，中国远洋运输公司的船舶及地方省市拥有的船舶纷纷向该协会投保，也把原来在中国人民保险公司下投保保赔保险的船舶转移给该协会，从而使中船保成为中国船舶保赔保险的主要承保人。与此同时，1993年1月1日，中国人民保险公司将1973年制定并于1976年修订的"油污和其他保赔责任险条款"更名为"船东保障与赔偿责任条款"，继续从事商业性的保赔保险业务。由于中国人民保险公司采用固定保费制，不存在追加保险费和退费的问题，这为一些未加入中船保的船东解除了保赔无门的问题，也为中国航运企业的发展起到了保驾护航的作用，形成了中国保赔保险的一大特色。①

5.1.2　中国保赔保险的发展现状

一直以来，中国保赔保险主要分别由中国船东互保协会和中国人民保险公司承保。前者以互保形式管理，后者以商业保险形式经营。近年来，尤其是随着《船舶油污损害民事责任保险实施办法》的颁布实施，国内商业保险公司及境外保赔协会逐渐进入保赔保险领域，目前已经形成了中船保、以中国人民保险公司为主的商业保险机构和境外保赔协会为供给主体的市场局面，其中中船保占有绝对的市场份额。截至2019年2月20日，中船保会员和入会船舶已由1984年成立之始的3家、47万总吨发展到174家、6083万总吨。由于数据获得的困难，下文将仅对中船保的保赔保险发展情况

---

① 何光权：《ISM规则对船东保赔保险的影响》，载于《上海保险》，2001年第11期。

作一简单的总结分析（此部分数据均来自中国船东互保协会的年度报告）。

（1）入会船舶及总吨发展情况

虽然近几年航运市场平淡、保赔保险市场竞争激烈，但中船保的入会船舶规模增长仍然保持了较高的速度，2011 保险年度入会船舶 1112 艘，共 3133 万总吨，比 2010 年增长 12.73%，其中新造船 397 万总吨，占当年新入会船舶总吨的 71%。截至 2018 保险年度，中船保入会船舶达到了 1480 艘，共 6083 万总吨，其中新造船 66 艘，共计 635 万总吨，占当年度新入会船舶总吨的 70.32%。2019 保险年度，入会船舶为 1521 艘，共计 6499 万总吨。

就船型分布来看，2018 保险年度入会船舶以散货船为主，占比为 57.4%（按总吨计算），其次为油轮和集装箱船，分别为 20.6 和 18.3%，杂货船和多用途船占比为 3.5，客船为 0.2%（见图 5-1）。就船龄而言，5 年以下船舶占比为 22.2%（按总吨计算），15 年及以下船舶占到了 83.6%（见图 5-2）。总体上所承保的船舶船龄偏小，这与中船保的入会会员多为大中型船东、船舶更新换代较快、中船保的谨慎业务选择有着密切的关系。在船旗分布方面，来自于中国香港的入会船舶为 55.0%（按总吨计算），大陆地区为 28.2%，二者合计占比为 83.2%，来自于其他国家的保赔保险业务占 16.8%，中船保的业务国际化还在路上（见图 5-3）。

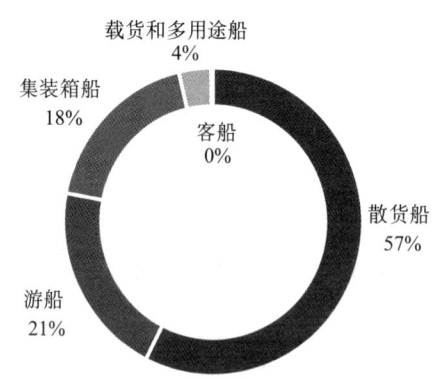

图 5-1　船型分布（按总吨）

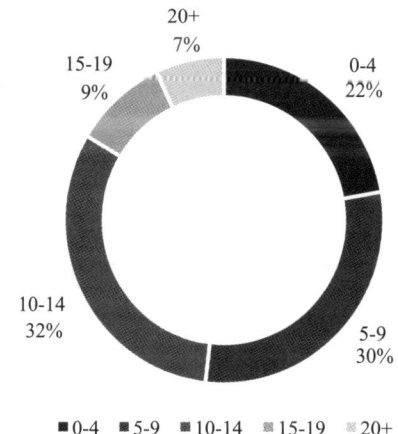

图 5-2 船龄分布（按总吨，单位：年）

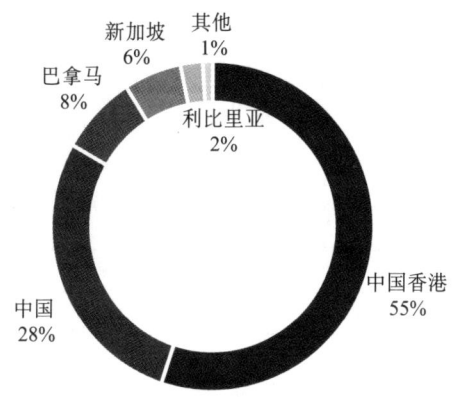

图 5-3 船旗分布（按总吨）

（2）财务状况

在赔付方面，财产损坏、货物责任、碰撞责任、船员伤亡、污染风险等索赔一直占据前几位。近几年来，中船保保赔保险的综合赔付率有所增加，2009 年度至 2011 年度的综合赔付率一直维持在 70%—80% 之间。2016 年至 2018 年度的综合赔付率则上升到 90% 以上（2016、2017 和 2018 年度的综合赔付率分别为 94.6%、95.6%、97.6%）。

与国际保赔协会的 13 家协会频繁追加会费相比，中船保在追加会费方面体现出良好的预测及风险控制能力。以 1984 年度至 2009 年度为例，20 多年间仅有 9 个年度中实际追加会费费率高于预计追加会费费率，还有 9 个年度实际追加会费费率低于预计追加会费费率，其中 6 个年度未追加会费（见表 5-1）。

表 5-1　　　　　　　　各年度追加会费费率情况

保险年度	预计追加会费费率（%）	实际追加会费费率（%）
1984	20	0
1985	20	0
1986	20	0
1987	20	0
1988	20	0
1990	20	50
1991	20	17
1992	20	10
1993	20	15
1994	20	0
1995	20	32
1996	20	40
1997	20	40
1998	20	32
1999	20	35
2000	20	46.4
2001	20	25
2002	20	20
2003	20	25
2004	20	20
2005	20	20
2006	20	20
2007	20	20
2008	20	20
2009	20	20

在业务收益方面，近几年来，中船保实现了承保业务收入（会费收入扣减再保费支出）和投资业务收益的双增长。2017 度承保收入 3352.6 万美元，2018 年度承保收入 3004.6 万美元；2017、2018 年度总投资回报率分别为 11.6% 和 9.68%，远高于同期资本市场和保险行业的收益率，从而使会员享受到协会投资所带来的实惠，增强了抗风险能力。2018 年度，协会保赔保险总资产共 250016 万美元，比 2017 年增加 4846 万美元，增幅为 2%。2018 年度保赔基金为 239221 万美元，较上年度同期的 233652 万美元增长 5569 万美元，增幅为 2%，主要来自投资收益。以 2018 年度承保船舶 6083 万总吨计，平均每总吨保赔基金约为 39.33 美元。这与国际保赔协会集团各成员相比较，协会已连续 18 年处于领先地位。

5.1.3 中船保的发展优势

作为相互型保险组织，中船保成立的动因是船东在船舶营运中面临着巨大的风险，但商业性保险公司往往以利润最大化为出发点来配置资源，在自由选择和市场供求规律的作用下，使急需保障的保赔责任险产品供给无法满足船东的需要，为了弥补商业保险公司留下的市场空缺，船东们只有相互之间提供保障，抱团取暖，成立中船保，通过内部经营的方式为各成员分散风险、保障损失并共享经营收益。因此"互助共济"是中船保经营的内核，也充分诠释了保险活动的内在价值。

在保赔保险领域，中船保占有绝对的市场地位。究其原因是相互保险组织本身具有的独特发展优势。

（1）降低成本

在商业性保险公司（主流的组织形式为股份保险公司）中，股东和被保险人（船东）之间的利益冲突是无法避免的，股东倾向于利润分配最大化而船东倾向于低费率、高赔付的保障服务，此种不可避免的冲突使得经营成本高居不下、经营战略无法保持长期稳定。而在中船保，会员既是被保险人，也是协会的所有人，二者利益一致，其经营盈余和资产归全体会员所有，经营目标的一致性可以使冲突降至最小，从而有效降低了代理成本,有利于中船保的稳健经营。

（2）注重长远发展

作为相互保险组织,中船保的会员集所有人和保单持有人为一体,不以营利为目的,在经营理念上更加稳健,注重长远发展,所做的决策不会投机取巧。同时,相互保险组织独具的风险分散机制使其即使在经营亏损的年份也不会破产,只要会员追加保费或采取其他措施就可以充分消化风险,弥补亏损。

（3）减少道德风险

由于加入中船保的会员船东面临着同质风险,而且同属航运业,彼此对风险和其他成员的认识更加清楚,具有强烈的共享价值、共享目标的"集体主义激励"意识。这种意识有利于成员间相互监督,减少道德风险。此外,由于中船保一直深耕在这一单一航运领域,对该领域的风险识别和风险控制有着更为深入的认识,因此能够为会员船东提供更优良的专业风险控制服务。

当然,与股份保险公司相比,作为相互保险组织的中船保也存在一些劣势。如,因为不能公开上市募集资金以扩大规模,只能依靠盈余扩大资本基础在一定程度上限制了其发展规模。

5.2 中国保赔保险发展的问题及原因分析

近些年来,中国保赔保险取得了长足的进步,业务规模不断扩大,承保能力有所提升,但是业务外流、某些业务过度竞争等问题也日益突出。除此之外,多元监管与监管真空并存,日益成为保赔保险发展的掣肘因素（关于监管问题,将在第7章进行详细分析）。

5.2.1 业务外流

目前,船舶保赔保险面临的最大问题是业务外流。2018年中国远洋运输船舶2251艘,净载重吨5314.73万吨（不含港澳台地区,不包括方便旗船），按照散货船的净载重吨与总吨的换算系数约为 0.65 计算，则约为 3455 万总吨。根据中船保 2018 年报，2019 年 2 月，入会船舶总吨 6083 万总吨，在其所承保的船舶中中国籍船舶的比例约为 28%，共计 1703 万总吨。还要考虑到过半的中资船舶为"方便旗船"，即使将其他商业保险公司承保的数量考虑在内，远洋船舶的保赔保险留在境内中资保险机构的可能也不足 50%，其余很可能流向了境外保赔协会。究其原因有：其一，对于航行于国际航线的船舶的保赔保险，由于保险人主要是中国船东互保协会和中国人保，可供船东选择的余地较小，且囿于国内保险人专业技术、服务水平、承保能力等因素的限制，导致相当数量的船东选择向国际保赔集团下的各家保赔协会投保，从而造成保赔保险业务外流。其二，一些中资远洋船舶选择在其他国家登记成为"方便旗船（Ship of Flag of Convenience）"，即在船舶登记开放或者宽松的国家进行登记，从而取得该国国籍，并悬挂该国国旗。由于开放登记国对船员的雇佣不加限制，对船舶的经营管理不予干涉，加之税收低、船舶最低配员数低等因素，在成本上十分有利于船舶所有人。此外，从贷款额度、贷款年限、延付金额来看，国外都较国内优惠和便利。于是，近年来，中国航运企业纷纷选择在国外订造新船或购买二手船，同时被动接受指定造船国的融资条件，不得不选择悬挂外国旗。种种原因导致方便旗船发展非常迅速，一些大型航运企业有为数不少的运力属于方便旗船。方便旗船已经成为国际海运业的普遍现象。据不完全统计，世界商船队中，有 65% 左右的远洋船舶悬挂的是外国旗。在中国远洋船队中，有过半数的船舶在境外登记注册，悬挂外国旗经营。悬挂方便旗的中资船舶，大多也会选择境外的船东保赔协会，从而导致国内保赔保险保源的流失。①

5.2.2 市场秩序有待规范

中国目前的保赔保险经营主体多样化，既有商业保险机构，也有相互

---

① 钮磊磊、顾煜：《制约国内远洋船舶保险业发展原因探讨》，载于《保险研究实践与探索》，2012 年第 5 期。

保险组织和境外的保赔协会。客观上要求统一的监管，以保证市场主体间的公平竞争，但是由于历史原因，多元监管、监管真空等问题极为突出，加之有关保赔保险的法律规范并不完善，一些经营主体受"跑马圈地"经营思维的影响，使得一些地区的保赔保险出现不规范竞争现象。尤其是质量较好的国际航线的保赔保险业务，竞争十分激烈，以竞相降价为手段争抢业务的现象时有发生，扰乱了正常的市场竞争秩序。例如：目前对油污责任保险实施强制保险制度，但是有一些商业保险机构只注重短期效益而忽略了长期风险，承保条件与风险暴露水平不相匹配，利用低保费来吸引船东，冲击了市场的正常竞争秩序，长此以往，势必阻碍中国保赔保险的持续健康发展。

5.2.3 自留额不高，过于依赖再保险

资本金充足性是影响保险公司承保能力的重要因素。根据《保险法》第 103 条："保险公司对每一危险单位，即对一次保险事故可能造成的最大损失范围所承担的责任，不得超过其实有资本金加公积金总和的百分之十；超过的部分应当办理再保险。"保赔保险以船东应承担的第三方责任为保险标的，除少数有责任限额限制外，大多是无限额的。因此健全的再保险体系至关重要。在中国，一方面，受制于资本金、公积金不高的影响及风险管控、发展战略的考虑，许多保险机构的自留额处于较低的水平，更多地依赖于再保险，尤其是国外的保赔协会。自留额过低，其最终的结果是通过再保险的途径，绝大部分保赔保险业务流向境外，无法摆脱为"他人作嫁衣"的角色。另一方面，由于国内再保险市场承保能力有限、承保技术不高、有能力的供给主体不多等原因，导致保赔保险业务很少在国内再保险市场上分散，未能充分利用国内的再保险力量，再保险贸易逆差显现。

5.2.4 专业服务网络及水平有待提高

保赔保险的发展依赖于健全的服务网络与专业的服务水平。以理赔为例，其技术性较强，理赔人员必须对船舶专业有所了解，并需要提前介入

海上救助、拖航、共同海损等法律程序。由于船舶的流动性，事故发生在国外时，还将适用外国的法律、国际公约或国际惯例。这对保险机构提出了相当高的要求，保险机构不仅要提高自身的理赔响应速度和提高服务效率，还需要根据船舶航行水域的不同，在世界主要港口和城市委请检验理赔代理人。这对于及时、准确地处理赔案，扩大保险人的影响，巩固已拥有的国内市场和扩展海外市场意义可谓深远。如果没有一个高效的全球性理赔服务网络，保险机构是无法掌控远洋船舶保赔保险业务经营的。缺乏全球范围内的服务网络体系、服务水平不高是国内现有保险公司中仅有几家大型保险公司经营保赔保险的主要原因之一，大多数保险公司在建立海外检验代理机构方面还处于起步和摸索阶段。

5.2.5 人才匮乏

保赔保险业务的专业性极强，不仅仅涉及保险专业知识，还涉及船舶、航运业务以及相关法律、公约和国际惯例。因此，与其他普通险种相比，人才的影响更为突出。中国船舶保险、保赔保险与国际市场相比起步晚，发展过程受到干扰较多，专业经验积累少，因此，这方面的专业人才极其缺乏。此外，国内高等院校中，航运保险方面的人才培养出现断层，系统性的专业培养及训练几乎没有。加之许多保险公司介入保赔保险的业务时间极短，相关人才短缺。就此种意义而言，正是专业人才的缺乏，导致了国内大多数保险公司不敢涉足保赔保险领域。

5.3 中国保赔保险发展的前景分析

5.3.1 供给层面分析

（1）供给主体增加，承保能力提高

如前所述，中国保赔保险一直由中船保和中国人民财产保险公司作为承保主体，其他公司鲜有涉足。但从2008年起，一些境外保赔协会，包括挪威嘉德保赔协会（Gard P&I CLUB）、汽船保赔协会（The Steamship Mutual Underwriting Association（Bermuda）Limited）获得交通部海事局的认可，获准为中国籍国际航行船舶承保油污损害民事责任险。2009年3月9日，《2001年国际燃油污染损害民事责任公约》对中国正式生效。这就意味着1000总吨以上的中国籍国际航行和沿海运输船舶必须进行保险或取得其他财务保证①。因为就燃油污染损害赔偿责任而言，国际航行船舶原本都会投保保赔保险，其中已经包含了燃油污染损害赔偿，船东不需单独投保；而对于沿海运输船舶来说，在2009年3月以前，关于油污责任保险只是作为船壳险的附加险种由船东自愿投保，此后即成为强制性投保的险种。2010年10月1日，《船舶油污损害民事责任保险实施办法》开始实施，该办法第2条规定："在中华人民共和国管辖海域内航行的载运油类物质的船舶和1000总吨以上载运非油类物质的船舶，其所有人应当按照本办法的规定投保船舶油污损害民事责任保险或者取得相应的财务担保。"②油污责任保险的强制推行要求保赔保险的供给主体增加，为了适应此种需求，中国海事局每年根据保险机构财务状况、赔付能力、服务信誉等评定可以在中国境内经营油污责任险的保险人③，从而提高了中国保赔保险的

---

① 虽然按照燃油公约的要求，沿海运输船舶可以在投保油污责任保险和取得其他财务保证之间进行选择，但出于对清除污染的资金保障考虑，海事部门更愿意要求船舶投保油污责任险。

② 即：在中华人民共和国管辖海域内航行的船舶应当按照以下规定投保油污损害民事责任保险或者取得其他财务保证：（1）载运散装持久性油类物质的船舶，投保油污损害民事责任保险，其保险标的应当包括持久性油类物质造成的污染损害；（2）1000总吨以上载运非持久性油类物质的船舶，投保油污损害民事责任保险，其保险标的应当包括非持久性油类物质造成的污染损害和燃油造成的污染损害；（3）1000总吨以上载运非油类物质的船舶，投保油污损害民事责任保险，其保险标的应当包括燃油造成的污染损害；（4）1000总吨以下载运非持久性油类物质的船舶，投保油污损害民事责任保险，其保险标的应当包括非持久性油类物质造成的污染损害。

③ 根据《船舶油污损害民事责任保险实施办法》：承担中国籍船舶油污损害民事责任保险的互助性保险机构应当符合以下要求：（1）在中国境内注册或者在中国境内设有代表机构或者代理机构；（2）上一年度净基金超过1亿美元或每吨净基金超过3美元；（3）保险条款符合中国法律、行政法规、规章以及中国批准或者加入的国际条约的有关规定。承担中国籍船舶油污损害民事责任保险的商业性保险机构应当符合以下要求：（1）应当依法经国务院保险监督管理机构批准设立、取得经营保险业务许可证，并已向工商行政管理机关办理登记，取得营业执照；（2）上一年度净资产超过7亿元人民币；（3）上一年度偿付能力超过100%；（4）保险条款符合中国法律、行政法规、规章以及中国批准或者加入的国际条约的有关规定。

总体承保能力（见表 5-2）。2014 年，根据《关于做好取消行政审批项目衔接落实工作的通知》，海事局取消了承担船舶油污损害民事责任保险的商业性保险机构和互助性保险机构的确定和公布，只要保险机构具备与其所承保的船舶油污损害责任险的赔付能力即可。这一行政审批项目的取消，使保险供给主体数量进一步增加。

表 5-2 2008—2013 年经海事局认可的船舶油污损害民事责任保险人

	境内保赔协会	商业保险机构	境外保赔协会
2008 年	中船保	中国人民财产保险股份有限公司	挪威嘉德保赔协会、汽船保赔协会
2009 年	中船保	中国人民财产保险股份有限公司、中国平安财产保险股份有限公司、中国太平洋财产保险股份有限公司、中国大地财产保险股份有限公司、中国人寿财产保险股份有限公司、阳光财产保险股份有限公司、太平保险有限公司	挪威嘉德保赔协会、汽船保赔协会、UK 保赔协会、Britannia 保赔协会、伦敦保赔协会、SKULD 保赔协会、西英保赔协会、瑞典保赔协会、北英保赔协会、美国船东互保协会
2010 年	中船保	中国人民财产保险股份有限公司、中国平安财产保险股份有限公司、中国太平洋财产保险股份有限公司、中国大地财产保险股份有限公司、阳光财产保险股份有限公司、民安保险（中国）有限公司、太平保险有限公司、中意财产保险有限公司（仅限承保中国石油集团海洋工程有限公司所属船舶）、中国人寿财产保险股份有限公司	挪威嘉德保赔协会、汽船保赔协会、UK 保赔协会、Britannia 保赔协会、伦敦船东互保协会、SKULD 保赔协会、西英保赔协会、瑞典保赔协会、北英保赔协会、卢森堡船东互保协会、美国船东互保协会、日本船东互保协会

续表

	境内保赔协会	商业保险机构	境外保赔协会
2011年	中船保	中国人民财产保险股份有限公司、中国平安财产保险股份有限公司、中国太平洋财产保险股份有限公司、中国大地财产保险股份有限公司、阳光财产保险股份有限公司、民安保险（中国）有限公司、中国人寿财产保险股份有限公司、永安财产保险股份有限公司、永诚财产保险股份有限公司、紫金财产保险股份有限公司	挪威嘉德保赔协会、汽船保赔协会、UK保赔协会、Britannia保赔协会、伦敦船东互保协会、SKULD保赔协会、西英保赔协会、瑞典保赔协会、北英保赔协会、卢森堡船东互保协会、美国船东互保协会、日本船东互保协会、标准汽船保赔协会
2012年	中船保	中国人民财产保险股份有限公司、中国平安财产保险股份有限公司、中国太平洋财产保险股份有限公司、中国大地财产保险股份有限公司、阳光财产保险股份有限公司、太平财产保险有限公司、中国人寿财产保险股份有限公司、永安财产保险股份有限公司、华泰财产保险股份有限公司、紫金财产保险股份有限公司	挪威嘉德保赔协会、汽船保赔协会、UK保赔协会、Britannia保赔协会、伦敦船东互保协会、SKULD保赔协会、西英保赔协会、瑞典保赔协会、北英保赔协会、卢森堡船东互保协会、美国船东互保协会、日本船东互保协会
2013年	中船保	中国人民财产保险股份有限公司、中国平安财产保险股份有限公司、中国太平洋财产保险股份有限公司、中国大地财产保险股份有限公司、阳光财产保险股份有限公司、太平财产保险有限公司、中国人寿财产保险股份有限公司、永安财产保险股份有限公司、华泰财产保险股份有限公司、紫金财产保险股份有限公司、英大泰和财产保险股份有限公司、中银保险有限公司	挪威嘉德保赔协会、汽船保赔协会、UK保赔协会、Britannia保赔协会、伦敦船东互保协会、SKULD保赔协会、西英保赔协会、瑞典保赔协会、北英保赔协会、卢森堡船东互保协会、美国船东互保协会、日本船东互保协会、标准汽船船东互保协会（欧洲）

(2) 过度竞争与供给不足同时并存

强制油污责任保险推行之后，保赔保险市场规模潜力增大。在其他险种市场竞争极为激烈的情况下，吸引了众多的保险公司拟在保赔保险中分一杯羹。经营主体的增多，提高了中国保赔保险的总承保能力，但是就结构而言，不平衡的问题也日益凸现：过度竞争与供给不足同时并存。由于经营国际航线的多为大型航运企业，相对于中小型航运企业和民营船东，实力雄厚、管理制度健全、船员素质高、船舶吨位大、船况好、船龄小，因而业务的争抢激烈。目前，中船保的入会船基本都是从事国际海上运输的船舶，境外保赔协会同样将目光聚集中在远洋船舶之上，所承保的保赔保险业务多为国际航线上运营的船只，同样心有嫉羡的还有商业保险公司，试图通过更优厚的承保条件分享一部分业务。与此形成鲜明对比的是，航行于中国沿海、长江、内河等水域的船舶，尤其是中小型船东及民营船东所拥有的船舶，因其船舶运输管理能力、船舶状况及其赔付率情况不及大型船东，保险机构（尤其像中船保及境外保赔协会这样的保险机构很少承保沿海及内河船舶）在承保时并不积极，而且当对此类保单进行分保安排时，再保险人会对此进行严格的筛选，对再保合同以及临分条款会以较严格的方式管理，这样直接约束了保险公司承保中小型船东及民营船东的保赔保险业务。由此造成了保险机构越来越远离中小型船东、民营船东，此类保赔保险业务明显供给不足。

5.3.2 需求层面分析

(1) 加入 WTO 后中国航运业快速发展

加入 WTO 后，中国航运业发展极为迅速，尤其是近些年来，伴随着国民经济高速增长和对外贸易规模的迅速扩大，海运量不断增长，航运业在国际上的影响力不断增强，已成为繁荣全球海运的重要因素，同时，国内航运业的增长势头不减，这些都为保赔保险发展提供了良好的业务基础。

根据国家统计局《2018 年公路水路交通行业发展统计公报》显示，近年来中国船舶数量发展平稳（单纯从船舶数量上看，有所下降，但实际上单船净载重量在上升）（见表 5-3）。截至 2018 年底，中国拥有水上运输船舶 13.7 万艘，净载重量 25115 万吨；其中远洋运输船舶 2251 艘，净载重量 5314.73 万吨（不含港澳台地区，不包括方便旗船），远洋船队的运力规模已位居世界前列；沿海运输船舶 10379 艘，净载重量 6885.06 万吨；内河运输船舶 12.43 万艘，净载重量 12915.50 万吨（见表 5-4）。

表 5-3　　　　　2014—2018 年全国水上运输船舶拥有量

年度	船舶数量（万艘）	船舶净载重量（万吨）
2014	17.2	25785
2016	16.01	26623
2017	14.49	25652
2018	13.7	25115

表 5-4　　　　　全国水上运输船舶构成（按航行区域划分）

指标	计量单位	实绩	比上年增长（%）
内河运输船舶			
运输船舶数量	万艘	12.43	-6.0
净载重量	万吨	12915.50	-1.8
载客量	万客位	71.59	-1.0
集装箱箱位	万 TEU	33.81	4.1
沿海运输船舶			
运输船舶数量	艘	10379	0.6
净载重量	万吨	6885.06	-2.3
载客量	万客位	22.68	1.4
集装箱箱位	万 TEU	56.62	12.9
远洋运输船舶			
运输船舶数量	艘	2251	-2.4
净载重量	万吨	5314.73	-2.6
载客量	万客位	2.06	-1.0
集装箱箱位	万 TEU	106.24	-20.4

近些年来，受到全球经济不景气的影响，全球航运业发展处于低迷。不过，在亚洲地区经济贸易快速发展的推动下，亚洲航运业得到长足的发展，国际航运资源向亚洲地区进一步集聚，其重心正在向东亚，尤其是向中国转移。当前，中国正在建设以渤海湾、长三角、珠三角三大港口群为依托的三大国际航运中心，即以天津、大连、青岛等港口为支撑的北方航运中心，以江浙为两翼，上海为中心的上海国际航运中心，以深圳、广州、香港为支撑的香港国际航运中心，以适应世界经济中心东移和中国经济快速发展的要求。2018年，全国港口完成外贸货物吞吐量41.89亿吨，比上年增长2.4%。其中，沿海港口完成37.44亿吨，增长2.5%；内河港口完成4.45亿吨，增长1.6%。根据《交通运输"十三五"发展规划》，"到2020年，长江黄金水道等内河高等级航道功能显著提升，主要港口战略支点地位进一步强化，国际航运中心建设取得重点突破，海运大国向海运强国迈进，基本形成保障充分、服务高效、平安绿色、国际影响力强的现代化水运体系，适应经济社会发展和全方位对外开放需要"，"海运船队运力结构进一步优化，海运服务贸易出口额明显增加。外贸进口物资运输保障能力显著提升，国轮承运比重提高。主要港航企业国际竞争力进一步提高"，"运输船舶标准化、专业化、大型化水平进一步提升，船型标准化率达到70%，货运船舶平均吨位提高到1000吨"。

从长远来看，全球海运业的需求仍然旺盛，中国仍处于工业化和城市化进程当中，将继续着力推动重大基础设施建设，也必然会刺激对大宗物资的消费，进而产生大量的海运需求，这一拉动效应将会随着时间的推移显现出来，海运业具有广阔的发展前景。这些将为包括保赔保险在内的航运保险带来新的发展契机。

（2）民营航运企业迅速增加

随着国民经济的迅速发展，水路运输需求旺盛，为民营航运企业的崛起和快速发展提供了契机。自20世纪90年代以来，大量民营航运企业如雨后春笋般出现。至2008年底，中国水运经营者共43056家（以民营经济为主），拥有经营性船舶17.69万艘、1.46亿载重吨，单船平均825载重吨。其中，经营国内水运业务的 42756 家（含个体经营者 36790 户）。到 2018 年底，中国水运经营者共 21069 家（以民营经济为主），比 10 年前的 43056 家减少了 21987 家。拥有经营性运输船舶 13.68 万艘、2.51 亿载重吨，单船平均 1835 载重吨。其中，经营国内水运业务的经营者 20846 家（含个体经营者 13951 户）。在沿海与内河运输中，绝大多数是民营航运企业。以长江干线为例，2018 年达到了 26.9 亿吨，连续 15 年位居世界内河货运量第一，其中大部分货运量由国内民营航运企业承担。在国际班轮运输方面，除了中远、中海（集团）等大型航运企业外，还有 30 多家民营航运企业，营运范围局限于亚洲地区，通过境外代理承揽业务与处理境外事务；在非班轮运输方面，民营航运企业一般通过境外代理处理境外事务。按照注册地来分，中国背景的规模以上的民营船东，境内近 2700 家，境外近 500 家。作为航运业的重要组成部分，民营航运企业已经成为中国沿海内河运输的主力军，成为中国航运业的重要补充力量。但是，民营航运企业起步较晚，在资金、技术、经营管理、人才资源、国际化运营和抗风险能力等方面与大型航运企业存在较大差距，它们运力规模普遍偏小[①]、单船吨位偏低、船龄偏大，因此，许多保赔协会以及保险公司将其拒之门外，没有保赔保险的保驾护航，民营航运企业无法持续扩张规模。值得注意的是，随着《国内水路运输经营资质管理规定》的颁布实施，中国沿海和内河航运市场准入门槛被提高，对经营者的动态监管有所加强，民营航运企业的船型不断创新，船龄减低，从业人员素质不断提高。如从 2008 年开始，针对长江的整体定位和船型的标准化都有了详细的规划，此举对于民营航运企业的硬件及软件的提升起了很大的促进作用。

（3）海事立法的发展使得船东责任不断加重

从立法趋势上看，传统的海事立法以效率为中心，趋向于保护船东利益，促进航运业发展为目的，这一趋向遭到了众多批评和责难。受害方无

[①] 从规模以上的船东来说，中国民营航运企业有 3000 家。所谓的规模以上民营船东，在干散货领域是 5000 吨以上，油船领域是 3000 吨以上，液化气船领域是 2000 立方米以上。

端受损而得不到救济或充分救济，船东却从中获利而不承担责任，有悖社会公平、正义目标。因此，近些年来的海事立法开始向保护受害方利益一方转变，在归责原则及赔偿限额上都体现出加重船东责任的趋势。航运业是高投入、低利润、高风险的行业，增强航运企业抵抗风险的能力是保证航运业健康发展的一个必要措施。船东责任的加重使保赔保险自然而然成为船东转移责任风险的重要手段。

在归责原则上，从19世纪下半叶开始，陆上侵权归责原则发生了变化。由于工业化国家工业损害日益严重，若仍然按照传统归责原则——过错责任原则，将导致很多事故的损害变得无可补救，因此推定过错责任原则应运而生，在一些情形下，行为人要想免除责任必须就自己无过错负举证责任。此后，科学技术高度发展带来海上航运业的繁荣兴旺，此时海上风险中的客观因素的威胁逐渐减弱，但人为因素导致的事故却在不断增加，而且由于船舶向大型化、自动化、集装化、专门化的方向发展，船舶及货物价值越来越高，船舶发生事故后造成的后果也日益受人关注。各国纷纷致力于海商法的修订与完善，无过错责任原则开始在一些领域被使用。受陆上侵权归责原则变化的影响，海上侵权的归责原则也由"单轨制发展到多轨制"。如在海上旅客运输方面，为了保护旅客的人身安全，《1974年海上旅客及其行李运输雅典公约》虽然规定实行过错责任原则，但同时规定在一定范围内实行推定过错原则，中国《海商法》吸取了这一立法精神，规定："在旅客及其行李的运送期间因承运人或者承运人的受雇人、代理人在受雇或者受委托的范围内因过失引起事故，造成旅客人身伤亡或者行李灭失、损坏的，承运人应当负赔偿责任。请求人对承运人或者承运人的受雇人、代理人的过失，应当负举证责任。旅客的人身伤亡或者自带行李的灭失、损坏，是由于船舶的沉没、碰撞、搁浅、爆炸、火灾引起或者是由于船舶的缺陷所引起的，承运人或者承运人的受雇人、代理人除非提出反证，应当视为其有过失。"即以过错责任原则为归责基础，但在一定范围内实行推定过错原则。就目前而言，很多国家及学者还提出了在现代船舶侵权行为法中，对人身安全的保障与对人身伤亡的补救应是船舶侵权法的核心，因为人的生命健康权是人最低限度的权利，应通过立法加以保护，因此在旅客的人身受到伤害时，承运人应承担无过错责任。在海洋环境保护方面，已经确立了海上油污损害的无过错责任制度，不论船舶所有人有无过错，只要其排放、逸出的油类造成了海洋环境损害，均须承担赔偿责任，这一责任制度在防止海上污染事故的发生及补偿受害者的损失方面具有很大作用。

在赔偿限额上，近年来海事立法也体现出加重船方责任的趋势。为了保护船东等责任人从事海上运输业的积极性，从而促进海上运输业的不断发展，设置了海事赔偿责任限制制度，海事赔偿责任限制制度充分体现了立法中注重保护船东利益的理念。但是近些年来，此种制度中的赔偿限额有不断提高之势，使船方的责任进一步加重。目前，国际上已经生效的有关责任限制的公约主要有两个：《1957年海船所有人责任限制国际公约》和《1976年海事赔偿责任限制公约》（中国没有批准上述公约，但《海商法》有专门一章关于海事赔偿责任限制，其内容与《76年责任限制公约》大致相同）。与《1957年海船所有人责任限制国际公约》相比，《1976年海事赔偿责任限制公约》中规定的责任限额提高了近四倍。虽然《1976年海事赔偿责任限制公约》通过并生效后在责任限额方面保持了很长时间的稳定性，但迫于货方的压力，该责任限额在1996年通过的《<1976年海事赔偿责任限制公约>1996年议定书》（该议定书于2004年生效）作了大幅度调整，增幅达250%。在旅客及其行李运输方面，《雅典公约1976年议定书》对于每位旅客人身伤亡的责任限额规定为46666个SDR（Special Drawing Right，特别提款权），《雅典公约1990年议定书》则提高到每人175000个SDR，而《雅典公约2002年议定书》的责任限额为每一旅客250000SDR，是1976年议定书的5倍多。为了保护承运人的利益，根据中国已经批准的《1974年雅典公约》及其1976年议定书，国际海上旅客运输的责任限额为每名旅客46667SDR，且还可以享受《海商法》第211条规定的海事赔偿责任限制。在船舶油污损害方面，《1969年国际油污损害民事责任公约》（CLC1969）规定船方对任何油污事故的赔偿限额为每吨

2000 金法郎，总额不超过 2.1 亿金法郎。《1976 年议定书》将上述限额改为每一船舶吨位 113SDR，总额不超过 1400 万 SDR。《1984 年议定书》规定：吨位不超过 5000 吨的船舶，其所有人的赔偿限额为 300 万 SDR；超过 5000 吨的船舶，每吨再增加 420 万 SDR，但总额不得超过 5970 万 SDR。《1992 年议定书》再次提高了赔偿限额。

（4）责任保险的强制化趋势

近些年来，作为海上保险立法重要问题之一的责任保险，其立法趋势呈现出强化并强制化的趋势。[①] 其中较为突出的是：油污损害的强制责任保险、旅客人身伤亡的强制责任保险和危险货物的强制责任保险。

在国际旅客人身伤亡方面，《雅典公约 2002 年议定书》规定："凡载客 12 人以上的承运人必须投保或者提供银行或类似金融机构的财务担保，数量不少于 250000SDR，但保险人、担保人不承担承运人故意违法行为引起的损失。"中国虽未批准《雅典公约 2002 年议定书》，但是面对以推进承运人安全责任机制的建立与完善为目的的双层责任制的发展趋势，加入《雅典公约 2002 年议定书》是大势所趋。因为公约第二条规定该公约的适用范围除了缔约国的船舶外，还包括运输合同在缔约国订立，以及起运地或目的地位于缔约国境内。这意味着即使中国不加入，那些与中国开通国际航线的国家加入，则公约生效后，中国的承运人仍然可能要承担数额高昂的赔偿责任，需要投保相应的责任保险。在国内水路运输方面，自"11.24"烟台海难事故后，旅客人身伤亡引起社会各界的关注，根据《国内水路运输管理条例》（该条例已经于 2012 年 9 月 26 日国务院第 218 次常务会议通过，自 2013 年 1 月 1 日起施行）第 19 条："水路旅客运输业务经营者应当为其客运船舶投保承运人责任保险或者取得相应的财务担保。"可见，强制要求承运人投保以旅客责任为保险对象的承运人责任保险已成为大势所趋。

在危险货物方面，《船舶载运危险货物安全监督管理规定》于 2003 年

---

① 司玉琢：《国际海事立法趋势及对策研究》，法律出版社，2002 年版。

11月21日经第15次交通部部务办公会议通过，并于2004年1月1日起施行。其第36条："本规定所称危险货物，系指具有爆炸、易燃、毒害、腐蚀、放射性、污染危险性等特性，在船舶载运过程中，容易造成人身伤害、财产损失或者环境污染而需要特别防护的物品。"第20条："载运危险货物的船舶应当按照国家有关船舶安全、防污染的强制保险规定，参加相应的保险，并取得规定的保险文书或者财务担保证明。载运危险货物的国际航行船舶，按照有关国际公约的规定，凭相应的保险文书或者财务担保证明，由海事管理机构出具表明其已办理符合国际公约规定的船舶保险的证明文件。"虽然中国目前除了对油污责任要求强制保险外，对其他危险货物尚未有具体的要求，但强制保险范围的扩大化将是一种趋势。

在油污责任方面，CLC1969确立了油污责任的强制保险制度，其第7条第1款规定："在缔约国登记的运载2000吨以上散装油类货物的船舶所有人，必须进行保险或取得其他财务保证，如银行保证或国际赔偿基金出具的证书等。保证数额按第5条第1款中规定的责任限度决定，以便按本公约规定承担其对油污损害应负的责任。"由此可见，载重吨大于2000吨的缔约国的油轮若想航行于国际航线，就必须进行保险或取得其他财务保证。特别重要的是，CLC1969第7条第8款规定："对油污损害的任何索赔，可向承担船舶所有人油污损害责任的保险人或提供财务保证的其他人直接提出。"这触及了强制保险的核心问题，即授权给索赔方可以选择直接向承担船东油污损害责任的保险人索赔[1]。

中国是航运大国，也是石油进口大国。近10年来，海上石油运输量逐渐增加。2009年，中国进口原油仅有2亿吨，2019年，中国原油净进口量首次突破5亿吨，原油对外依存度70.8%，成为仅次于美国的世界第二大石油进口国和消费国。中国大部分进口石油通过海上船舶承运，石油运量的增加和油轮吨位的增大，使船舶发生溢油污染事故风险不断增加，单次

---

[1] 《1996年国际海上运输有毒有害物质的损害责任和赔偿公约》《2001年国际燃油污染损害民事责任公约》《2002年雅典公约》和《打捞沉船公约草案》也有类似的规定。

事故可能导致的损失数额不断加大。污染处置能力和损害赔偿能力与石油运输量增长不相适应，加之一些船舶技术水平低、老龄船和高龄船等原因，使得对于因油污事故等造成的巨额索赔，船东无法独立承担，最终破产倒闭，进而影响到受害人无法得充分、全面的赔偿。中国批准了CLC1969，按照规定：从事国际航线运输、吨位在2000吨以上的散装油类货物船舶属于强制责任保险范围。1999年修订的《海洋环境保护法》是中国建立船舶油污损害赔偿机制的法律基础。该法第66条规定："国家完善并实施船舶油污损害民事赔偿责任制度，按照船舶油污损害赔偿责任由船东和货主共同承担风险的原则，建立船舶油污保险、油污损害赔偿基金制度。实施船舶油污保险、油污损害赔偿基金制度的具体办法由国务院规定。"2009年9月2日，国务院第79次常务会议审议通过了《防治船舶污染海洋环境管理条例》（该条例已于2010年3月1日起施行），条例增加了对实际载运散装油类货物2000吨以上的从事国际航线运输的船舶的规定，要求其必须持有《油污损害民事责任保险或其他的财务保证证书》。2009年3月在中国开始生效的《2001年国际燃油污染损害民事责任公约》（简称《燃油公约》）使中国海上强制责任保险立法向前迈进了一大步，其适用范围是1000总吨以上的船舶。也就是说，1000总吨以上的船舶在中国航行全部需要办理强制性油污保险。1000总吨以上的中国籍国际航行船舶在《燃油公约》需要持有直属海事局签发的"燃油污染损害民事责任保险或其他财务保证证书"，1000总吨以上的沿海运输船舶必须取得证书，进出中国港口的1000总吨以上的外国籍船舶须持有缔约国主管机关或其授权机构签发的证书。根据《燃油公约》的规定，在责任限制方面，沿海运输船舶的保险金额也不得低于《海商法》规定的有关船舶民事责任限额，国际航行船舶的保险金额根据所经营的航线和所到达缔约国的法律规定投保相应的保险，以保障船舶不会因违反缔约国的法律规定而被拒绝进港或滞留，但最低不得低于《海商法》规定的有关船舶民事责任限额。2010年8月19日，交通运输部发布了《船舶油污损害民事责任保险实施办法》，自2010年10月1日起施行，规定："在中华人民共和国管辖海域内航行的载运油类物质的船舶和1000总吨以上载运非油类物质的船舶，其所有人应当按照本办法的规定投保船舶油污损害民事责任保险或者取得相应的财务担保。"上述这些法律法规的颁布，使油污损害责任保险制度成为继机动车辆交通事故强制保险之后另一强制性制度，既可以解决船舶污染损失后的赔偿问题，又可以解决应急情况下清污启动资金的问题，使被污染的环境在进一步恶化之前，得到及时、有效的清理和修复。

（5）船东保险意识不断增强

保险意识反映了人们对保险产品的认知和接纳程度。在收入水平等其他因素一定的情况下，公众的保险意识越高，购买保险的动机就越强烈，潜在的保险需求才能转化为有效的保险需求，因此保险意识的强弱是保险业能否顺利发展的重要条件。保赔保险的发展也如此，只有船东的保险意识提高了，保赔保险的投保率才能有所提升。虽然总体上船东尤其是国内航线的船东的保险意识还有待提高，但是近些年来，随着船舶保险、货物运输保险等险种的发展，带动了船东保险意识的提高。尤其是许多国家的港口需要保赔保险证书才能靠港，船舶的出租营运也要求获得保赔保险承保，国内很多港口早已要求挂靠的油船必须持有油污强制保险证明。如上海海事局在2000年初就出台了对上海港供油船舶进行整顿和强制油污责任保险的办法，对进出上海港的油船进行强制保险，包括载油量在2000吨以下的船舶。油污责任、客运承运人责任等险种的强制性投保，使船东意识到保赔保险是降低航运风险的重要手段。

6. 中国保赔保险发展的法律环境分析及建议

6.1 保赔保险合同的法律性质

保赔保险主要承保船东在营运过程中因意外事故所引起的损失，以及因此引起的费用和船东承担的损害赔偿责任，这主要包括船舶侵权责任如污染责任、碰撞责任等，合同责任如货物责任、拖带责任、对海上旅客人身伤亡的责任等。其中，海上污染损害赔偿责任已成为极其重要的承保对象之一。

保赔保险合同的性质，是确定可适用法律的基础和前提。保赔保险合同虽名为保险合同，但关于其性质的争论，在理论界和实务界一直都没有停止过。相应的，保赔保险合同是否适用保险法的规定，也成为一个悬而未决的问题。

如前所述，根据经营主体的不同，保赔保险可分为相互保赔保险和商业保赔保险，下文将就二类合同的法律性质进行分析。

6.1.1 相互保赔保险合同的法律性质

相互保赔保险合同具有"保险合同"的性质，同时具有会员合同的性质。

（1）相互保赔保险合同具有保险合同的性质

"保险"是指"受同类危险威胁之人为满足其成员损害补偿之需要，

而组成之双务性且具有独立之法律上请求权之共同团体"。① 保险合同为"此共同团体（保险人）和其成员（即被保险人或要保人）以保险为目的所定之契约。"②

首先，任何一种保险皆以一共同团体之存在为先决条件，此团体乃由各个因某种危险事故发生而将遭受损失之人所组成。此共同团体之组成，主要以法律规定的保险业经营者所招揽之要保人或社员结合而成。要确定保赔协会与会员之间的安排是否构成保险合同，首先要确定的是保赔协会是否法律规定的保险业经营者。在英国等国家，现代的船东保赔协会一般注册为没有股本，由保证来限制责任的有限责任公司。会员不是股票持有人，没有资本，其基本义务是保证分摊相互的保险索赔。③ 在中国，中船保于 1984 年在北京正式成立，目前仍是社会团体性质。中国《公司法》尚未规定以保证来限制其责任的有限责任公司（即公司成员承诺在公司清算时提供约定的保证金额用于偿债，以此作为承担责任的一种方式）。有人认为依据中国《保险法》（2002），保险公司应为股份有限公司或国有独资公司，而且须有人民币 2 亿元的注册资本，因此中船保不符合中国《保险法》所规定的保险人的组织形式，并否认保赔保险合同具有保险合同的法律性质。④ 实际上，2009 年《保险法》对保险组织形式的规定已经发生了变化，并不限于股份有限公司或国有独资公司，而且保险合同的性质是其自身固有的，不能仅仅因为现行立法的不完善就否认其应有的性质，不能排除中船保的组织形式属于其他类型的保险业组织形式，从而使其具有从事保险业的主体资格。

其次，保险以处理可能发生之特定危险事故为主要目的。在保险法上危险是指不可预料或不可抗力之事故，此危险之发生须为可能且未发生。同时，保险为一具有正面社会功能之制度，故因被保险人违法行为所引起

---

①② 江朝国：《保险法基础理论》，中国政法大学出版社，2002 年版。

③ 艾素君：《保赔保险合同法律问题研究——兼论第三人对保赔协会的直接诉讼》，法律出版社，2008 年版。

④ 周玉华：《保险合同与保险索赔理赔》，人民法院出版社，2001 年版。

之危险，不受保险之保护。如上文所述，保赔保险主要是为船东面临的责任风险提供保障，实际业务中，保赔协会还承保一些财产灭失风险，如集装箱的灭失或损坏。无论是责任风险，还是财产灭失或损坏风险，都符合保险法对"危险"的界定。

再次，保险既为由一群共同遭受同类危险威胁之人所组成的共同团体，而于危险事故发生时，将其损失分散于其他会员，自然需要一笔资金。此基金须由各会员分摊，这种分摊金额在一般保险中称为保险费。在保赔保险中，会员缴纳的并非保险费而是会费。而且，在保赔保险中，有关会费的约定是非终局性的，即除入会时商定的预付会费外，还包括追加会费和巨灾会费。虽然名称有所不同，但不宜因此就认为保赔保险不是保险。如果某社团之会员固定每期须缴一定数额之会费，于约定事故发生时，可请求赔偿，其组织虽非保险业，所缴之会费亦非保险费，但若其性质符合保险之其他各项特征时，即应受保险法的约束。[①] 另外，保险特征之一虽为"有偿性"，然其成员之分摊额并非须于其加入此共同团体时，即立刻全数确定。虽然对一般保险公司而言，保险费皆预先确定。但亦有相互保险社团实施"预缴会费制度"，而这并不影响其性质的认定。

最后，但并非最不重要的是，保险的一个根本特征为，被保险人于保险事故发生遭受损失时，对保险人具有法律上请求保险赔偿给付之权。若有任何所谓互助团体对于其成员虽于特定事故发生时，亦提供经济援助，但成员对该团体若无法律上之请求权，则不构成保险，不受保险法的约束。[②] 基于此，有学者认为，根据保赔协会保险条款，保赔协会的会员对其遭受的损失无权要求协会赔偿而只能请求其他会员予以分摊，因而，协会与会员之间的合同不构成"保险合同"。[③] 这一观点反映的是早期保赔保险的情形。在那时，保赔协会不具有独立的法律地位，其既非公司，亦非

---

① 艾素君：《保赔保险合同法律问题研究——兼论第三人对保赔协会的直接诉讼》，法律出版社，2008年版。

② 江朝国：《保险法基础理论》，中国政法大学出版社，2002年版。

③ McGillivray, Parkington, On Insurance Law, 8th edition, 1988.

其他独立对外承担责任的经济组织，实际上只是一个全体会员共用的名称。保赔协会并不以自己的名义订立合同或签发保险单，保赔保险合同通常以全体船东作为保险人来签订，当其中一方遭受风险时，他便是被保险人，由其他船东作为保险人对其进行赔偿，而若其他船东遭受了风险，他便处于保险人的地位，对其他船东进行赔偿。换而言之，在这种保险中，会员船东既是保险人，又是被保险人，既可享受赔偿的权利，又要履行赔偿的义务，全体船东贯彻互助的原则，共保责任，同担风险。在这种体制下，保赔协会的确不能绝对保障其会全额赔付会员的损失。如果其他会员未能缴纳分摊金额，则协会无力赔偿受损会员的损失。然而，正如上文提到的，如今保赔协会的地位已经发生了变化，现代船东互保协会皆是依成立地的公司法登记注册的经济组织（中船保是依据《社会团体登记管理条例》登记的社会团体法人），不管是入会证书所证明的保险合同，还是会员合同，都是存在于会员与协会之间。现代的保赔协会保险条款通常规定，对会员因承保风险而遭受的损失，有权要求协会赔偿。会员之间不存在直接的合同关系：一方面，会员欠费时，其他会员无权起诉该会员；另一方面，任一会员也无权起诉其他会员，请求任何保险赔偿。① 故仍然认为会员船东既是保险人，又是被保险人，已经不合适；从合同关系上看，这种说法无疑也不准确。从保险合同的法律性质来看，保赔保险合同仍是责任补偿保险合同，与一般商业保险人出具的责任保险合同在法律性质上并无不同。为避免误解，协会条款特别明确"会员先付"原则（Pay First Rule），一般情况下第三人无权直接起诉作为责任补偿保险人的船东互保协会。

然而，除此之外，协会保险条款还常常规定有"承保风险延展条款"，该条款授权董事会对会员提出的未明确承保或被除外的索赔，在考虑案件特别情况后予以适当补偿，勿需说明理由，也无须遵循先例。保险赔偿存在不严格按合同条款处理的例外，而具有一定灵活性。依据保险法理论，

---

① 汪鹏南：《论保赔保险合同的法律性质》，载于《中国海商法年刊》，2000年第11期。

保赔协会对此类风险提供的保障,的确很难被认定为"保险"。不过,由于依据风险延展条款承保的风险,在协会的承保风险中只占很小的一个比例,而且此种风险在一定的条件下往往会转化为承保风险,因而就协会承保的大部分风险而言,它们可以被认定为提供保险,相应的,保赔协会与投保该风险的会员之间存在保险合同。对一小部分而言,它们仅仅是在特定的情形下考虑是否给予宽限支付,保赔协会与受到保障的会员之间不存在"保险合同"。①

由上述分析可知,相互保赔保险合同属于保险合同。

(2) 相互保赔保险合同具有会员合同的性质

相互保赔保险合同的这一性质可以从其主体和内容中看出来。

①相互保赔保险合同的主体。保赔保险的承保主体为保赔协会,保赔协会是所有参加保险的船东(包括船舶所有人、光船承租人、船舶经营人等)为自己办理保险而合作成立的组织,是一类特殊的保险组织。

相互保赔保险合同的另一方为船东。根据中船保保险条款,任何船东均可申请将其具有有效船级证书和由船籍国或代表船籍国签发的所有法定证书的船舶投入协会入会保险。如果协会同意按照向协会支付互助会费的条款接受其申请,并将其姓名或名称记入会员登记簿,则自协会同意接受该船舶入会保险之日起,该船即为入会船,该船东即为会员。

因此,保赔保险合同下的船东具有双重身份。一是作为船东保赔协会的会员。与普通保险合同不同的是,在保赔保险合同下船东是以入会的形式来获得协会的保险保障的。一旦船东的投保申请被接受,保赔保险合同即告成立,船东同时成为协会的会员。尽管从入会证书和协会规章的内容来看,合同主体似乎应为船舶而非会员船东,因为相关文件记载的是船舶及其吨位,而且协会总是通过确定船舶来确定与之有关的承保责任。事实上,这只是协会使用的一种便利手段,真正的合同主体仍是拥有或经营入

---

① 艾素君:《保赔保险合同法律问题研究——兼论第三人对保赔协会的直接诉讼》,法律出版社,2008年版。

会船舶的会员。二是作为保赔保险合同的被保险人,这是船东与保赔协会订立保赔保险合同的目的所在,即获得协会的保险。根据法律规定,被保险人对保险标的必须具有保险利益。保险利益是指投保人或被保险人对保险标的具有的法律上承认的利益,而法律上承认的利益是指投保人或被保险人因对保险标的具有各种利益关系而享有的经济利益。这种经济利益,因保险标的发生保险事故而受损,因保险事故没有发生而继续拥有。由此,保赔保险合同的被保险人就应当是对船舶具有保险利益的人,这些人对船舶或具所有权,或具占有权、使用权、经营权等。具体可包括:船东(包括共有船舶的船东和具有部分所有权的船东);船舶经营人;租船人;船舶抵押权人;受托船舶的管理人;造船人;等等。但事实上并非所有对船舶具有保险利益的人都有权成为保赔协会的会员,实际业务中真正能被协会接受为会员的一般是船舶的所有人、光船承租人或船舶经营人。其他人,如租船人或船舶抵押权人,虽可在某些情况下得到保赔协会对之利益上的保护,但却不能取得真正意义上的会员资格。

②相互保赔保险合同的内容。保赔保险合同不是一个单一的合同文本,而是由包括入会证书、协会章程、协会条款等在内的诸多文件构成的一个整体,内容十分庞杂。

a. 入会证书。如果船东或其他经营人拟将其拥有或经营的船舶加入某一保赔协会,通常会向该协会提交入会申请。保赔协会在收到船东的入会申请后,即对船东的要求和提供的文件进行调查和审核,并做出接纳与否的决定。如果同意接纳,就开出费率和承保条件。船东对此费率或承保条件若无异议,保赔协会便会签发入会证书(Certificate of Entry)。入会证书通常会载明船舶的名称、吨位、保险的起止日期和时间,有时也会列出承保风险。

入会证书是保险合同的证明,相当于协会签发的"保险"。入会证书并不包含保险合同的全部条款,尤其是有关承保范围与会员的权利、责任等保险合同的重要条款,通常并不在入会证书中载明。入会证书通常载有一个并入条款,并通过该条款将协会保险条款等并入保险合同。同时,入会证书也是船东会员资格的证明。船东和协会之间一旦就船舶的入会条件达成一致,他们之间的合同即告成立,该船被称作"入会"(Entered Vessel),该船东即成为协会的"会员"(Member)。由此可见,入会证书同时证明了"保险合同"和"会员合同"而具有"双重"法律性质。

b. 协会章程。一般而言,协会章程并不直接涉及会员在保险合同下的权利。协会章程所定事项,基本上只涉及船东作为会员与协会管理的权利问题,以及协会的日常运作。但协会章程也会对会员作为被保险人时与协会签订的保险合同及其保险索赔产生影响,因为保险条款的制定必须遵从协会章程的宗旨。一般而言,协会章程所规定的重大事项包括协会的创立及宗旨、会员、会员大会、董事会或委员会、经理部或执行委员会、其他协会组织机构如监督委员会以及协会的解散或终止等。

c. 协会的规定。在任一保险年度的任何时间,保赔协会大会和董事会均可制定新的规定。该种随时追加的规定,可能涉及协会的章程,也可能涉及协会的保险条款。例如,要求会员在其租约或提单中临时加入某一条款,要求会员不要去某一港口或不要签发某种单证,要求会员对某种货物安排装船前检验。但最常见的是,协会在规定中提供一些标准的合同格式或者合同条款,以供会员船东在航运中采用。如很多协会要求会员按照协会规定的要求在运输合同中载明新杰森条款和双方有责碰撞条款。协会规定通常也对运输、积载、保管货物的方式、方法等做出规定,并且要求会员在适当的时候,在运输合同中采纳协会推荐的罢工条款、共同海损条款、预付运费条款、战争险条款等。协会的保险条款通常规定,协会在制定了新的规定之后,应当立即通知所有的相关会员方,但是,协会未予通知或者会员没有接到通知,也并不影响此种规定的效力。协会规定可能改变、延伸或者削减会员的入会条款或者投保范围。至于此种规定的效力,各协会不尽相同。有的协会规定适用于所有会员方,具有强制性。如果会员违反此种规定并由此造成损失或责任的,协会可以拒绝对会员进行赔偿或者在相应的范围内扣减赔偿金额。但是如果会员能够证明,即使其遵守协会的规定,损失仍然不能避免,则协会应当予以赔偿。有的协会则规定,协会规定只是协会对会员的一种建议,会员只需尽力遵守,会员不采纳或者违反该规定,不影响其向协会的索赔。

d. 协会的保险条款。这部分内容主要涉及承保风险、除外责任、责任限制、保险期间、索赔、保险终止、停止或撤销以及争议解决条款。除此之外,还包括入会申请、入会证书、会费分摊包括会费、费率及支付等条款。保险条款,一般通过入会证书中的一个并入条款并入保险合同,并成为会员与协会之间保险合同的基本条款。青岛海事法院在"中国船东互保协会诉中国船舶燃料供应青岛公司拖欠会费纠纷案"指出,入会证书与协会现行保险条款构成了原告中国船东互保协会与会员青岛燃料供应公司之间的保险合同,该保险合同是双方当事人间真实的意思表示,应受法律保护。协会保险条款中明确规定会员应向协会交纳入会船的预付会费、追加会费、退会免责会费。这些条款对会员具有约束力,会员不得以入会证书中没有免责会费的规定而拒绝履行其义务。

尽管入会证书、协会章程、协会规定、保险条款均构成保赔保险合同的内容,但其在合同中的地位和作用不尽相同。入会证书经常被视为协会向会员签发的"保险单",协会章程一般不直接涉及保赔保险合同当事人的权利和义务,协会保险条款是保赔保险合同的核心条款,协会规定可能构成对合同内容的单方变更。

综上,相互保赔保险合同是保险合同,并且是海上保险合同中的定期保险合同。同时,相互保赔保险合同还是一种会员合同,船东向保赔协会提交的投保申请被接纳的同时,保赔保险合同成立,船东同时成为协会的会员。

6.1.2 商业保赔保险的法律性质

商业保赔保险是由商业保险公司签发独立的保赔保险单向船东等提供保障与赔偿的保险。在实践中,除了船东保赔协会外,有些商业保险人也作为承保人提供保赔保险,如中国人民保险公司、大地财产保险公司、中华联合保险控股公司、太平洋财产保险公司、太平财产保险公司等。

商业保险公司承保的风险和保险条件和保赔协会章程或规则基本一致。以中国人民保险公司为例，人保签发自己的保赔保险保单，同时还制定了自己的保赔保险条款，即1993年1月1日制定的"船东保障与赔偿责任险条款"。该条款共分7节，每节设若干条，其完整性可与保赔协会制定的入会章程媲美，形成了中国海上保险的一大特色。由于中国人民保险公司是商业保险公司，是根据船舶总吨位和保险费率收取固定的保险费，不存在追加保险费和退会费的问题。这为一些未加入保赔协会的船东解除了保赔无门的问题，也为中国航运企业的发展起到了保驾护航的作用。

商业保险公司承保的保赔保险与船东保赔协会承保的保赔保险均具有保险合同的性质，二者最主要的区别在于，前者具有商业性，后者则具有相互性。就商业保赔保险而言，承保人商业保险公司是依照保险法成立的独立自主经营的法人实体，被保险人是符合承保条件的船东等，商业保险公司按船舶总吨位和事先确定的固定费率收取保费，二者之间是商业保险合同的关系。对于相互保赔保险来说，如前所述，船东保赔协会是依法成立的民间性组织，参会的船东正如入会证书所证明的，既是被保险人，又是协会的会员。会员具有双重法律人格，因此，相互性是船东互保协会承保的保赔保险与市场上的商业保险人承保的保赔保险之间的根本区别之一。①

6.2　保赔保险合同的法律适用

6.2.1　国外保赔保险合同的法律适用

保赔保险起源并发展壮大于英国，英国是目前保赔保险最发达的国家，世界上80%以上的船舶在英国的11家保赔协会下投保，探讨英国在

---

① 汪鹏南：《论保赔保险合同的法律性质》，载于《中国海商法年刊》，2000年第11期。

此问题上的观点和做法无疑具有十分重要的意义。

所有英国保赔协会均规定，协会规则受英国法约束。如伦敦船东互保协会（UK Club）《保障与赔偿规则》中规则第 1.2 条规定："……所有此类合同和本规则应受英国法律的支配并应遵照 MIA1906 及其经修改的法令。"北欧斯堪的纳维亚半岛的船东保赔协会也规定各自的法律和管辖权适用于协会规则的解释。这种在协会规则加入管辖权条款的规定，就是考虑到涉及保赔协会会员的问题不应当按照会员不同内国法的各种方式解决，而应当将所有问题按照一种特定的法律体制解决，以实现在国际范围内会员彼此统一的待遇标准。① 因此，即使没有明示管辖权条款，英国法律被法院认为是适用于英国保赔协会与会员合同的实体法。扩而大之，以协会登记地、协会主营业地和保赔合同订立地等连结因素来识别适用法律。如在美国 The "Mary J. Landry" 一案中，在解释对马萨诸塞斯的一条渔船的保赔保险保单时，地区法院发现英国为保赔合同的订立地、协会的登记地和营业地，又没有任何显示表明当事人除英国法外想要其他法律规制，于是英国法被判决为理解和解释保单的法律。该案判决被美国上诉法院确认。

由于英美两国的海上保险法确实存在一些差异，曾经有一段时期，英国设立的保赔协会在其入会证书中规定一条所谓的"纽约可诉条款"（New York Suable Clause），这样就可以使合同受美国法而非英国法的管辖。该条款规定，任何争议都应该依据纽约州的法律或者联邦海商法（美国其他州的法院所遵从的）进行裁决。虽然伦敦保赔协会集团决定不再签发带有这一条款的入会证书，但是，各保赔协会现在也承认，在有些情况下，如存在附属文件，例如政府补贴或船舶抵押的文件，提出在美国起诉协会的权利要求，则美国的管辖权必须予以保留，因此，在适当的情况下仍然有该条款并入入会证书中。②

---

① 安丰明：《船东保赔协会法律制度研究——以英国法为中心》，中国检察出版社，2006 年版。

② Steven J. Hazelwood, P. &I. Clubs: Law and Practice (third edition), LLP, 2000.

从英国有关法律来看，保赔保险被认为具有海上保险合同的性质。英国1906年《海上保险法》第1条规定："海上保险合同是一种合同，根据这种合同，保险人按照约定的方式和范围，对被保险人遭受的与航海有关的海上损失承担赔偿责任。"同时该法第3条第2款的规定，"与航海有关的损失"包括"由于海上危险，保险财产所有人或对它有利益的或者负有责任的人，对第三者引起的任何责任。"保赔协会承保的风险主要是会员船东面临的潜在责任风险和费用，协会与会员之间的保赔保险合同与由海运贸易带来的海上风险具有密切的联系，具有海上保险合同的性质，这一点目前在英国已经被理论和实践认可。

另外，英国《1906年海上保险法》（MIA1906）第85条对于相互保险做出了明确规定。根据此规定，海上保险法的规定可以适用于相互保险，根据该条规定，所谓相互保险，是指两个或两个以上的人互相同意为彼此提供海上损失的保险。该条特别规定："……（2）本法有关保险费的各项规定不适用于保赔保险，而各方达成的担保或其他类似安排可以替代保险费；（3）本法的各项规定，在各方协议修改的范围内，保赔保险可由协会签发的保单的条件或协会的规则和章程加以修改；（4）除本条提到的例外，本法的各项规定适用于保赔保险。"以上规定使得保赔协会有权在协会规则中加入与该法条件相反的明示规定。当协会规则（包括协会章程、条例、协会签发的保单条款）没有加入这种相反的明示规定，那么，就将适用MIA1906。实际上，协会大都于其规则中载明，如无相反的规定，MIA1906将适用于协会的承保范围，尤其是协会承保范围的具体方面。因为海上保险法规定的被保险人履行告知义务和保证义务，对保险人非常有利，所以协会愿意依赖MIA1906提供给他们的保护，也就不足为怪了。

由以上论述可知，保赔协会与会员之间的权利义务关系除保险费的约定外，一般均适用保险法或相关海上保险法律，但也可以以保赔协会章程及其会员之间的协议排除保险法或相关海上保险法律的适用。

6.2.2 中国保赔保险合同的法律适用分析

（1）商业保赔保险合同的法律适用

在一般商业保险公司所投保的保赔保险属于海上保险合同中责任保险的范畴当属无疑。所以，应当适用中国的《海商法》《保险法》和相关法律的规定。如中国人民财产保险公司 2009 版《船东保障和赔偿责任险条款》第一节"承保原则"第（五）款明确规定："本保险适用于《中华人民共和国海商法》和与此有关的法律规定"。中国 1992 年的《海商法》设专章对海上保险予以规定。就商业保赔保险合同而言，这些规定无疑是应当适用的。但海商法并没有也不可能解决海上保险的所有问题，海上保险依然属于商业保险范畴，因此，保险法作为商业保险的基本法，其从事有关商业保险活动应遵循的基本原则和规范应当适用海上保险。海商法未作规定的有关事项，应适用保险法的有关规定。

（2）相互保赔保险合同的法律适用

目前，争议较大的是关于相互保赔保险的适用法律问题。相互保赔保险合同既是保险合同，又是会员合同，保赔协会与会员之间的权利义务关系主要根据双方的约定。一般保赔协会的章程中都有适用法律的规定。如 UK、西英等保赔协会的章程规定适用英国法律；中船保的 2019/2020 年保险条款第八条"通用规则"第（十八）项关于"适用中国法律"规定："本保险条款及本协会订立的所有保险合同均应适用中华人民共和国法律，但是，《保险法》除外"。由此可见，尽管在理论上保赔保险属于海上保险，但是依照中国现行法律规定它无法适用《保险法》相关规定，只能被当作是一项合同，从而适用关于合同的法律规范。这一点已经得到最高人民法院的认可。如最高人民法院 2004 年 5 月 26 日《关于中国船东互保协会与南京宏油船务有限公司海上保险合同纠纷上诉一案有关适用法律问题的请示的复函》中指出，"中国船东互保协会不属于中国《保险法》规定的商业保险公司。中国船东互保协会与会员之间签订的保险合同不属于商业保险，不适用中国《保险法》规定，应当适用中国《合同法》等有关法律的规定。"

目前，由于相互保赔保险合同无法适用《保险法》的相关规定，因此只能适用《合同法》《民法通则》等关于合同的一般规定。但是，保赔保险作为一种特殊性质的海上保险合同，与一般意义上的合同有着许多重要的区别，因此单纯适用《合同法》《民法通则》等的规定不仅可能无法解决保赔保险合同特有的问题，也可能不够妥当、合理。因此，现行法关于保赔保险的立法存在漏洞，有予以补充和完善的必要。

6.2.3 境外保赔保险合同的法律适用

境外保赔保险合同是指中国船东向国外保赔协会申请投保，为后者所接纳，从而形成的保赔保险合同关系。这类合同无疑具有涉外合同性质。根据有关国际私法规则，涉外合同关系的法律适用的首要原则是意思自治原则。所谓意思自治原则是指允许合同双方当事人协商选择适用于合同的法律的原则。即当事人可以在争议发生前或发生后，选择纠纷由哪个国家或地区的法律解决。如中国《合同法》第 126 条明确规定了这一原则。据此，在外国保赔协会的保赔规则中如规定了法律适用，则应视为双方同意适用的法律。如果当事人没有选择合同的准据法，目前通行的做法是由法官按照最密切联系原则决定应适用什么地方的法律。根据中国《合同法》的有关规定，法官应适用与合同有最密切联系的国家的法律为合同的准据法。

6.3 促进中国保赔保险发展的立法建议

目前中国既无保赔保险的有关法律规定，也没有关于保赔协会的立法规范。实际上，保赔保险的立法完善应该包括两个方面：一是关于保赔协会（指中船保）的立法，二是关于保赔保险合同的立法，二者是相辅相成的。关于保赔协会的立法问题（主要是赋予中船保以保险组织资格），将在第 7 章进行详细的分析，本章只探讨关于保赔保险合同的立法问题。

通过立法的方式可以赋予中船保以保险人从业的资格和能力，但这并不足以解决保赔保险的立法规范问题，因此还必须通过对《海商法》的修订，在"海上保险合同"一章中加入有关保赔保险的内容。有人认为应该在《海商法》第 12 章"海上保险合同"中加入"第 7 节：保障与赔偿责任保险"，规定保赔保险合同的定义、保赔协会的法律地位、入会、合同的主要内容、会费的支付、第三人直接诉讼以及协会内部关系协调等内容。① 本书认为上述思路总体上是可行的，但在具体内容上则值得商榷。

第一，《海商法》作为规范海上保险合同的法律，应增加关于保赔保险的规定。由上述可知，商业保赔保险合同适用《海商法》的规定当属确定，中船保所签署的相互保赔保险合同也应适用《海商法》。因为根据中船保的保障与赔偿责任保险条款中的"适用中国法律"部分规定："本保险条款及本协会订立的所有保险合同均应适用中华人民共和国法律，但是，《保险法》除外。"该条明确了相互保赔保险合同不适用《保险法》，并未将《海商法》排除在外，因而可以认为《海商法》作为规范相互保赔保险合同的依据是无疑问的。与其他海上保险险种相比，保赔保险具有特殊性，海商法作为规范商业保赔保险合同及相互保赔保险合同的法律，却无任何关于保赔保险的规定，这与保赔保险在海上保险中的地位不相适应，也使得保赔保险合同"无所适从"。

第二，在《海商法》中增加的内容应适用于所有的保赔保险合同，包括商业保赔保险合同和相互保赔保险合同。随着保赔保险业务的发展，无论国内还是国际，商业保险人不断介入其中，其市场份额呈增长趋势。在此背景下，不应再拘泥于"保赔保险为相互性合同、会员合同"的传统观点，在立法中须有前瞻性，使其兼顾到所有的保赔保险合同，提炼出共性的内容，做到精准、简练。即使目前保赔协会仍占绝对地位，许多保赔保险合同仍属相互保险合同，但是它还是一种会员合同，保赔协会所具有的会员封闭性决定了它的排他适用性。因此，法律应该给保赔保险以更多的

---

① 李凤宁：《中国保赔保险法律制度的完善研究》，载于《中国水运》，2007 年第 1 期。

自由，就像英国 1906 年《海上保险法》第 85 条所做的一样。过多的条文和规定限制只会与保赔保险的性质相抵触，从而限制保赔保险的正常发展。因此对保赔保险的立法必须既考虑到对其进行规范和约束的必要，又要考虑到它的特性和发展要求。基于此，本书建议：在《海商法》增加的保赔保险规定应限于：保赔保险的内涵、性质（为海上责任险），以确定保赔保险的范围及其法律适用，在涉及第三人利益方面，例如通过先付条款、仲裁条款等禁止第三人的直接诉讼时，法律应规定上述条款不得对抗第三人依法享有的直接请求权。对于"保赔协会的法律地位、入会、会费的支付以及协会内部关系协调"等仅属于相互保赔保险的内容无须在《海商法》中加以规定，这些内容可以在《保险法》或专门的相互保险组织法中加以明确。

总之，随着中国航运业的发展，船东责任日益加重，保赔保险的重要性也越发显现出来。而目前此方面的立法缺失，对于保赔保险的发展极为不利。有必要合理、迅速地填补这一法律漏洞，确立中船保的保险组织地位和资格，明确保赔保险合同作为海上保险合同的性质，在《海商法》中增加有关保赔保险合同的内容、形式等方面的适当规定，只有这样，才能使各种保险机构真正做到有法可依、依法从业。

7. 中国保赔保险的监管困境及建议

7.1 保赔保险监管的经济学分析与法律阐释

在保险市场（包括保赔保险在内）中，保险人和被保险人之间、保险人之间等存在着一定的利益冲突，加之保险主体负债经营的特质和信息不对称等因素，使得监管成为确保保险市场规范运作和保险人稳健经营、保护被保险人利益的有力保证。保险监管有广义和狭义之分。狭义的保险监管仅指有法定监管权的政府机构对保险公司等市场主体的监督或管理。广义的监管，除了包括政府机构之外，还可以包括保险行业自律组织以及社会力量监督或管理。保险监管既是一种制度，也是一种权力行为。这种制度设计或权力的行使之所以是必要的，既有其经济学上的意义，也是法理上的要求。

7.1.1 经济学阐释

从经济学方面对保险监管加以阐释的理论很多，有公共利益论、私人利益论、政治监管论，等等。在众多的理论中，占据主流的是公共利益论。

公共利益论认为完全竞争市场可以实现社会利益的最大化，当市场竞争是不完全的，就会出现市场失灵的现象。为了抑制市场的不完全性缺陷，纠正市场失灵，保护社会公众利益，政府必须进行监管。因此，监管本身即是公共产品，是降低或者消除市场失灵的一种手段，是为了服务于公共利益而存在的。

保险市场失灵主要表现在：

（1）信息不对称

所谓信息不对称，是指交易一方拥有而另一方缺乏相关信息。保险信息不对称主要是指保险人和投保方之间的信息不对称。一方面，在与标的有关的风险方面，投保方占有绝对的信息优势。由于保险公司无法获得每个船东及每船的潜在风险水平信息，或获得信息的成本太高，因此只能按照平均风险水平厘定公平保费，这可能导致一部分船的风险水平比保险公司预计的要高，致使赔款大于保费收入，进而亏损，亏损的压力会迫使保险人提高费率，提高费率则迫使低风险者退出保险市场，进一步恶化保险公司的经营状况。另一方面，保赔保险专业技术性很强，如条款是保险人拟订的，对于其中的很多内容一般的投保人并不完全了解。此外，在信息披露制度缺乏的情况下，投保人对于保险公司的财务状况、资信等级、服务水平、核保理赔和相关法律规定等也知之甚少。由于投保人和保险人都在某一方面的信息占有上存在劣势，从而使双方之间的交易陷入不确定性之中。

（2）外部性

萨缪尔森（Samuelson）和诺德豪斯（Nordhaus）（1985）这样定义外部性："当生产或消费对其他人产生附带的成本或效益时外部经济效果便产生了；也就是说，成本或收益附加于他人身上，而产生这种影响的人并没有因此而付出代价或报酬；更为确切地说，外部经济效果是一个经济主体的行为对另一个经济主体的福利所产生的效果，而这种效果并没有从货币或市场交易中反映出来。"[①] 外部性可分为正外部性和负外部性。与其他险种相比，保赔保险的正外部性极为突出。由于保赔保险在性质上为第三人保险，因此最终保障了第三方受害人的利益，此外，正外部性还体现

---

① 不同的经济学家对外部性给出了不同的定义，一类是从外部性的产生主体角度来定义，另一类是从外部性的接受主体来定义。本书所引用的是前者。

在：如在船舶防损方面，保险人进行专项研究，发布船损原因及建议的报告，或者进行信息交流等。保赔保险的负外部性主要是保险当事人双方的诚信问题。投保方的诚信问题主要表现在：投保时隐瞒关系到保险人做出承保决定的重要信息，订立合同后骗赔等恶意诈欺行为。一小部分被保险人的隐瞒或欺诈行为提高了保险人的赔付率和管理成本，导致保险人不得不提高费率，进而影响到那些遵守诚信原则的投保人的保费支出上升，造成诚信的被保险人为不诚信的被保险人买单的不公平现象。保险人的诚信问题表现在：保险人利用自身的技术和信息优势在投保时误导投保人，在理赔时拒绝赔付或惜赔，从而影响整个保险行业的形象，造成公众对保险失去信心，给诚实守信经营的保险人造成损失。

（3）破坏性竞争

经济学中的破坏性竞争通常是由于市场结构、体制方面突然的剧烈变动或是某些历史传统上的原因，某些经济实体甚至行业在其市场行为中常常会表现出一种非理性的"集体自杀冲动"，通过采取低价、排挤等手段，达到消灭竞争对手的目的，这对自由市场经济规则来说无疑是致命的。在保险业中，特别是在不成熟的市场中，也普遍存在着一种破坏性竞争的现象。一些保险公司，特别是新进入市场的保险公司为抢占市场，大幅降低费率、放宽保险条件、相互排挤，造成责任风险累积，这种破坏性竞争有损于保险整体功能的发挥，造成保险市场秩序的混乱，从而导致保险业整体保障能力不足，效益下降，是一种严重的"内耗现象"，进而可能引发整个保险市场的动荡。

综上，信息不对称、负外部性、破坏性竞争等保险市场失灵现象是保险监管的经济学动因，正是由于市场机制自身无法引导保险资源实现最优配置，政府监管部门才需要对保险业进行监督管理。

7.1.2 法律阐释

从经济学意义上讲，市场失灵是保险监管的动因，通过监管引导资源的合理配置，可以提高效率。但是除了效率，公平也是应遵循的价值取向。公平是市场机制无法自发达到的,需要通过有效的监管来实现。因此,监管的法律阐释即是为了保护被保险人利益、维护公平的市场竞争机制和保护公共利益,以实现各方主体对于公平价值的追求。

(1) 保护被保险人利益的立法价值取向

随着保险业的发展,各国均把保护被保险人利益放在首要地位。这是因为保险提供的是关系公共利益的未来交付的承诺性产品,而保险当事人双方的信息是不对称的,尽管这种不对称对双方而言都是存在的,但与保险人相比,被保险人处于相对弱势地位,对险种、价格制定及保险人的财务状况都是无法确知的,而保险人有能力与条件来消减其不利影响,这就导致在保险法律关系中,被保险人的合法权益被侵害的可能性更大。因此,仅赋予保险人与被保险人法律地位的平等是无法有效保护被保险人权益的,需要在保险法律制度设计中向保护被保险人利益倾斜。中国2009年《保险法》在很多方面都体现了被保险人利益保护这一宗旨。但是徒法不足以自行,还需要不断强化保险监管,确保上述制度设计能够真正得以实施,以保证保险法中"保护被保险人利益"立法价值的最终实现。

(2) 维护公平的市场竞争机制

竞争机制是在市场经济中,各个经济行为主体之间为着自身的利益而相互展开竞争,由此形成的经济内部的必然联系和影响。它通过价格竞争或非价格竞争,按照优胜劣汰的法则来调节市场运行,从而形成企业的活力和发展的动力,使消费者获得更大的福利。要保证竞争机制作用的发挥,其关键是公平的竞争机会和竞争手段。同样,培养并保持保险市场适度、公平的竞争是市场机制发挥作用的基本前提,一个公平、有序的保险市场可以为保险人提供良好的经营环境,适当的竞争可以促进保险人的产品创新和服务品质的提升,从而实现帕累托最优状态,即最优经济效率的状态①。但是,如果保险市场缺乏必要的规则、存在垄断因素、恶意欺诈、

---

① 尽管现实的保险市场并非完全竞争市场,因而也就达不到资源配置的最有效率的状态,但是,并不能否认市场机制具有提高效率的客观功能。

保险人之间不正当竞争等，竞争机制将会被扭曲，需要保险监管来予以解决，即"市场解决效率问题，政府解决公平问题"。因此，保险监管部门应该保证不同的保险经营主体享有平等的业务经营机会，另外，对于保险经营主体所采取的非正当的竞争手段，必须采取处罚等有力措施，纠正不规范的竞争行为，以保证保险主体之间能够公平竞争。

（3）维护公共利益

随着社会和经济的发展，社会分工和交换进一步加强，维护社会公共利益日益成为整个社会的目标。保赔保险作为一种责任保险，其目的除了集合危险、分散损失、增强被保险人的补偿能力之外，更重要的是为第三人设置了一种保障制度，使受害人能够获得快捷、公正的赔偿，凸显了对第三人利益的保护。除此之外，近些年来，海洋环境问题日益突出，保赔保险中的油污责任险等已成为强制性保险。一般而言，强制保险是国家基于社会政策或经济政策的需要，通过法律法规的形式实施的。之所以放弃了经济生活中普遍遵循的"自由订约"原则，而是通过法律规则的设置，强制规定某些特定群体必须投保，其首要原因是确保在特定情况下第三人的损害赔偿权利的充分实现，使得第三人的利益得到充分保护，社会公共利益得到有力的维护。在这个意义上，维护社会公共利益既是强制责任保险制度确立的前提，同时也是社会公共利益得以强化的制度保障。但是强制责任保险制度的实施需要强有力的监管，以确保在法律法规范围内所有的主体都必须投保，以及保险主体的合规经营，避免损害被保险人的利益。

7.2 中国保赔保险监管中存在的问题

无论从经济学上进行分析，还是从法律角度加以阐释，对保赔保险进行监管都是必要的，但是在中国目前保赔保险监管中还存在着诸多问题，如多元监管、监管不足，等等。

7.2.1 多元监管

中船保成立于1984年，其最初成立的动因是许多国家的港口规定船舶需要持有保赔保险证书才能在该港口停靠，无此项证书的船舶很难在国内外市场上出租营运，为促进当时的远洋运输业，中国远洋运输公司等三家公司共同发起成立了中国船东互保协会，成立之初，会员仅限于此三家。由于当时国内保险业务恢复时间不长，监管机制不完善，加之中船保的"远洋系"背景，其保赔保险业务由交通部进行具体指导。在组织管理上，中船保作为全国性社会团体在民政部注册登记，依法享有社团法人资格，由民政部根据国务院颁布的《社会团体登记管理条例》进行监督管理。作为国内最早涉足保赔保险业务的中国人民保险公司及其他商业保险公司，自1998年后，根据《国务院关于成立中国保险监督管理委员会的通知》（国发〔1998〕37号），由保监会（现银保监会）依照有关法律、法规进行统一监督管理，包括组织监管和业务监管。此外，根据《中华人民共和国船舶油污损害民事责任保险实施办法》（中华人民共和国交通运输部令2010年第3号）第2条："在中华人民共和国管辖海域内航行的载运油类物质的船舶和1000总吨以上载运非油类物质的船舶，其所有人应当按照本办法的规定投保船舶油污损害民事责任保险或者取得相应的财务担保。承担船舶油污损害民事责任保险的商业性保险机构和互助性保险机构，应当遵守本办法。"第3条："国务院交通运输主管部门负责统一管理全国船舶油污损害民事责任保险工作。国家海事管理机构负责组织实施全国船舶油污损害民事责任保险工作。沿海各级海事管理机构依照各自职责负责具体实施船舶油污损害民事责任保险工作。"第12条："国家海事管理机构应当及时对保险机构提交的材料进行核实，在征求国务院保险监督管理机构意见后，对符合本办法规定的保险机构予以确定，并于每年11月30日前向社会公布。"虽然2014年起海事局不再对商业性保险机构和互助性保险机构承担船舶油污损害民事责任保险的资质和能力进行确定和公布，但规定"各级海事管理机构应当加强对船舶油污损害民事保险证书、保险单证或其他财务担保证明的查验。有明显证据表明从事船舶油污损害民事责任保险的保险机构不具备与其所承保的船舶油污损害责任险的赔付能力，或其在船舶发生污染事故后未按照规定向所承保船舶赔付的，自发现之年次年起三年内，海事管理机构在受理船舶油污损害民事责任保险证书申请时不接受其签发的船舶油污损害民事责任保险单证或者其他财务保证证明。"即在油污责任保险业务中，银保监会作为统一监督全国保险业务的机构，并无监督管理权，仅有"建议权"。由此形成了在组织管理上，由银保监会、民政部分别对商业保险公司和中船保进行监管；在业务上，由交通部对中船保的保赔保险进行统一管理，而商业保险公司的油污责任险由交通部进行管理、银保监会负责监督，非油污保赔保险由银保监会监管。具体如表7-1所示。

表7-1　　　　　　　　保赔保险的监管主体情况

保险机构	组织监管	业务监管	
		油污责任险	其他保赔保险
商业保险公司	银保监会	交通部、银保监会	银保监会
中船保	民政部	交通部	交通部

保险监管的目的之一在于尽可能地创造一个公平竞争、公平经营的市场环境，保证市场主体的平等地位，而公平竞争的前提是统一的监管规范和要求。虽然多元监管会产生一定的外部约束作用，但现阶段这种多元监管造成的直接问题在于，不同监管机构的工作职责和目标存在差异，因而造成在各自的监管实践中难免发生目标不一致或冲突，如在油污责任险方面，交通部的管理目标是"保护中国海洋环境，促进海洋运输业持续健康发展"，而银保监会的监管目标还包括了"维护保险市场秩序，保护被保险人利益；培育和发展保险市场，促进保险企业公平竞争"，即在保护海洋环境和促进海洋运输业发展的同时，还须兼顾保险市场及保险主体的发展状况，以保证保险业的长期稳定发展。同时，对于同一问题，不同的监管机构可能存在标准差异，采取不同的方式及要求进行监管。这种多元监管极易引起监管的差异性及不对等性。即使不同的监管机构之间存在着一

定的工作沟通与信息交流,但监管权力分散、联系形式松散、监管目标和要求不一、缺乏刚性约束等设计缺陷,使得监管工作的沟通和信息交流工作很难取得实质性的效果,并造成市场主体的不公平竞争地位,阻碍保赔保险市场的健康发展。此外,多元监管增加了监管的成本,尤其是不同的监管机构对同一种业务有不同的意见时,就会使协调的成本增加。

7.2.2 对境外保赔协会的监管不足

近些年来,一些境外保赔协会逐渐进入中国保赔保险市场。关于境外保赔协会能否在中国境内开展业务,原保监会于 2002 年曾有"关于境外船东互保机构承保国内航行油轮油污损害责任保险问题的复函",复函认为:"《保险法》第 5 条规定,'经营商业保险业务,必须是依照本法设立的保险公司。其他单位和个人不得经营商业保险业务。'同时,《保险法》第 6 条规定,'在中华人民共和国境内的法人和其他组织需要办理境内保险的,应当向中华人民共和国境内的保险公司投保。'《海洋环境保护法》第 66 条规定建立船舶油污保险制度,而船舶油污保险属于商业保险业务,因此,从事国内沿海油品运输的船舶投保油污损害赔偿责任险,应当向国内经营商业保险业务的保险公司投保。境外船东互保机构未获许可,不得在中国境内经营船舶油污损害赔偿责任保险业务,否则即属非法从事商业保险业务活动。"但是,2008 年,交通部海事局认可了挪威嘉德保赔协会、汽船保赔协会等境外保赔协会承保中国籍国际航行船舶的油污损害民事责任险的资格。自此,境外保赔协会正式进入中国的保赔保险市场。随着《2001 年国际燃油污染损害民事责任公约》对中国生效、2010 年《船舶油污损害民事责任保险实施办法》的颁布,经许可经营中国籍船舶油污损害民事责任保险的境外保赔协会数量不断增加,且不再限于国际航行船舶,而是扩展至"在中华人民共和国管辖海域内航行的载运油类物质的船舶和 1000 总吨以上载运非油类物质的船舶。"

值得注意的是,对于外资保险公司的监管,中国已经颁布了《保险法》《保险公司管理规定》《外资保险公司管理条例》和《外资保险公司管理条例实施细则》等法律法规，对外资保险公司的设立、登记、准入、业务范围以及经营监管等方面做出了规定。但上述这些法规并不适用于境外保赔协会，因为根据规定，"外资保险公司是指依照中华人民共和国有关法律、行政法规的规定，经批准在中国境内设立和营业的下列保险公司：①外国保险公司同中国的公司、企业在中国境内合资经营的保险公司；②外国保险公司在中国境内投资经营的外国资本保险公司；③外国保险公司在中国境内的分公司。"而境外保赔协会在中国境内仅有代表机构或代理机构，并不属于符合上述"外资保险公司"的定义。同时，境外保赔协会在中国境内虽设有代表机构或代理机构，但也无法适用《外资保险机构驻华代表机构管理办法》，因为该办法所称的代表处，是指"外资保险机构在中国境内获准设立并从事联络、市场调查等非经营性活动的派出机构"，非经营性活动是其根本属性，而目前的境外保赔协会是以保赔保险业务的经营为其核心的。

　　根据中国《船舶油污损害民事责任保险实施办法》，对于境外保赔协会的监管由交通部海事管理机构进行，且仅限于许可证监管。具体而言，仅要求境外保赔协会在每年10月15日前向国家海事管理机构提交注册证明、营业执照、经营保险业务许可证、在中国境内设立代表机构或者代理机构的证明材料；上一年度的经注册会计师审计的资产负债表、损益表；上一年度承保船舶油污损害民事责任保险的总吨位；上一年度承保的中国籍船舶名单及理赔情况；船舶油污损害民事责任保险合同样本；在中国境内代表机构或者代理机构的负责人、联系人以及联络方式及其他需要说明的其他背景材料。国家海事管理机构对其提交的材料进行核实，在征求国务院保险监督管理机构意见后，给予经营油污损害民事责任保险的资格。在违反后果上，也仅规定：若有"在生效的法院判决、仲裁裁决书或仲裁调解书规定的履行期间届满后拒不执行，未向所承保船舶赔付；向海事管理机构提交虚假材料"的情形，自发现之年次起三年内无法取得油污损害民事责任保险的业务经营资格。

　　综上所述，目前对境外保赔协会的监管存在许多"真空"地带，尤其是日常的市场行为监管方面。由于交通部对于油污责任险的监管力度还亟须加强，加之船东对于境外保赔协会经营情况以及其他的相关情况并不十分清晰，有些境外保赔协会即使存在经营不良或其他违规操作情况，也仍然在中国保险市场上继续经营，这对其他的经营主体造成损害，保险市场的公平竞争机制也受到动摇，市场机制不能充分发挥其作用。此外，境外保赔协会所承保的业务多为航行于国际航线的船舶，相对沿海航线和内河航线的船舶而言，船龄低、船况好、赔付率低，在缺乏有效监管的情况下，不仅造成优质的业务外流、保费外流，而且境外保赔协会一旦能控制这些业务，也将预示着最具有潜力与活力的保赔保险市场为其所控制。

7.2.3 监管内容缺乏针对性

保险监管必须在一定的法律制度架构中，以明确的规则、规范为依据进行，监管机构监管权限的取得与行使、监管内容和监管方式的选择和界定，都离不开保险监管法律制度，否则不仅保险监管机构无法树立其权威地位，也会使得保险监管活动无法可依、无所适从，其结果必然是保险市场和保险活动失去控制和规范，导致市场的无序和混乱。

自1998年保监会（现银保监会）成立以来，推动、组织、颁布了一系列法律、行政法规和规章。目前，对于商业保险公司的监管（包括组织监管和业务监管），已经形成了以《保险法》《保险公司管理规定》《海商法》等法律为基础，相关行政法规为补充，部门规章为具体依据的完善的法律法规监管体系，银保监会对商业保险公司无论是组织监管还是保赔保险业务监管都日趋成熟完善。但是对于中船保及其所开展的保赔保险业务，目前并不属于银保监会的监管范围，还未明确适用现有的保险监管的法律法规体系（如《相互保险组织监管试行办法》，2015年颁布）。事实上，在现阶段对于中船保（实为相互保险组织）的监管只能依据国务院颁布的《社会团体登记管理条例》关于社团的相关规定及协会章程进行，其业务监管则根据《合同法》《民法通则》、交通部颁布的有关规章（如《中华人民共和国船舶油污损害民事责任保险实施办法》）及最高人民法院的相关文件（如《关于认可中国船东互保协会担保的通知》《最高人民法院关于审理船舶油污损害赔偿纠纷案件若干问题的规定》）等进行。总之，对于相互保险组织的监管缺少专门的、根本的、指导性法律基础，在实际监管过程中更多地依据部门规章条例，与银保监会对商业保险公司的监管可以依据的完善法律体系相比，这些规章条例既缺少基础法律支持，又分散不成体系，难以促进监管工作有效深入地开展。

保险监管的内容主要包括组织监管和业务监管，在此对这两方面进行探究。

（1）组织监管

从法律上对保险组织的市场准入、组织形式变更、市场退出的实体内容和程序条件进行严格的限制和审查，是保护被保险人利益、维护市场安全与稳定的保证。根据《社会团体登记管理条例》规定，社会团体登记管理机关的职责是：①负责社会团体的成立、变更、注销的登记或者备案；②对社会团体实施年度检查；③对社会团体违反本条例的问题进行监督检查，对社会团体违反本条例的行为给予行政处罚。在实际中，民政部对属于社会团体的相互保险组织的监管仅限于登记管理和"名义上"的年度检查，这种管理仅是程序条件上的管理，而在实体内容上则存在管理真空。

以偿付能力监管为例。众所周知，偿付能力监管是保险监管的核心。对于商业保险公司的偿付能力监管，银保监会颁布了一系列规定、规则，包括：资本金及准备金的充足性、保险资金运用、再保险安排、偿付能力监管标准等方面。对于相互保险组织而言，理论上不存在偿付能力不足的问题，这是因为相互保险组织是以会员交纳的会费作为承担赔偿责任的准备金，这种准备金不同于股份有限公司所谓的"资本"或"股本"，不用承担对未识别的风险造成的损失。在发生经营亏损的情况下，相互保险组织可以要求会员追加会费，或者采取减额赔偿的方式来降低保险赔付，减额赔付机制从根本上保证了相互保险组织在任何情况下都是具有偿付能力的。但是在实际操作中，减额赔付远不能弥补会员因风险造成的损失，会员并不希望采用此种方式，所以减额赔付只能作为一种底线而不是赔付手段。目前,很多船东互保协会采用追加会费的方式,但是频繁追加会费将会造成会员财务的不稳定。在此情况下,建立一定规模的基金是必要的手段。因此,对于船东互保协会虽不需要像对商业保险公司那样严格的要求偿付能力,但是仍需要督促其建立符合规定的基金,并对基金的充足性进行严格监管。遗憾的是,这一点在目前的相关规定中从未提及。

(2) 业务监管

受中国保险业复业时间不长、发展水平不高等条件的限制,对于保险组织开展的业务进行具体、全面的监管是监管部门的职责。商业保险公司的业务经营除了要符合公司章程(章程必须符合《保险法》《公司法》)外,更重要的是必须遵循银保监会对商业保险公司的业务监管规定,包括业务范围、保险条款与费率、资金运用、中介等方面,以保证市场的有序竞争和平稳发展。对于相互保险组织的中船保,交通部主要依据协会自身的章程进行业务监管。中船保的现行章程渊源于"中国船东互保协会章程1984",于1993年4月25日召开的第九届会员大会表决通过,后经过多次修改,并经中国社团登记管理机关核准后生效。协会章程不仅是其成立时必须提交的文件之一,而且是其开展业务活动的依据,协会的业务宗旨、业务范围和活动地域、会员资格及其权利义务、资产管理和使用的原则等均由章程予以规定。中船保的业务主管部门——交通部的主要职责即是监督、指导中船保遵守宪法、法律、法规和国家政策,依据其章程开展活动。理论上,章程由会员大会通过,具有先天的自治性,但是章程也有他治的一面,毕竟协会的保赔保险业务与他人利益(包括商业保险公司、非会员船东等)、市场秩序有着密切的联系,因此,章程不能排除国家强制性规范的限制,章程的内容不能与有关法律的强制性规范相抵触。但是,就目前而言,中船保的章程并不受《保险法》等法律的规范,加之中国在社团监管方面的弱化,从而造成了其章程基本是会员自治的结果,交通部基于章程进行的业务监管实为单纯的章程监管,外部约束力并不强。

以保险条款及费率为例。现阶段,中国对于商业保险公司保险条款制定和保费厘定虽然采取较为宽松的政策,但仍离不开保险监督管理机构的监管。关系社会公众利益的保险险种、依法实行强制保险的险种和新开发的人寿保险险种等的保险条款和保险费率，应当报国务院保险监督管理机构批准，其他保险险种的保险条款和保险费率，应当报保险监督管理机构备案。条款及费率的审批或备案制是为了维护社会公众利益和防止不正当竞争。与此相对应的是，中船保的保赔保险条款受协会章程的制约，章程基本是其会员自治的体现，并无外部规范。以强制推行的船舶油污责任保险为例，《船舶油污损害民事责任保险实施办法》中明确规定："承担中国籍船舶油污损害民事责任保险的互助性保险机构及商业性保险机构的保险条款必须符合中国法律、行政法规、规章以及中国批准或者加入的国际条约的有关规定。"对于商业性保险公司而言，油污责任保险条款必须符合《保险法》等有关法律、法规的规定，且须报监管部门批准。但作为互助性保险机构提供的油污损害民事责任保险条款应符合何种法律、行政法规、规章，并不明确，但可以肯定，根据目前的章程及条款规定，无须符合《保险法》及银保监会颁布的其他规章的要求。在同一部油污责任保险法规框架下，同属于为船东提供保障的保赔保险业务，仅是由于经营主体性质的差异，就造成在适用法律上和条款审批上的截然不同。

7.2.4　行业自律不力

"自律"是相对于"他律"而言的，顾名思义就是遵循法度、自加约束。行业自律对于规范行业行为，协调行业间主体的利益，维护行业主体间的公平竞争，具有重要作用。2001年2月23日，中国保险行业协会成立，该协会是经中国保险监督管理委员会审查同意并在国家民政部登记注册的全国保险业的全国性自律组织，是自愿结成的非营利性社会团体法人。截至2019年9月，中国保险业协会共有会员326家，其中集团（控股）公司13家，财产保险公司86家，人身保险公司89家，再保险公司10家，资产管理公司14家，专业保险经纪公司33家，专业保险公估公司5家，专业保险代理公司16家，地方保险协会（含中介协会）43家，保险相关机构17家，形成了全国和地方保险行业协会自律组织体系。根据

《中国保险行业协会章程》，协会宗旨是在国家对保险业实行集中统一监督管理的前提下，配合保险监管部门督促会员自律，维护行业利益，促进行业发展，为会员提供服务，促进市场公开、公平、公正。即一方面为会员提供各种服务，另一方面履行行业自律职责，督促保险经营主体依法合规经营，完善自我约束监督机制。受制于成立时间短、人员、技术及经验等不足、权力有限等因素，在行业自我约束方面，虽然取得了一定效果，但并不明显[①]。在保赔保险领域，一些地方出台了《保险行业自律公约》或《财产保险自律公约》，要求保险公司"严格执行经保险监管机关审批的保险条款和费率，不违反保险条款随意或变相增加、减少保险责任，不变相提高或降低保险金额；严格执行保险监管机关和行业协会有关大型商业保险及投标业务的各项规定，不以任何形式变相降低费率，不反违规定支付费用和费率标准。不使用商业贿赂手段招揽业务，不以支付安全奖、培训费、手续费、实物奖励、购物券等方式扩大优惠幅度，不在承保条件之外扩大保险责任、赠送其他险种，不以补充协议、约定、备忘录方式变相违规支付费用。"但是为了发展业务、抢占市场，一些保险公司采用各种手段降低保赔保险费率、增加保险责任、赠送附加险种、违规支付手续费，并在一些地区和一些质量较好的业务中形成恶性竞争。

7.3 完善保赔保险监管的建议

7.3.1 赋予中船保相互保险组织的资格

（1）关于中船保是否具有保险组织资格的分析

作为依据《社团登记管理条例》在民政部注册登记成立的全国性社团法人，中船保是否具有现行保险法律体系下保险人的法律地位，普遍的看

---

① 近些年，各地多次出台了车险的行业自律公约，虽然在一定程度上起到了自律的作用，但保险公司私下违背《自律公约》，突破"价格自律"和"手续费自律"标准的行为并不鲜见，自律公约的效果有限。

法是:"在中国,《保险法》第 2 条明确规定保险人只适用于商业保险行为,而且仅承认股份有限公司和国有独资公司两种保险公司组织形式。且根据《保险法》第 10 条的规定,保险人是指与投保人订立保险合同,并承担赔偿或者给付保险金责任的保险公司。所以,保赔协会作为提供非营利性质保赔保险的相互保险组织,尚不具有中国现行保险法律体系下保险人的法律地位。"① 对此,本书认为,中国《保险法》(2009)在保险公司的形式和有关其他保险组织的规定上做出了修改,删除了原《保险法》中第 70 条 "保险公司应当采取下列组织形式:(一)股份有限公司;(二)国有独资公司" 的规定,取消了对保险公司组织形式的限制。可以说《保险法》(2009)在组织形式上不再局限于股份有限公司和国有独资公司两种,而是允许多样化。此外,《保险法》第 6 条规定 "保险业务由依照本法设立的保险公司以及法律、行政法规规定的其他保险组织经营,其他单位和个人不得经营保险业务。"《社团登记管理条例》是 1998 年 9 月 25 日在国务院第 8 次常务会议上通过的,属于行政法规毫无疑问,但是《社会团体登记管理条例》只是一个社会团体登记的程序性条例,经过登记的中船保属于合法的社团组织,具有法律资格。却并不因此就具有保险组织的资格。因为社团 "合法性" 的标准由登记法律规范设定,而保险组织资格却通过有关的实体法及其自身性质、行为来彰显。迄今为止,没有任何一部法律、法规明确赋予中船保保险人的法律地位,而中船保的法律地位的不确定是造成当前保赔保险诸多监管问题的根本原因。

(2) 国外保赔协会的法律地位分析

英国是保赔协会的发端之地,也是保赔协会数量最多的国家。英国早期的保赔协会并没有正式注册为公司或其他对外承担独立责任的经济组织,是基于互助性质的较为松散的组织形式。1862 年,英国颁了《公司法》(Companies Act,1862),规定 20 人以上的组织如果有收费行为,该组织就必须登记注册。此后,许多保赔协会注册为具有独立法人资格的公

---

① 王晓怡:《保赔协会法律地位研究》,载于《中国海商法年刊》,2009 年第 1 期。

司，以其独立的财产对会员损失承担赔偿责任。1982年，英国颁布了《保险公司法》（Insurance Company Act，1982），规定保赔协会符合担保有限公司的公司形态，一般是登记为无股本的保证责任有限公司（Company Limited by Guarantee），这种公司多以非营利性为基础，其成员不是股东，不缴股本，也不参与分配任何盈利，而是按照协会章程和规则的规定，基于允诺，承担分摊义务。美国商事法允许保险组织形式的转化，如股份有限公司的相互化和相互保险公司的股份化以适应社会经济环境的变化。因此在美国，保赔协会的公司法人地位具有更大的灵活性。

可以说，英美法下保赔协会的组织形态经历了一个从不具有法人性质的松散组织，到相互保险社，再到公司法人的演变过程，这一过程的变化是基于保赔保险业务的发展、会员利益保护趋势的强化及法律制度的不断完善而发生的。公司法人资格的取得，使得保赔协会与商业保险公司一样，在业务开展、责任承担方面的差异缩小。当然，由于是非营利的相互制，在规模经济和范围经济方面并不如商业保险公司那样具有优势。

(3) 赋予中船保相互保险组织资格

由于中船保的"保险人身份不明"，加之在组织与业务上分别归属民政部和交通部管理和指导，使得两个部门对中船保的组织监管和业务监管存在许多真空地带，而且与银保监会对商业保险公司的监管并立，从而形成多元监管局面。这些都为中船保的未来发展及中国保赔保险的发展造成了诸多阻碍，因此赋予中船保相互保险组织的资格实为必要。第一，有助于建立公平的市场竞争秩序。在身份存疑的情况下，中船保在开展保赔保险业务难免尴尬，尤其是不利于监管部门的统一监管和规范监管。第二，有助于中船保的规模扩张。由于社会团体不得以自己的名义进行商事活动，使得中船保在业务开展时受到诸多限制[1]。例如，中船保曾为其会员

---

[1] 中船保并不具有保险人的法律地位，因而也就无法获得保险人的法定代位求偿权，不能以自己的名义向第三人提起追偿之诉。此外，在直接诉讼制度下（如油污责任），受害人对中船保提起直接诉讼时，因中船保并不具有保险人的法律地位，就会在诉讼主体上出现问题，可能直接诉讼制度原本保障受害人利益的设计失去意义。

船舶出具担保，但不为法院所认可，为此，最高人民法院交通运输审判庭专门发布了《关于认可中国船东互保协会担保的通知》法交〔1989〕4号文，决定各海事法院接受中船保为其会员船和与之建立通信代理关系的外国互保协会入会船提供的担保。虽然通过这样的安排解决了一些实践中的问题，但如果摆脱了社团法人性质的局限，中船保就可以轻装上阵，利用其已有的优势，不断拓展船东业务，发挥更大的作用。

有人认为，可以"仿照英国船东互保协会的范例，将中船保这类组织用《公司法》加以规范，按照公司治理结构予以治理。"[①] 但是，关于公司法人，英美法系和中国的区别极大。英美法系将注册公司分为：股份有限责任公司、保证责任有限公司、无限公司等三种。其中，每一种又有开放（Public company）和非开放性公司（Private company）之分。许多保赔协会因其相互性和非营利性登记为保证责任有限公司，这是一种较为特殊的公司，可以分为有股本的和无股本的保证责任有限公司。对于后者，其成员所承担的义务不是基于认缴股份或出资，而是基于其允诺或保证，清算时，成员以公司章程规定的保证金额为限，对公司债务承担责任。在中国，根据《公司法》第4条规定："公司股东依法享有资产收益、参与重大决策和选择管理者等权利。"公司以营利为目的，设立公司的目的及公司的运作，都是为了谋求经济利益，而中船保是以成员之间分摊风险的非营利性组织，这是其存在的基石，不可撼动。这与公司的营利目的并不相符，因此无法将中船保纳入公司法的规制范围，由此中船保也就不能获得《公司法》意义上的企业法人地位和资格。

建议明确中船保相互保险的组织形式，而非保险合作社形式。学理上一般将保险业组织形式分为营利性保险组织和非营利性保险组织，营利性保险组织一般指保险股份有限公司，以及国有独资公司、个人组织，非营利性保险组织一般包括相互保险公司、相互保险社、保险合作社。一般认为，保赔协会属于非营利性组织。非营利性组织是一种既不是政府也不是

---

① 安丰明：《船东保赔协会法律制度研究》，西南政法大学博士学位论文，2004。

企业的民间社会组织,其收入主要来自会员缴纳的会费和社会的捐助,而非来自以市场价格出售的商品和服务。按美国学者莱斯特·塞拉蒙教授的观点,非营利性组织的非营利性主要体现在:①不以营利为目的,即不以获取利润为组织的根本宗旨;②不能进行利润分配,即允许从事一定形式的经营活动赚取利润,只是盈余收入不能在成员之间进行分红或利润分配;③不得将组织资产转为私人资产,即非营利性组织的资产是公益或互益资产。①

中国大陆学理认为相互保险的基本形式是非营利性质的相互保险社和相互保险公司,有观点认为二者区别在于前者是非法人组织,后者是法人。但从国内外保险立法和实践中可以看出:相互保险社与相互保险公司的区别不在于此,相互保险社也可登记为社团法人(如中船保即是社团法人),二者在运作方式、资金等方面有所不同。相互保险社的运作方式是成员之间的相互保险与自己的保险相结合,其资金仅限于成员会费或保费,其设立目的亦是为成员之间分摊风险,这些构成要件和特征与船东互保协会相符。从历史渊源来看,相互保险社最初出现于海上保险业,其基本形式就是船东互保协会,虽然经过长期发展,目前相互保险社的主要领域仍在海上保险,基本没有出现相互保险社以外的其他形态。② 因此,从国际惯例来看,保赔协会通常采用相互保险这一组织形式。采取相互保险的组织形式既可以借鉴国外先进的立法和经验,也便于对外的交流与合作,增强中国保赔协会的国际竞争力。③

实际上,《相互保险组织监管试行办法》第二条规定:"本办法所称相互保险是指,具有同质风险保障需求的单位或个人,通过订立合同成为会员,并缴纳保费形成互助基金,由该基金对合同约定的事故发生所造成的损失承担赔偿责任,或者当被保险人死亡、伤残、疾病或者达到合同约定的年龄、期限等条件时承担给付保险金责任的保险活动。""本办法所称相

---

① 卓惠萍、鲁彦平:《论中国非营利性组织之营利问题》,山东行政学院学报,2006.6。
② 高庆华:《船东保赔协会的法律地位及法律适用》,载于《海商法研究》,1999年第1期。
③ 李凤宁:《中国保赔保险法律制度的完善研究》,载于《中国水运》,2007年第1期。

互保险组织是指，在平等自愿、民主管理的基础上，由全体会员持有并以互助合作方式为会员提供保险服务的组织，包括一般相互保险组织，专业性、区域性相互保险组织等组织形式。"根据上述规定，中船保应该就属于专业性的相互保险组织，因此明确中船保受《相互保险组织监管试行办法》约束和规制，明确其相互保险组织的资格在法理上并不存在障碍。

7.3.2 统一监管机构，明确业务监管规范

如上所述，通过赋予中船保相互保险组织的法律地位，一方面可以解决其身份不明的问题；另一方面，可以从根本上解决多元监管和监管依据不清的问题。即对所有的经营主体，包括中船保、商业保险公司、境外保赔协会，统一监管机构，由银保监会进行监管不仅具有可行性，而且直接有效。当然，中船保的社团法人身份无法改变，因此行政上可以仍由民政部进行监督管理，但在具体业务上，可以由银保监会承担监管职责。

（1）国外保赔保险的监管

①英国保赔保险的监管

英国是海上保险历史最悠久、最发达的国家，其保赔协会的数量也最多。英国的保险监管实行由议会立法，财政部（2000年以后是金融服务局，FSA）全面的监督管理和保险同业公会的自我管理相结合的管理体制。1862年，英国颁布了《公司法》，许多保赔协会注册为具有独立法人资格的公司，实际上，此部法律出台前，相互保险组织已经存在了100余年，立法不过是再次确认了相互保险组织的法人地位而已。1982年《保险公司法》实施，许多保赔协会登记为无股本的保证责任有限公司。2000年《金融服务和市场法》颁布，对金融市场包括保险市场的监管力度加大，逐渐取代了1982年《保险公司法》和1986年《金融服务法》的地位。

英国的保险市场分为保险公司市场和劳合社市场，政府主要对保险公司市场进行监管，而劳合社市场则主要实行内部自我监管。下面将主要分析保险公司市场的监管。

一直以来，英国的保险监管以"公开性自由"为原则，确保各种保

险机构拥有法定偿付能力，并做到信息透明化，即可按照市场规律自由经营。在此原则之下，保险监管的核心被确定为确保保险机构的偿付能力。英国现行的对保险机构偿付能力的监管办法主要是采取极其谨慎的会计原则来估价资产，以控制资产估价的风险，确保资产评估结果的可靠性。

在宽松的监管体制下，信息的充分披露极为重要。监管机构定期披露保险机构的相关信息，让投保人能够准确知晓其经营状况，凡是有所需求的投保者都可以去相关机构进行调查查阅，真正做到了市场的透明性。

在市场行为方面，监管部门给予了保险机构更多的自由空间，使其能够更好地提供保险服务。英国从未对险种费率、保险条款等做出强制性规定，保险机构可以根据市场的需求，随时提供各项服务。

英国保险监管的另一显著特色即是自律监管。这源于悠久的保险历史和成熟的保险市场，监管部门仅在偿付能力和信息披露方面进行干预，其他方面则由自律机构进行监管，保险机构必须遵守行业协会制定的自律规则，这些规则使保险人的市场行为得到有效规范。

②日本保赔保险的监管

日本实行的是集中单一型监管体系，政府通过设立专门的全国性保险监管机构，制定和实施保险市场管理法规来实现对全国保险市场的统一管理。1997年，日本全面修改银行法，将财政与金融分开，并颁布《金融监督厅设立法》。1998年6月成立了金融监督厅，直属于总理府，金融监督厅下设保险监管机构，具体负责对全国的保险业（包括船东保赔协会）进行监管，以《保险业法》为基础，其他法律规范中调整保险业的规定为辅。其中《保险业法》于1900年制定以后，经过多次修改，1940年的修改中新设了关于股份保险公司相互化、股份保险公司和相互保险公司合并的规定。1966年4月，日本对《保险业法》进行了第二次全面修改，其中在公司形式方面强化了相互保险公司成员的法律地位，制定了相互保险组织向股份保险公司进行组织变更的相关规定。此后1998年和2003年的修改中并未涉及相互保险组织监管的内容。

日本《保险业法》规定：相互保险组织在设立时的基金数额不得低于10亿日元，并且只能以现金的形式缴纳。基金是一种负债，基金的偿还方法应当在章程中明确规定。在相互保险组织设立时要提交章程给注册登记机关，注册登记机关在对章程进行审查时，关注的重点是绝对必要记载事项，包括成立目的、组织名称、主要办事机构所在地、基金总额、有关基金担保者权利的规定、基金偿还的办法、盈余分配方法、公告方法，等等。相互保险组织的章程由发起人制定，并经创立大会通过，但由于对相互保险组织的设立实行核准主义，因此，必须经过保险监管机构批准后才能生效。当章程规定的解散事由出现或者法律强制解散时，按照清算费用、债权、基金、剩余财产分配给成员（按成员的贡献度分配）的顺序清偿。

由于20世纪90年代日本泡沫经济的崩溃导致保险机构接连倒闭，偿付能力成为其监管的重点。与美国的风险资本相似，日本新《保险业法》引进了"标准责任准备金制度""偿付能力比率"和"早期改善措施"。所谓标准责任准备金制度是指保险监管机构根据保险机构的经营情况通过自己的判断制定的新的必要责任准备金水平，并以此作为衡量保险机构经营是否稳健的依据。偿付能力比率则是指保险机构面临的各种超出正常预测风险的总和与各种可能的支付责任准备金的比率。根据偿付能力比率，日本保险监管当局引进了"早期改善措施"，即监管当局在了解保险机构偿付能力比率进而了解保险机构的经营情况后，采取各种措施促使有问题的保险机构尽早解决这些问题。

1996年以前，日本对保险费率的监管比较严格，一般采取事先批准的制度。但1996年修改后的保险法将部分险种（包括保赔保险）的费率批准制改为呈报制，并逐步扩大了呈报制险种的范围。

③美国保赔保险的监管

美国对保险业实行联邦政府和州政府的双重监管体制，联邦保险局和各州保险局拥有各自独立的保险立法权和管理权，对包括保赔保险在内的各种保险业务进行监管。为了协调各州的保险监管，成立全美保险监督官协会（NAIC）。美国虽然是判例法国家，但是在保险立法方面具有层次清晰的成文法结构，其保险业法律制度由联邦法律、NAIC示范法规和州的保险法规组成。其中州的保险法规居于核心地位，对于州保险法规的规定各保险公司应该优先适用，只有在州的保险法没有规定的时候才能适用联邦法律。而NAIC示范法规则本身并没有法律效力，只有示范和指导意义，但事实上，绝大多数的州都采纳了NAIC的示范标准，并将其融入州的立法中。另外，保险公司在经营过程中还要受到税法、会计法、破产法等相关联邦法律的调整。

在组织监管方面，以《纽约州保险法》为例，要求相互保险组织的基金数额至少应当等同于其初始盈余，缴纳形式可以是现金或者有价证券。同时还规定了在经营过程中的任何阶段都不能低于的盈余数额，即最低盈余。与英国一样，相互保险组织的章程通常由两个文件组成，章程大纲（Article）和章程细则（By-laws）。章程大纲是需要在公司注册登记时提交给监管机构的文件，主要规定公司的外部事务和监管机构认为应当事前审查的事项，总的来说内容相对简单、明确，如公司的名称、住址等。章程细则主要规范内部事务，如管理层的职权与责任等，由相互保险组织自行决定。在美国，不要求将章程细则进行注册登记。纽约州相互保险组织的解散事由适用《纽约州公司法》以及《联邦破产法》的规定。《纽约州公司法》第1001条要求解散须经成员大会2/3以上通过。清算时财产的处分程序与日本基本相同。

在财务方面的监管主要体现为偿付能力监管，以保证保险组织有足够的财力兑现自己的保险承诺。美国的偿付能力监管体系包括但不限于以下几方面：一是财务报告要求；二是保险监管信息系统；三是资本与盈余要求；四是风险资本要求等。20世纪80年代末和90年代初，保险组织破产不断增加，因此保险监管的首要目标即是如何有效预防并及时识别保险机构丧失偿付能力的情况。NAIC分别针对寿险和健康险机构、财产和意外保险机构实施了风险资本标准（Risk-Based Capital Standards，简称

RBC），该标准是根据保险组织的规模、风险状况来评估资本及盈余的充足性①。监管机构根据 RBC 比率的具体值，采取不同的监管措施，如 RBC ＜70% 时，对保险组织进行接管；RBC ＜100% 时，将依法对保险组织整顿或清算；RBC ＜150% 时，对保险组织进行审查，需要时提出必要的改进措施；RBC ＜200% 时，要求保险组织对其财务状况进行解释，并提出改进意见。

在市场行为方面，1944 年以后到 1960 年以前，保险费率以事前审查和批准的方式受到监管部门的普遍监管。1960 年以后，费率监管在部分州开始松动，但仍然是当时各州政府对保险业监管的一个重要手段。之后，美国的保险费率监管逐渐放开，自由竞争的机制成为美国产险产品（包括保赔保险）的主要定价手段。

由于投保人与保险人之间存在着信息不对称，美国实行强制性信息披露制度，保险组织每年必须向保险监管机构提交财务审计报告，监管部门定期公布保险机构的经营状况并提供查询服务。此外，美国还设有评级机构，将保险机构的财务信息转变成各种易于理解的等级以反映保险机构的财务情况。

综上，虽然近年来，商业保险公司开始进入保赔保险领域，但是船东保赔协会仍占据着主导地位，而保赔协会作为相互保险组织中的一种，在国外基本为公司法人，使得保赔协会与商业保险公司一样，共同受统一的监管机构及监管法律的规范，差异性并不大。此外，监管机构对保赔保险的监管与其他险种的监管一样，主要侧重点放在保险机构的偿付能力、信息披露等方面，要求必须遵循监管法规的要求，但是由于保赔协会组织的特殊性，在市场市场准入、退出等组织监管上不同于商业保险公司。

（2）统一监管机构，建立公平的市场竞争机制

①银保监会对全国的保险业具有理所当然的监管权力

根据《国务院关于成立中国保险监督管理委员会的通知》（国发

---

① http://www.studa.net/Insures/061008/17303494.htm.

〔1998〕37）："中国保险监督管理委员会，是全国商业保险的主管部门，为国务院直属事业单位，根据国务院授权履行行政管理职能，依照法律、法规统一监督管理保险市场。主要任务是：拟定有关商业保险的政策法规和行业发展规划；依法对保险企业的经营活动进行监督管理和业务指导，维护保险市场秩序，依法查处保险企业违法违规行为，保护被保险人利益；培育和发展保险市场，推进保险业改革，完善保险市场体系，促进保险企业公平竞争；建立保险业风险的评价与预警系统，防范和化解保险业风险，促进保险企业稳健经营与业务的健康发展。"2002年《保险法》规定"国务院保险监督管理机构依照本法负责对保险业实施监督管理"。可见，2002年《保险法》已经将监管主体定义为国务院保险监督管理机构，这样与保监会的设立相配合，保监会正式获得了法律形式的确认。2003年，国务院决定将保监会由国务院直属副部级事业单位改为国务院直属正部级事业单位，并相应增加职能部门、派出机构和人员编制。此次"升级"的过程体现了国家对保险监督管理机构的重视。

有一种观点认为，保赔保险属于相互保险范畴，不是商业保险，因此不属于银保监会的监管范围。2003年5月15日，原保监会发给湖北省高级人民法院的《关于船东互保协会问题的复函》保监办函〔2003〕78号中明确："根据《中华人民共和国保险法》第2条、第9条，以及《国务院关于成立中国保险监督管理委员会的通知》的规定，中国保险监督管理委员会负责对全国商业保险进行监督管理。船东互保协会从事的活动不属于《中华人民共和国保险法》第2条规定的商业保险行为，因此，不属于中国保险监督管理委员会的监管范围。"对上述复函内容进行深入分析：首先，上述复函内容是依据2002年《保险法》做出的。2002年《保险法》第6条规定"经营商业保险业务，必须是依照本法设立的保险公司。其他单位和个人不得经营商业保险业务。"第70条规定"保险公司应当采取下列组织形式：（一）股份有限公司；（二）国有独资公司。"可见，2002年的《保险法》规定商业保险业务只能由股份有限保险公司和国有独资保险公司经营，根据该《保险法》，原保监会做出了中船保作为社团法人身份经营的相互保赔保险业务并不属于商业保险范畴的认定。2005年，阳光农业相互保险公司经国务院同意、中国保监会批准成立，成为中国第一家也是目前唯一一家相互保险公司。实践的发展促使2009年《保险法》在保险组织形式上有所放宽，其第6条规定："保险业务由依照本法设立的保险公司以及法律、行政法规规定的其他保险组织经营，其他单位和个人不得经营保险业务。"而且2009年《保险法》取消了对保险公司组织形式的限制。因此，按照2009年《保险法》，保赔保险应属于由"其他保险组织"经营的业务。综上，相互保险被默认属于商业保险范畴，对相互保险组织进行监管属于保监会的监管职责之一①。其次，商业保险是与社会保险相对的范畴。根据《社会保险法》（2010年10月28日第十一届全国人民代表大会常务委员会第十七次会议通过）第2条："国家建立基本养老保险、基本医疗保险、工伤保险、失业保险、生育保险等社会保险制

---

① 保险监管职责主要有以下十项：1. 拟定保险业发展的方针政策，制定行业发展战略和规划；起草保险业监管的法律、法规；制定业内规章；2. 审批保险公司及其分支机构、保险集团公司、保险控股公司的设立；会同有关部门审批保险资产管理公司的设立；审批境外保险机构代表处的设立；审批保险代理公司、保险经纪公司、保险公估公司等保险中介机构及其分支机构的设立；审批境内保险机构和非保险机构在境外设立保险机构；审批保险机构的合并、分立、变更、解散、决定接管和指定接受；参与、组织保险公司的破产、清算；3. 审查、认定各类保险机构高级管理人员的任职资格；制定保险从业人员的基本资格标准；4. 审批关系社会公众利益的保险险种、依法实行强制保险的险种和新开发的人寿保险险种等的保险条款和保险费率，对其他保险险种的保险条款和保险费率实施备案管理；5. 依法监管保险公司的偿付能力和市场行为；负责保险保障基金的管理，监管保险保证金；根据法律和国家对保险资金的运用政策，制定有关规章制度，依法对保险公司的资金运用进行监管；6. 对政策性保险和强制保险进行业务监管；对专属自保、相互保险等组织形式和业务活动进行监管。归口管理保险行业协会、保险学会等行业社团组织；7. 依法对保险机构和保险从业人员的不正当竞争等违法、违规行为以及对非保险机构经营或变相经营保险业务进行调查、处罚；8. 依法对境内保险及非保险机构在境外设立的保险机构进行监管；9. 制定保险行业信息化标准；建立保险风险评价、预警和监控体系，跟踪分析、监测、预测保险市场运行状况，负责统一编制全国保险业的数据、报表，并按照国家有关规定予以发布；10. 承办国务院交办的其他事项。为了贯彻上述职责，保险监管部门颁布了68个部门规章使上述职责细化、可操作化，内容涉及保险业务转让、再保险业务、保险资金运作、保险条款与保险费率等几乎所有涉及监管的领域。具体参见 http：//www.circ.gov.cn/web/site0/tab479/module1223/page1.htm，http：//www.circ.gov.cn/web/site0/tab479/module1223/page2.htm，http：//www.circ.gov.cn/web/site0/tab479/module1223/page3.htm，http：//www.circ.gov.cn/web/site0/tab479/module1223/page4.htm.

度，保障公民在年老、疾病、工伤、失业、生育等情况下依法从国家和社会获得物质帮助的权利。"第7条："国务院社会保险行政部门负责全国的社会保险管理工作。"即只有以公民为保障对象的基本养老保险、基本医疗保险、工伤保险、失业保险、生育保险属于社会保险，其他保险均属于商业保险范畴，由银保监会负责统一的监督管理是理所应当之事。

②统一监管有助于弥补监管真空，减少成本，提高监管水平，建立公平市场竞争机制

多元监管在实际中容易变成"无人监管"，而且监管主体不同，必然带来监管内容、监管标准和监管手段的差异，这对于保赔保险市场的竞争主体而言是不公平的。因为如果监管不能做到一视同仁，那么就无法实现行业的公平竞争，不利于保赔保险业务的开展，尤其是强制性油污责任保险覆盖率的提高。此外，不同监管机构同时并存，必然带来监管成本的增加和资源的浪费。更重要的是，自1998年保监会成立以来，监管法规不断健全，多种监管手段并用，在强调和加强保险公司的偿付能力监管的同时，也在强化对市场行为的监管力度，这些监管举措有效地保证了保险市场的良性竞争，规范了保险市场主体的经营行为，推动了中国保险业的发展。因此，赋予银保监会统一的监管权限，对保赔保险市场上的所有经营主体进行监督管理，可以避免出现监管真空和监管资源的浪费，提高监管水平和效率，使所有的经营主体在相同的监管环境下展开公平、合理的竞争，提升保赔保险覆盖面和服务质量。

③交通部对于保赔保险业务进行指导并不具有"专业性"

交通部的主要职责是："承担涉及综合运输体系的规划协调工作；组织拟订并监督实施公路、水路、民航等行业规划、政策和标准。承担道路、水路运输市场及其建设、水上交通安全的监管责任"。而保赔保险是以分摊船东责任为对象的保险活动，虽然保赔保险可以为航运业护航，但是与交通部的监管内容联系并不密切；从近些年交通部对中船保的业务监管来看，更多是流于报告监管，并无实质上的内容，这既是由于交通部的职责主要不在于此，也是因为受监管力量不足。

（3）制定明确的业务监管规范

目前虽然《相互保险组织监管试行办法》已实施五年，但具体的细则仍然空白。因此，应制定针对相互保险组织特点的规章，做到监管有据。仍以条款费率为例，中船保根据其章程而拟订的条款也应报银保监会审批或备案（油污责任险须审批），在开展业务时，若应用的条款有所变更，也须报银保监会，从而使中船保的自律机制与他律机制相结合，增强其公共责任，增加透明度和公众信任感。银保监会应定期对所有的相互保险组织包括中船保进行现场检查和非现场检查，并进行信息披露，使相互保险组织与商业保险公司在业务方面遵循相同的监管规范，处于同等的市场地位。

7.3.3 加强对境外保赔协会的监管

1999年2月，国际保险监督官协会颁布了国际保险机构和保险集团跨国业务的监管原则，其中的一个重要原则即任何外国保险机构都不得逃避监管①。在对境外保险机构监管时，一方面要注意避免重复监管，另一方面要确保境内所有的外国保险机构及跨境保险交易均受到有效监管，从而增强保险监管的有效性和公平性。

就性质而言，境外保险机构的跨境交易与经批准在境内设立和营业的外资保险公司同属于外国直接投资，必须置于严格的监管之下，否则不仅会造成业务的流失，而且将危及一国的保险市场安全。中国已经制定了《外资保险公司管理条例》及其《实施细则》等法规，对外资保险公司进行有效的监管。鉴于境外保险机构所进行的跨境交易范围主要限于油污责任险、各种再保险交易（再保险业务由2015年修订的《再保险业务管理规定》进行规范），因此建议在《船舶油污损害民事责任保险实施办法》中增加关于境外保赔协会监管的内容。

对于境外保险机构的组织监管，包括资本充足性和偿付能力等，通常

---

① 孟龙：《论国际保险机构和保险集团跨国业务监管》，载于《保险研究》，2003年第6期。

由其母国的监管机构监督管理，因此，对于境外保赔协会的监管，除了已有的许可证监管之外，应主要侧重于市场行为方面，监管其具体经营活动是否违反了有关的法律法规，是否损害了被保险人的利益，是否会阻碍保赔保险的发展，通过完善的市场行为准则，保证其合法经营、公平竞争。

市场行为监管包括：

（1）保证金监管

保证金作为保护被保险人利益的最后屏障，在防范风险，维护保险市场平稳、健康发展等方面发挥着重要作用，也是国家控制保险机构偿付能力的有效措施。根据《中华人民共和国外资保险公司管理条例》第13条："外资保险公司成立后，应当按照其注册资本或者营运资金总额的20%提取保证金，存入中国银保监会指定的银行；保证金除外资保险公司清算时用于清偿债务外，不得动用。"实际上，相对于外资保险公司在中国境内经批准设立独资、合资或分公司且接受严格的监管，境外保赔协会因只在境内有代表机构或代理机构，若发生清算或终止事宜时，被保险人的利益受到损害的可能性更大。因此，有必要要求在中国境内开展业务的境外保赔协会根据其营运资金总额缴存一定比例的保证金，以确保境外保赔协会的偿付承诺能够兑现。

（2）对境外保赔协会的经营行为进行监管

对境外保赔协会的经营行为进行监管一方面是为了确保被保险人的利益得到充分保护，另一方面是为了防止不正当竞争，保险经营主体之间的不正当竞争的破坏性很大，对保险市场的稳定和被保险人的利益会带来不利的影响。第一，审查保赔保险条款的合法性，尤其是油污责任险条款要符合中国有关法律、法规；第二，对境外保赔协会的业务范围、业务地域范围和服务对象范围进行检查，对于超过核定范围的保赔保险业务活动进行处理；第三，对于境外保赔协会的财务状况进行必要的审查，对其违法违规的行为依法进行处理。

（3）信息披露监管

被保险人与保险人之间本就存在着信息不对称，此种不对称在境内被保险人与境外保赔协会之间表现得更为严重。因此，必须建立规范的保险信息披露制度，要求境外保赔协会定期向监管机构书面提交相关的财务审计报告，保险监管机构应定期公布各保赔协会经营的状况，任何相关主体包括投保人、被保险人、社会大众都可以自行查阅，以了解相关信息。境外保赔协会若发生变更名称、负责人或者注册地；变更资本金；股东变更；调整业务范围；受到所在国家或者地区有关主管当局处罚；发生重大亏损；分立、合并、解散、依法被撤销或者被宣告破产等影响跨境交易的重大情形时，应及时通知监管部门。上述信息披露制度应是强制性的，以充分保证投保人、被保险人的知情权，只有掌握足够的信息后投保人才可能做出理性的选择。

7.3.4 加强对强制保险的监管

由于中国船舶溢油污染事故频发，给沿海渔业、养殖业以及海洋生态环境造成巨大危害，交通运输部发布了《船舶油污损害民事责任实施办法》，通过建立强制性的船舶油污责任保险制度，以提高船东的赔偿能力，解决应急情况下清污启动资金，及时、有效地清理油污问题。但是，该强制保险制度仅要求"除1000总吨以下载运非油类物质的船舶无须投保外，航行于中华人民共和国管辖海域内的其他船舶均必须投保船舶油污损害民事责任险。"即仅是投保方的单方面强制，而未约束保险人一方，保险人有根据业务及自身情况拒绝承保的权力。这种单向强制使投保人丧失了缔约自由与议价能力，更加凸显投保人一方的弱势，因而监管部门（银保监会）有必要也有义务基于公平正义的原则，保护其利益不受侵害。第一，加强监管力度，禁止未经批准的机构，经营强制保险业务，切实保证投保人一方的利益和保险人间的公平竞争；第二，加强费率监管。一方面禁止通过大幅降低费率的方式进行恶意竞争，另一方面也要禁止保险人通过价格联盟的方式，提高费率，损害被保险人的利益；第三，监管部门应通过长期风险数据累积及分析整理，不断提高和完善风险监管能力。

7.3.5 加强行业自律

(1) 行业自律的经济学意义——弥补行政和法律监管的不足、提高监管效率

传统经济学理论认为，市场本身天生具有唯利性、障碍性以及市场调节机制的被动性和滞后性，有失灵的可能，为了解决市场失灵，客观上需要有效的监管来干预市场，通过国家强制的力量校正市场的偏执，使经济关系恢复到正常的市场运行体系中来。但是政府监管同样具有漏洞，面临着不可避免的信息难题，而且某些情况下还具有特定的倾向性。因此，行业自律可以更好地发挥作用：一是行业自律具有及时性，能够基于自身特殊的信息优势，采取有针对性的措施，以微调方式把保险市场上的违规行为消除在萌芽阶段，而且能够在事态发展过程中解决出现的问题；二是行业自律能够运用集体的资源充分协调各种矛盾冲突，使之能够置于可接受的范围内，特别是在政府监管所不及的领域和监管真空领域发挥积极作用，从而弥补行政监管和法律监管的不足，减轻行政监管压力，降低行政监管成本，提高行政监管效率。

世界银行曾在一份报告中指出，"以披露和自律为主的管理模式得到广泛接受，因为与政府直接管理相比，这种模式明显有利"[①]。在成熟保险市场上，保险行业协会一般都发挥着重要的自律性作用。以英国为例，政府对保险业的监管较少，行业自律在其中扮演了十分重要的角色。据统计，英国保险行业协会承担了该国70%以上的保险监管工作[②]。英国保险行业组织较多，如由劳埃德保险人协会、伦敦海上保险人协会和利物浦海上保险人协会三大组织联合组成的海上保险联合会是英国海上保险人的同业公会组织，它们相互合作，共同解决许多普遍性问题，同时还保持着与世界各地的其他保险行业组织之间的联系，此外，还有国际海上保险联盟

---

① 刘红林等：《发达国家保险监管制度》，时事出版社，2001年版。
② 邓成明：《中外保险法律制度比较研究》，知识产权出版社，2002年版。

等组织。这些行业自律组织通过自我规范、自我协调，有力维护了市场秩序，在保护公平竞争、促进行业健康发展起到了积极作用。同样，美国保险行业协会也有上百年历史，包括同业公会、专业服务协会和教育培训类协会，通过参与国家立法论证、制定行业标准、提供行业信息、搭建交流平台等多项职能，形成了一个有机结合、专业服务水平强的协会体系，在美国保险市场上发挥着重要作用。

在保赔保险领域，行业自律尤为重要。保赔保险的专业技术性较强，目前，中国关于保赔保险的相关法律规范还存在空白，通过行业自律可以填补一定程度的空缺。由于各经营主体有着共同的利益和共同的诉求，在此基础上，基于经营主体利益的共同性和保赔保险发展的客观要求，行业协会可以通过诸多自律措施，规范经营主体的竞争行为，促进保赔保险市场规范秩序的形成和巩固。

（2）行业自律措施及实施

结合中国保赔保险发展实际，本书认为可以从以下几方面入手，推动行业自律真正发挥作用，有效遏制不正当竞争。

第一，扩大保险行业协会会员范围。《保险法》第182条规定："保险行业协会是保险业的自律性组织，是社会团体法人。保险公司应当加入保险行业协会。保险代理人、保险经纪人、保险公估机构可以加入保险行业协会。"《中国保险行业协会章程》也规定："凡经中国银保监会批准设立的、具有独立法人资格的中资、中外合资保险公司（含保险资产管理公司）以及在华的外资保险机构，按照中国银保监会《关于加强保险业社团组织建设的指导意见》的规定，应当在设立后加入协会，成为会员；依法设立并经中国银保监会许可从事保险有关业务的保险经纪机构、保险代理机构、保险公估机构以及保险兼业代理机构等保险服务机构，可申请加入协会，成为会员；在各省、自治区、直辖市、计划单列市民政部门登记注册的保险行业社团组织，可申请加入协会，成为会员。"就实际情况而言，目前所有经营保赔保险业务的保险公司（包括外资保险公司）均已成为中国保险行业协会的会员，但是中船保、在中国境内经营保赔保险业务的境外保赔协会并不是中国保险行业协会的会员，行业协会出台的自律措施无法对其形成约束和规范。建议将中船保及境外保赔协会纳入中国保险行业协会的会员范围，以保证协会出台的自律性文件能够对所有的经营主体发挥行为约束作用，以利于建立统一、规范的保赔保险市场。

第二，出台保赔保险行业自律文件。鉴于保赔保险的法律规范存在空白，而且法规的制定及颁布需要经过一定的程序及时间，因此，由行业协会制定保赔保险（尤其是油污责任险）的行业标准、行业指导性条款和从业守则，成为监管法规更为细密的延伸，从而约束不正当竞争行为，不断提高整个行业的规范化程度。同时，建立同业沟通交流机制。在竞争日益充分的环境下，努力搭建同业经营信息沟通交流平台，针对市场竞争中存在的问题，加强沟通交流，保证保赔保险的公平竞争和市场秩序的健康有序。以浙江省为例，2009年6月，浙江省9家财产保险公司在浙江省保险行业协会的组织与协调下，签署了《浙江省沿海运输船舶污染责任保险行业自律公约》，对船舶污染责任险业务的保单适用费率、费率调整系数、免赔条件等进行了规定。2012年8月，温州市保险行业协会对人保财险、太保财险、平安财险等9家市级产险公司开展了船舶险和船舶污染责任险自律检查，检查结果表明自律公约对恶性竞争情况有所遏制。此外，要充分发挥行业协会所具有的行业代表性的作用，及时向有关部门反映会员和行业呼声，争取有利于会员发展的政策支持。

第三，建立自律违约惩戒机制。行业自律中最重要的是确保自律规则的公信力和执行力。如果没有有效的惩戒，行业自律就不可能发挥实质性作用，这已为多年来各地的车险自律公约所证实。根据《中国保险行业协会章程》第6条第6款："协会履行下列行业自律职责：进行自律管理，对于违反协会章程、自律公约、损害投保人和被保险人合法权益、参与不正当竞争的会员，可按照章程或自律公约的有关规定，实施警告、业内批评、公开谴责、提请中国银保监会依法对其进行处罚等惩戒措施。"即对于违规的会员，协会只有无关痛痒的"警告、业内批评、公开谴责"权利，对于有实质意义的处罚权则需要提请中国银保监会依法对其进行处罚等惩戒措施。因此，赋予行业协会具有实质意义上的惩戒权，如罚款，极为必要。如台湾产物保险公会章程第 15 条规定："对于违反章程、自律规范、公约或决议的会员，视情节轻重，提经理事会通过后，予以警告、停权、罚款三种处分。"为了保证罚款的快速落实，可以建立保赔保险自律保证金制度，每个会员单位缴纳一定数额的自律保证金，用于违约处理，以有效约束保险机构的行为，最终达到促进保赔保险市场健康发展的目的。

8. 促进保赔保险发展的政策与保险人的应对措施

8.1 促进保赔保险发展的政策

8.1.1 保赔保险发展的特殊意义

保赔保险作为一种社会化的风险分散方式，实现了由社会上多数船东承担和消化损害，从而使损害填补不再是单纯的私法救济，既可及时、充分地救助受害方，维持社会稳定，又可避免船东因赔偿负担过重而破产。可以说从损害的个人承担到社会化分散是当今责任风险处理的一种趋势。尤其重要的是，保赔保险中所承保的一部分责任属于强制保险范畴，而且这种强制的范围有扩大化之势。强制保险所具有的社会公益性质和风险的负外部性要求政府给予一定的政策支持，否则将使供给者——保险组织的承保意愿降低或者在业务选择上标准趋严，仅对符合其承保标准的业务予以承保，而需要投保的需求者被拒之门外，从而使政府对公共政策的立法考量无法实现。

（1）促进航运业发展的要求

航运业作为国民经济重要的基础性和服务性行业，不但是实现国际贸易的重要保障，推进经济结构调整的坚实基础，而且往往构成一国的国防后备力量。可以说，航运业发达与否是一个国家综合实力、国际竞争力和抗风险能力的集中体现。中国有18000多千米的海岸线和12.3万千米的内河航运线，得天独厚的自然条件和快速的经济发展，为航运业的发展提供了有利条件。2013年，中国出口货物中89%的外贸运输量由海运完成，中国国际海运船舶占世界商船队总量的10.3%，集装箱位占世界总量的20.0%，船队总运力在世界商船队中排名第三位，成为世界航运大国之一。但是，中国航运业仍然存在航运企业规模较小、缺乏足够的竞争实力、船舶老旧、吨位小、船型和技术设备落后等问题。保赔保险作为航运产业链中有效保护航运企业利益的方式，对于提高航运企业抗风险能力、提高竞争力、壮大中国航运业，都具有重要的意义。因此，给予保赔保险发展一定的政策支持，进行引导性扶持实为必要。

（2）提高本国航运企业竞争力的要求

按照入世承诺，国际海上运输，包括货运和客运，对外商从事挂靠中国港口的班轮和非班轮运输无限制，允许外商设立合营船公司，经营悬挂中国国旗的船舶，但外资比例不得超过49%，合营企业享受国民待遇，允许外商设立合营企业从事船舶代理服务，但外资比例不得超过49%，允许外商控股的合营企业从事货物装卸和集装箱场站服务，合营企业享受国民待遇。外商船舶在中国港口可在合理和不歧视的条件下使用港口服务。十余年来，中国已根据入世承诺，在国际海洋运输、港口服务、码头泊位建设与经营、港口使费、海运辅助服务等方面，相继制定和颁布了一系列市场准入、国民待遇的政策法规，并已形成运输服务对外开放的格局。但是值得注意的是，虽然根据世贸组织的基本精神，在双边或多边的活动谈判中，各国在积极倡导公平竞争，减少政府干预，取消国与国之间的歧视性措施，但许多国家至今仍保留了许多扶持本国航运企业发展的优惠政策。其原因是：航运业对一个国家的政治、经济、军事等方面具有不可低估的作用，为了保护本国航运企业的发展，各海运国家均采取一系列的优惠政策，以扶持航运业的发展，如造船补贴、营运补贴、税收优惠、货载优先、融资担保、沿海运输权等。虽然海运自由化是大势所趋，但航运政策在自由化的进程中其变相保护手法更为灵活和隐蔽，其中最为典型的是海运绿色壁垒①。通过对保赔保险以一定的政策支持，降低航运企业风险转嫁成本，从而达到在不违背世贸规则的前提下，保护本国航运企业、实现航运业的可持续发展的目的。

（3）环境保护的要求

20世纪以来，海洋环境污染问题日益突出，成为全球性的重大问题。造成海洋环境污染的原因众多，如陆源污染、海岸工程污染、船舶污染、陆上倾倒废物和大气污染、海底石油开发污染等，其中船舶油污染占了相当大的比重。据国际海事组织的一份出版物估计，每年由各种污染源排入海洋环境的石油总量至少有320万吨，其中由于运输损失每年排入海洋的约有147万吨。船舶污染包括排放性污染和事故性污染，前者也被称为操作性污染，是指船舶有意识地将船舶污染物质排入海中，包括将油槽的压舱水、洗舱水以及船底含油污水排放入海，此种污染发生的频率高但溢油量少，其防止措施主要通过制定国际公约和国内立法，加强船舶管理，我国在此方面因立法严格而取得很大成效。后者是指运载具有毒害物质的船舶在航行过程中因过失或疏忽或不可抗力、意外事故等原因导致船舶触礁、碰撞、搁浅、爆炸、起火等海上危难事故后，船载的有毒物质逸漏进入海洋造成污染。此种类型的船舶污染发生率虽然在所有船舶污染事件中比例不高，但其对海洋环境造成的危害是特别巨大的。随着海上运油量、油轮数量、油轮吨位的快速增长，这些油轮的每一次事故都会给事故发生地带来巨大的影响，导致几年至几十年的生态环境问题。随着人们环保诉求的不断提高，有效控制或消除船舶污染的绿色航运理念正逐步成为整个航运业的共识，并被越来越多的国家重视。基于此，中国实施了强制性的油污责任保险制度。但是作为保赔保险中一项重要的承保责任，油污责任险能否全面推开，并达到立法者的初衷，不仅取决于管理部门的监管力度、船东的保险意识，而且依赖于保险提供者的承保意愿和承保能力大

---

① 所谓海运绿色壁垒，是指海运发达国家以维护海运安全和防止环境污染为由，通过立法形式不断提高海运业的各种技术标准和管理标准，以限制或禁止"低标准"的船舶进入国际航运市场，成为在一定程度上限制与排斥发展中国家参与国际航运竞争的一种新型航运保护主义政策。

小。因此，采取一定的税收优惠政策和支持措施，将有助于保赔保险覆盖率的提升，确保保护海洋环境功效的最终实现。

（4）保赔保险作为责任险的价值取向

如前所述，担当为航运业保驾护航角色的保赔保险实为责任保险，而且在保赔保险涵盖的众多保险责任中，属于强制性质的责任越来越多，这已成为保赔保险发展的一种趋势。在学理上，责任保险（尤其是强制责任保险，如油污责任险）本身具有强烈的维护公共利益和减低风险负外部性的价值取向。

①维护社会公共利益。强制保险是国家基于社会政策或经济政策的需要，通过法律法规的形式实施的。之所以放弃了经济生活中普遍遵循的"自由订约"原则，而通过法律规则的设置，强制规定某些特定群体必须投保，其首要原因是确保在特定情况下的第三人损害赔偿权利的充分实现。这种制度上的安排使得第三人的利益得到充分保护，社会公共利益得到有力的维护。在这个意义上，维护社会公共利益既是强制责任保险制度确立的前提，同时也是社会公共利益得以强化的制度保障。

②减低特定风险的负外部性。通常而言，强制保险所涉及的风险会带来明显的负外部性。一旦发生事故，不仅影响到特定社会成员的切身利益，而且可能危及社会经济的稳定和发展。当这些具有负外部性的风险造成损失后，保险机制是对这些损失进行补偿的最优方式。但是，毕竟建立在自愿基础上的商业责任保险制度存在难以克服的缺陷：一方面，很多潜在的责任主体往往会忽视自身所面临的责任风险或出于成本方面的考虑，没有意愿积极投保，其结果是事故发生后责任主体可能无力承担法律要求的赔偿金额，同时建立的保险机制也因参与保险的人数过少而无法充分分散风险；另一方面，作为以利润为首要经营目标的商业性保险公司，基于对巨额赔付的担忧，也会以各种理由拒绝一些投保人的风险转嫁需求。虽然随着民事责任制度的发展，出现了强化对受害人利益保护的趋势，但是此种目标的最终实现还取决于责任主体是否具有充足的赔偿能力，如果责任主体缺乏现实的经济基础，则强化受害人利益保护的初衷很难实现。因

此，在一定范围内适度推行强制责任保险，并由政府对保险机构进行一定的政策支持，不仅符合保护受害人的基本政策目标，也较好地平衡了民事赔偿责任在个人、企业和社会之间的分担。

8.1.2 政策支持措施

为促进保赔保险的发展，应该采取的政策支持措施可以包括税收政策、宣传推动等。

(1) 税收政策支持

政府的政策支持及支持力度大小是直接影响保险覆盖广度和深度的一个关键因素。政府的支持主要是以财政和税收政策作为切入点，对保赔保险而言，运作空间较大的是税收政策方面的支持。在中国现行保险税制下，保险公司涉及的税收主要有印花税、房产税、增值税、企业所得税、城市维护建设税及教育费附加等。其中，增值税和企业所得税是中国保险企业纳税总额的主体税种。

①增值税。2016年3月，财政部及国家税务总局共同颁布了《关于全面推开营业税改征增值税试点的通知》（财税〔2016〕36号，以下简称36号文），保险业于5月1日起全面实施"营改增"。根据36号文的规定，保险公司包括保费收入以及金融商品转让的主要收入都将适用于增值税。对于寿险公司而言，保费收入中一年以上人身保险产品（保险期间为一年期及以上返还本利的人寿保险、养老年金保险，以及保险期间为一年期及以上的健康保险）的保费收入被列为增值税免税政策适用范围，因寿险产品多为长期产品，"营改增"影响并不大。但是对于财险公司而言，经营的绝大部分财产保险产品的保费收入都被纳入增值税的征收范围。根据财政部、国家税务总局联合发布的《关于全面推开营业税改增值税试点的通知》，以及四项配套政策《营业税改征增值税试点实施办法》《营业税改征增值税试点有关事项的规定》《营业税改征增值税试点过渡政策的规定》和《跨境应税行为适用增值税零税率和免税政策的规定》的相关规定，原来营业税制下保险行业享受的税收减免政策在改为增值税后全部得到延

续，且对适用上述免税政策的产品实行备案管理。目前来看，可以享受减免政策的财产保险产品包括农牧保险（指为种植业、养殖业、牧业种植和饲养的动植物提供保险的业务）、国际航运保险、出口货物保险和出口信用保险、再保险[①]等。

保赔保险属于航运保险业务，按照现行的减免规定，只有①注册在上海、天津的保险企业从事国际航运保险业务；②注册在深圳市的保险企业向注册在前海深港现代服务业合作区的企业提供国际航运保险业务；③注册在平潭的保险企业向注册在平潭的企业提供国际航运保险业务才能享受减免政策。在其他地区开展业务（包括保赔保险）的保险企业则无法享受税收减免。但实际上保赔保险中的油污责任险之所以被归属于强制责任保险，是由其社会公益性所决定的。为了保障责任事故中无辜者的经济利益不受侵害，维护和促进社会的安定，建议对于油污责任等强制性险种给予税收优惠，而不以地区作为限制性条件，通过相对宽松、倾斜的税收政策，重点扶持强制性油污责任险的发展。

②所得税。自2008年1月1日，中国开始实施新的企业所得税法，法定税率由原来的33%降到25%。按照保险公司调整后的应纳税所得额计税，应纳税所得额等于收入总额扣除不征税收入、免税收入、各项扣除以及以前年度亏损。对于保赔保险而言，关键在于巨灾风险准备金的计税问题。油污等责任属于巨灾风险，巨灾准备金的建立对于风险的充分分散具有十分重要的意义。根据税法规定：保险公司只能从净利润中提取总准备金用于巨灾风险的补偿，并没有将保险公司总准备金列为企业所得税的准予扣除项。由于中国保险公司利润本来就很低，按照4%提取的总准备金数额很小，影响总准备金的积累速度，远远不能适应巨灾风险分散的

---

① 财政部、国家税务总局关于进一步明确全面推开营改增试点有关再保险、不动产租赁和非学历教育等政策的通知（财税〔2016〕68号）规定：（1）境内保险公司向境外保险公司提供的完全在境外消费的再保险服务，免征增值税。（2）试点纳税人提供再保险服务（境内保险公司向境外保险公司提供的再保险服务除外），实行与原保险服务一致的增值税政策。再保险合同对应多个原保险合同的，所有原保险合同均适用免征增值税政策时，该再保险合同适用免征增值税政策。否则，该再保险合同应按规定缴纳增值税。

需要。

实际上很多国家都允许将巨灾风险准备金在所得税前列支，即在纯保费中提取。例如，英国规定每年提取的巨灾准备金的额度为净承保保费的某一百分比，不同险种的提取比例有差异，财产保险为3%，海上和航空保险为6%，核保险为75%。在中国，为了应对农业巨灾风险，也允许巨灾风险准备金可在所得税前据实扣除①。基于此，在油污责任等强制性保险中，应允许保险公司从纯保费中提取一定比例作为巨灾风险准备金，在所得税前列支，以支持巨灾准备金的迅速积累，应付可能发生的巨灾责任。作为配套措施，需要对油污强制责任保险单独立账，做到专款专用。

（2）加强宣传、监督，创造良好的外部发展环境

良好的外部环境是强制责任保险有序发展的关键。因此，必须强化政府力量的运用，增强各级政府对于油污责任保险的重视程度，从"可持续发展"的战略高度出发，充分研究油污责任保险在环境保护及环境纠纷处理中的重要作用，通过宣传及有效的监督，影响投保人的利益选择，为油污责任保险的发展创造适合的外部环境。

第一，加强宣传力度，进一步提高船东对油污责任保险的认知度。强制责任保险所具有的强制性要求所涉范围内的投保人必须投保，没有选择的余地。在推动过程中，普遍存在的问题是投保人的不认同。很多投保人认为油污事故是小概率事件，发生的机率不高，或者存在短视，认为油污责任险加大了企业成本，尤其是目前航运市场总体还未完全复苏，加上航运企业在经受"金融危机"后面对货源紧张、运作资金短缺等诸多困难的挑战，航运企业普遍信心不足。强制实施船舶油污责任险无疑进一步加重

---

① 为促进保险公司拓展农业保险业务，提高农业巨灾发生后恢复生产能力，2012年4月，财政部、国家税务总局联合下发通知，明确保险公司计提农业保险巨灾风险准备金企业所得税税前扣除有关问题，自2011年1月1日至2015年12月31日执行。具体内容是：保险公司应当按专款专用原则建立健全巨灾风险准备金管理使用制度。保险公司经营财政给予保费补贴的种植业险种的，按不超过补贴险种当年保费收入25%的比例计提的巨灾风险准备金，准予在企业所得税前据实扣除。补贴险种指各级财政部门根据财政部关于种植业保险保费补贴管理的相关规定确定，且各级财政部门补贴比例之和不低于保费60%的种植业险种。

了航运企业经营成本负担。因此，在实施过程中，各相关部门，如各级海事、远洋管理机构、航运协会、保险公司、媒体等应加大对油污责任保险的宣传力度，多种渠道、多种形式宣传油污责任保险，让企业了解其内容和作用，提高其认知和接受程度，增强安全防范意识和保险意识，激发其对这一险种的需求，调动其投保的自觉性。

第二，加大执法监督的力度。强制责任保险制度处于运行的初始阶段时，作为制度监督者的政府部门，在责任保险的运作中的作用是必不可少的。因为强制保险本身剥夺了潜在的责任主体的自主决定权，这种强制性规范要求如果没有执法部门的监督支持，很难正常运作起来，或者在监督不力或行政干预不足的情况下将会使强制性责任保险出现大的波动甚至是倒退。因此，海事管理机构应当加强对船舶油污损害民事责任保险证书、保险单证或其他财务保证证明的查验工作，把好危险品船舶进出港审批关，在申报材料中必须提供与船舶及货种相符的油污保险证书；把好船舶进出港签证关，要求船舶在签证时必须出示相关油污保险证书原件。此外，在船舶现场检查中，有重点地检查船舶所持有的船舶油污损害民事责任保险证书的真实有效性。在中国管辖海域内航行的船舶，其所有人未按照规定投保的或者取得其他财务保证的，由海事管理机构责令改正；拒不改正的，应责令停航、禁止进出港或者过境停留，并处一定数额的罚款。

8.1.3 促进航运产业链发展

产业链是同一产业或不同产业的企业以产品为对象，以专业化分工为基础，以投入产出为纽带，以价值增值为导向，以满足用户需求为目标，依据特定的协作关系和时空布局形成的上下关联的、动态的链式组织。通过上下游紧密关联产品或服务不同环节的分工与合作，形成了一个完整的产业链条。航运产业链涉及面很广，上游产业包括航运融资、船舶建造、海运交易、海运咨询公证、航运组织、船舶管理等；中游包括邮轮、货物运输、船舶租赁、拖船作业等；下游包括码头、仓储服务、船舶代理、货运代理、报关服务、理货服务、船舶供应服务、船员劳务等。保赔保险仅是此产业链中的一个配套服务，其发展取决于产业链的发展程度，只有航运产业链建设完善，产生责任风险的转嫁需求，保赔保险才有了发展之源。因此，应采取多种措施，促进航运产业链的稳定运行，这不仅关系到航运业的发展，而且对于保赔保险也有极大的促进作用。如通过降低船舶的税务负担和营运成本，吸引中资方便旗船回归①。进一步拓宽船舶融资渠道，加大对航运业的金融扶持力度，鼓励金融机构适当放宽符合条件的航运企业贷款额度和自有资金比例限制，海事管理部门、交通主管部门和金融部门积极配合，制定防范风险措施，努力为航运企业的发展建立和完善多元化融资方式；充分发挥市场机制作用，正确引导和调控运力投向，提高船舶技术等级；加快船舶运力结构调整，增加船舶运力总量，优化船舶运力结构；加强航运市场秩序的整顿，依法打击违法经营以及严重扰乱航运市场秩序的行为，对各种滥用优势地位、排斥公平竞争的行为，予以查处，构筑规范有序、健康发展的航运业产业链；等等。

8.2 保险人的应对措施

8.2.1 完善以被保险人为中心的产品体系

以客户为中心、实现客户价值的集约化经营应是保赔保险的发展方向。其中，关注被保险人的需求，为被保险人的安全运营、责任承担提供全面的风险保障是极为重要的内容。总体而言，目前中国保险机构的保赔保险产品较为单一，多为油污责任险，不能完全适应被保险人的风险转嫁

---

① 自2007年7月1日起，中国实施"特案免税登记政策"，对符合条件的中资外旗国际航线船舶进口，免征关税和进口环节增值税，鼓励回国登记，悬挂五星红旗航行。国务院将中资"方便旗"船特案减免税政策的执行截止日期由2009年6月30日延长至2011年6月30日。但政策实施的效果并不明显，回国登记的船舶并不多，仅占中资方便旗船队总量的10%左右，其中一部分还是为了满足国内法律对船东公司的要求而回归的。因为特案免税登记政策仅针对特定船型、船龄的船舶给予减免税政策，并不能真正解决中资船东选择外国船舶注册问题，必须辅之以其他的配套政策措施，有针对性地降低船舶的各种税费和营运成本，加强政府服务，才能吸引方便旗船回归。

需求，而且被保险人之间的差异性很大，经营状况和资金实力、管理水平、风险需求各有不同，需要多元化的产品为其提供保障服务。第一，完善组合式的保赔保险产品体系。所谓组合式的保赔保险产品，是指任何投保人都可以根据自己的需要从一系列不同的保险方案中选出一种或几种，将其组合在一起。组合式产品体系中的保险责任应可以自由组合，即将保险责任细分，并配以相应的费率系数，由被保险人进行选择。《船舶油污损害民事责任实施办法》实施后，投保油污责任险成为所有船公司的唯一选择，可以在油污责任保险条款的基础上增加诸如碰撞责任、船员责任、旅客责任等附加条款，即将综合性的保赔保险责任分解，以满足船公司的个性化需求。但是要把保险责任进行细分，必须有数据的积累，即能够统计出来每一种责任风险的发生概率和造成的损失程度，从而确定相应的费率系数。虽然短期内有一定难度，但这种组合式的产品体系应是未来保赔保险的发展趋势。第二，开发、完善与被保险人需求相适应的其他产品。与船公司、船舶有关的风险多种多样，除了保赔保险所承保的各项责任风险外，还涉及其他不同的环节，因此应设计开发适应不同环节、不同风险的保险产品，以适应被保险人的需求，做到风险的无缝对接。如船舶建造或购置中需要船舶建造险、抵押贷款保险提供保障，船舶营运中，需要船舶保险和保赔保险为船舶自身的物质损失和潜在的民事损害赔偿责任进行保障，除此之外，还可能需要运费、租金保险、港口险、赎金险等保驾护航。总而言之，通过完善保赔保险和其他非保赔保险产品，才能真正满足船公司的各种保险需求，同时这些产品也将成为保险机构今后业务发展的新的经济增长点。

8.2.2 通过联合共保等方式提高承保能力

保赔保险是高风险的险种，对保险机构的承保能力有较高的要求。保赔保险业务的规模，一定程度上也是保险机构承保能力大小的标志。目前，中国的保赔保险业务规模较小，一方面由于投保率不高，另一方面受制于保险机构自身承保能力不敢轻易承保，拒保了部分船舶。因此，提高承保能力是扩大业务量、吸引更多船舶投保的有效途径。纵向的再保险和横向的联合共保是提高承保能力的有效策略。保赔保险中，许多保险人更多地采用境外再保险方式（尤其是境外的保赔协会）分散风险，虽然此种方式可以提高承保能力、承保技术、共享信息，但是也造成了保费外流及过于依赖再保险。因此，通过联合共保方式，建立保险人间的合作机制，由几个保险人共同承保，按约定比例分享保险费、分摊赔偿责任，可以达到充分利用国内保险市场承保能力的目的。第一，联合共保是保险机构分散风险、稳健经营的内在要求。保赔保险具有巨额高风险的特性，一旦发生事故，损失巨大且影响范围广，超过了一般单个保险机构的承保能力，如果没有共保或再保，是无法实现稳健经营的，通过联合共保，实现了风险在不同保险机构间的分散。第二，联合共保具有培育市场、防止无序竞争、减少保费外流的独特优势。共保与再保都是风险分散的有效手段，不同之处在于被保险人与再保险人的关系不同，共保是风险的第一次分散，再保则是风险的第二次分散。鉴于单个保险机构的承保能力有限，通过联合共保可以充分利用国内保险市场的承保能力，尽可能减少保险费外流，同时可以防止为了争抢业务而进行恶性竞争。

8.2.3 加强检验，建立船舶风险信息数据库

在保赔保险经营中，正确、全面地收集船公司、船舶的相关资料是保险机构的一项关键工作，也是做出承保决策、公平厘定费率、风险管理的基础。目前中国保险机构可以获得的船舶、船员资料并不充分，开展船舶保赔保险业务的主要依据仅有最基础的法定检验和船级证书，很难全面真实地了解船舶的风险情况和船员的资历情况，这对业务的开展、费率的厘定是很大的障碍。对此，保险机构首先应通过加强船检收集更全面的有效信息。中国船级社自 2005 年以来开始实施国内船舶分级管理制度，虽然入级管理制度早已出台，但在实际实施层面遇到了不少的障碍，导致至今中国船舶入级尚未完全普及。截至 2013 年底，中国船级社（CCS）入级船舶总规模达 8800 万总吨。其中，国际航行入级船舶达到 3017 艘、6284 万总

吨；国内航行船舶达到 9491 艘、2516 万总吨。国内航行的船舶中约 90% 是没有船级的，这使得保险机构对于船舶的质量状况缺乏权威的外部资料，因此要求船舶进行船检和入级，可以获得较为全面的有效信息。此外，还应加强与海事机构、中国船级社等相关部门的合作，共建信息共享平台。在加强船检、信息收集的同时，保险机构还要建立风险信息数据库，做好信息管理与利用。监管部门也应采取措施，搭建船舶信息的共享平台，积累保赔保险的基础数据，为保赔保险的稳定发展奠定基础。

8.2.4 建立广泛的服务网络，提升服务水平

由于船舶的活动范围广，在发生保赔保险事故时，保险机构需要及时、快速地核损和处理赔案，若不能及时开展理赔工作，可能导致事故损失的扩大化和事故证据的消灭，所以服务机构的广泛对于保赔保险经营意义尤其重大。服务网络的传统服务内容包括及时前往事故发生地处理赔案，协助被保险人定损止损，与被保险人共同参与相关法律诉讼等。实际上，广泛的服务网络另外一个优势在于可以更好地进行风险管理，由于保险人在各地的服务机构能够深入驻扎当地，帮助客户结合实际做好风险防范、安全教育管理、灾害信息预报等工作，为客户提供充分服务保障，这是远程服务网点不能比拟的。保赔保险服务网络的构建模式，一般是由保险人各地的分支机构和在世界主要港口和城市委请的海外检验代理机构共同构建，由公司业务人员、外请专业人员共同组成。服务网络的数量效应能够提高保险公司对业务的掌控，使保险人的服务延伸到全球多个地区，方便被保险人的业务经营，为其免除后顾之忧。保险公司在建立服务网络时需要考虑的核心问题是怎样的服务网络最有效。服务网络的广泛性是保赔保险经营的基础，但广泛并不意味着服务网点越多越好，而是要在需求的基础上，根据发展战略进行最佳选址，吸引更多船公司参保、节约处理赔案的成本。

8.2.5 加大人才培养力度

保赔保险对于专业人才的要求远远高出普通的财产保险。在承保方

面，要求有专业的承保核保能力，至少需要了解船东资信情况、船东对船舶的管理能力、船型、船龄、船籍和航行区域、国内航运贸易法及有关国际公约的要求等。在掌握以上相关信息的情况下，相关人员才能厘定费率及免赔额等相关承保条件。在理赔时，其技术性更强，理赔人员需要提前介入海上救助、拖航、共同海损等法律程序，在世界范围内委请专业海损检验代理人，协助处理海损案件。这对于及时、准确地处理赔案，扩大保险人的影响，巩固已拥有的市场份额意义可谓深远。由于船东所要承担的责任越来越多，因此需要一批精通风险评估、理算、国际仲裁、国际贸易，并熟悉相应国际法律法规的复合型人才，提供更加全面、专业的服务，才能够符合保赔保险未来发展的潮流。因此，一方面要在保险机构内部建立和完善系统的专业培训和训练，另一方面要选派员工赴海外进修。此外，还可以与高等院校合作，为自身提供潜在的人才储备。除了完善培训体系，保险机构还应建立配套的人才选拔、人才晋升等机制，激励人才的自我完善和自我提高。

9. 结论与建议

保赔保险发展到今天，虽然商业保险公司也在承保，但是其主要的承保者仍是保赔协会。目前，国际上有 20 多家保赔协会，占全世界总吨位大约 90% 的商船都加入了国际保赔协会集团所属的 13 家保赔协会以及它们的相关机构。随着法律及市场环境的变化，商业保险人逐渐介入保赔保险领域，使得固定保费业务不断增加。健全的再保体系和全面的产品、专业的服务成为促进国际保赔保险发展的有力武器。但值得注意的是，在保赔保险发展过程中，也存在着承保业绩不佳、过于依赖投资、频繁追加会费等问题，这些是今后国际保赔保险发展中必须解决的问题。

经过多年的发展，中国保赔保险已经形成由中船保和人保财险为主提供综合的保赔保险、若干商业保险公司及境外保赔协会经许可提供单一的油污责任保险的格局。从保赔保险的市场环境来看，随着全球航运中心逐渐向东亚转移，中国已成为航运大国，船舶航行中面临的各种责任风险迫使船舶所有人及租船人寻求风险转移途径；特别是随着有关海事立法的出台以及 2001 年《燃油公约》等国际公约在中国的生效，船东责任日益加重，且责任保险呈现出强制化趋势，进一步增强了船东对保赔保险的需求。中国保赔保险虽然已经有了长足的发展，但是，目前仍存在业务外流、市场秩序不够规范、自留额不高、过分依赖再保险、专业服务网络及水平有待提高、人才匮乏等问题，这些都极大地制约了保赔保险的发展，需要通过法律、经济、行政等手段妥善地加以解决，只有这样，才能更好地为中国航运业保驾护航，为将中国打造成为航运强国奠定有力的基础。

第一，法律方面。保赔保险合同可分为相互保赔保险合同和商业保赔保险合同。其中相互保赔保险合同具有"保险合同"的性质，同时具有会员合同的性质，但是依照中国现行法律规定它无法适用《保险法》相关规定，只能适用《海商法》《合同法》《民法通则》等关于合同的一般规定。与其他海上保险险种相比，保赔保险具有特殊性，《海商法》作为规范商业保险赔险合同及相互保赔合同的法律，却无任何关于保赔保险的规定，使得保赔保险合同"无所适从"。建议在《海商法》中增加关于保赔保险合同的内容，如保赔保险的内涵、性质、第三人利益等，而且所增加的内容应适用于所有的保赔保险合同，包括商业保赔保险合同和相互保赔保险合同。

第二，监管方面。由于历史原因，保赔保险中的多元监管问题非常突出：在组织管理上，由银保监会、民政部分别对商业保险公司和中船保进行监管；在业务上，由交通部对中船保的保赔保险进行统一管理，而商业保险公司的油污责任险由交通部进行管理、银保监会负责监督，非油污保赔保险由银保监会监管，由此造成了监管的差异性、不对等性、监管成本增加和市场主体的不公平竞争地位。近些年来，一些境外保赔协会逐渐进入中国保赔保险市场，但对境外保赔协会的监管存在许多"真空"地带，尤其是日常的市场行为监管方面，这对其他的经营主体造成损害，保险市场的公平竞争机制也受到动摇。鉴于此，本书建议：赋予中船保相互保险组织资格，从根本上解决多元监管所导致的一系列问题，使中船保等相互保险组织与其他商业保险公司置于统一的法律框架之内。由于中船保的社团法人身份无法改变，在行政上可以仍由民政部进行监督管理，但在具体业务上，可以由银保监会承担监管职责，从而统一监管机构，以弥补监管真空、减少成本、提高监管水平、建立公平的市场竞争机制。在对境外保赔协会的监管方面，除了已有的许可证监管之外，应主要侧重于市场行为方面，包括保证金监管、经营行为监管和信息披露监管，保证其合法经营、公平竞争。此外，在保赔保险领域，行业自律尤为重要，通过行业自律可以填补一定程度的空缺。本书建议：将中船保及境外保赔协会纳入中国保险行业协会的会员范围，以保证协会出台的自律性文件能够对所有的经营主体发挥行为约束作用，由行业协会制定保赔保险（尤其是油污责任险）的行业标准和从业守则，成为监管法规更为细密的延伸，建立自律违约惩戒机制，确保自律规则的公信力和执行力。

第三，政策措施。保赔保险具有促进海运业发展和环境保护的作用，而且保赔保险中所承保的一部分责任属于强制保险范畴，这种强制的范围有不断扩大化之势。保赔保险的特殊意义和强制保险具有的社会公益性质和风险的负外部性要求政府给予一定的政策支持。为此，本书建议：为了保障责任事故中无辜者的经济利益不受侵害，对于油污责任等强制性险种（不分地区范围）应给予税收优惠，以扶植强制性油污保险的发展。在所得税方面，应允许保险公司从纯保费中提取一定比例作为巨灾风险准备金，在所得税前列支，以支持巨灾准备金的迅速积累，应付可能发生的油污等巨灾责任。此外，政府应加强宣传力度，进一步提高船东对油污责任保险的认知度，加大执法监督的力度，促进航运产业链发展，为保赔保险发展创造良好的外部环境。

第四，保险人的应对措施。从微观层面来说，保险人也必须采取相应的措施：第一，完善以被保险人为中心的产品体系，一方面建立组合式的保赔保险产品体系，以满足船公司的个性化需求，另一方面开发完善与被保险人需求相适应的其他产品；第二，通过联合共保方式，建立保险人间的合作机制，达到分散风险、稳健经营的目的，而且还可以培育市场、防止无序竞争、减少保费外流；第三，加强检验，建立船舶风险信息数据库；第四，建立广泛的服务网络，提升服务水平；第五，加大人才培养力度。

附录1 中国船东互保协会保险条款 （2019/2020）

一、定义

1）本协会，系指中国船东互保协会。

2）章程，系指本协会现行章程。

3）本保险条款，系指最初投诉或随时修改、增删，且现行的规定。

4）董事会，系指本协会会员大会选举的董事集体。

5）经理机构，系指本协会处理日常工作的管理机构。

6）入会船系指在本协会入会保险的船舶。

7）船舶，系指被用于或者被意图用于在水上、水面、水中或者水下航行或者其他目的的任何船舶、船艇、水翼船、气垫船，或者其他种类的船舶（包括驳船、游艇以及以任何方式推进的相类似船舶，但是不包括为了进行与开采或者生产石油或天然气有关的钻探作业而建造或者改装的装置或者船舶，也不包括固定平台或固定设备及地效翼船），或者他们的任何部分或任何吨位或者任何份额。

8）吨位，系指船舶登记证书或与船舶登记有关的任何其他正式文件上所载明的船舶总登记吨位。

9）入会吨位，系指入会船入会证书载明的船舶入会吨位，用于计算会费，及在可适用责任限制时，计算本协会对与该船有关的索赔的责任限额。

10）船东，就入会船而言，系指船舶所有人、合伙所有人、股份持有人、共有人、抵押权人、受托人、租赁人、经营人、管理人或建造人，以及在入会证书或保险背书上载名的任何其他人（但不包括根据本保险条款第十三条规定被再保险的保险人），船舶由该人或以该人名义加入本协会保险，不论其是否是本协会的会员。

11）会员，系指本协会的现时成员。

12）保险系指任何保险或再保险。

13）保险年度，有关第三条和第四条规定的承保风险，系指自任一年2月20日格林尼治标准时间12时始至翌年2月20日格林尼治标准时间12时止的一年；有关第五条规定的承保风险，系指自任一年1月1日北京时间零时始至当年12月31日北京时间24时止的一年。在本保险条款的所有条款中，除另有明确说明者外，凡与第三条和第四条规定的承保风险有关的时间均为格林尼治标准时间；凡与第五条规定的承保风险有关的时间均为北京时间。

14）关账保险年度，系指根据本保险条款第二十三条规定而关账的保险年度。

15）国际保赔集团超额损失再保保单，系指国际保赔集团分摊协议成员协会实施的超额损失再保险保单。

16）国际保赔集团再保限额，系指本协会或国际保赔集团分摊协议任何成员协会产生的最小索赔案的数额（不包括油污引起的任何索赔案），而该最小索赔案将达到国际保赔集团超额损失再保保单对任何类型索赔案（不包括油污引起的任何索赔案）所承担的最大限额。

17）公约责任限额，就一条船舶而言，系指该船船东在巨灾索赔发生日对索赔案（不包括人身伤亡索赔案）的责任限额，即根据1976年国际海事赔偿责任限制公约（《公约》）第6.1（b）条规定计算的（但500总吨以下船舶为每吨334计算单位），按经本协会最终确认的在巨灾索赔发生日实行的兑换率，从特别提款权换算成美元的数额，但是，

（1）如某船仅以其部分（"相关比例"）吨位入会保险时，公约限额应是以前述计算和换算的责任限额按相关比例计算的数额；且，（2）即使

公约条款中有任何相反的规定，每条船舶应被视为是适用公约的海船。

18）船舶险保单，系指对船舶的船壳和机器实施保险所或船舶险签发的保单，或本协会根据本保险条款第五条对入会船的船壳和机器实施保险所签发的证书。

19）互助会费，系指会员根据本保险条款第十六、十八、二十四、二十五和二十六条规定就入会船向本协会支付的款项，包括预付会费、追加会费、巨灾会费和免责会费。

20）互助会费入会保险，系指应向本协会支付互助会费的会员在本入会保险协会的入会保险。

21）固定会费，系指根据本保险条款第十七条规定就入会船向本协会支付的固定会费。

22）固定会费入会保险，系指应向本协会支付固定会费的船东在本协会的入会保险。

23）巨灾会费，系指本协会为提供资金以支付所有或部分巨灾索赔而根据本保险条款第十六条第（四）款规定征收的会费。

24）巨灾索赔系指本协会或国际保赔集团分摊协议的成员协会在船舶入会保险条款下所产生的索赔中（不包括油污索赔），超过或可能超过国际保赔集团再保限额的那个部分（若有的话）。

25）巨灾索赔发生日，就任何巨灾会费而言，系指导致巨灾索赔发生日并为之征收巨灾会费的事件发生的时间和日期，或，如果根据本保险条款第二十三条第（三）款第1和2项规定发生该事件的保险年度已经关账，则指本协会根据本保险条款第二十三条第（三）款第3项规定宣布开账的那个保险年度的8月20日格林尼治标准时间12时。

26）免责会费，系指本协会根据本保险条款第二十四、二十五和二十六条规定，在终止保险、停止保险或撤销保险时征收的免责会费。

27）事件，系指任何一件事件（由于同一原因而产生的一系列事件应作为一个事件来处理，即以第一时间发生的那个事件来处理）。

28）船员，系指根据船员协议或有关在入会船上提供服务的其他服务合同或劳务合同，受雇为入会船定员的任一人员（包括船长和实习生），不论是否在该船上，包括经修订的 2006 年《国际海事劳工公约》所定义的船员。

29）旅客，系指按照旅客运输合同由入会船运送的人员。

30）货物，系指会员为之订立运输合同的各种货物，包括被用于或拟被用于包装或固定货物的任何物件，但不包括会员拥有或租赁的集装箱或其他设备。

31）国际保赔集团分摊协议，系指国际保赔集团某些成员协会在 1992 年 11 月 17 日订立的协议，及其任何附录、修改文或重订文，或任何具有相似性质和目的的其他协议。

二、导则

1. 本协会向会员提供本保险条款第三、四和五条规定风险的保险。

2. 本保险条款第三、四和五条规定的风险应受本保险条款所有条款规定的但书、条件、除外、限制及其他有关规定的制约。

3. 本保险条款第三、四和五条规定的保险可通过会员与经理机构达成的书面特别条款予以排除、限定、变更或修改。

4. 会员可与经理机构达成书面特别协议，根据本保险条款第六和第七条向本协会投保第三、四和五条未予规定的特别风险。除非另有明确约定，对该特别风险的保险应受本保险条款所有条款规定的但书、条件、除外、限制及其他有关规定的制约。

5. 本协会仅承保会员由于下述原因所产生的责任、损失、损害或费用：

1）船舶在本协会入会期间所发生的事件；

2）有关会员在入会船上的利益；且

3）与会员或代表会员对船舶的经营有关。

6. 将船舶加入本协会投保本保险条款规定的任何风险的任何会员（按下述第 7 款办理的除外）有义务根据本保险条款第十六、十八、二十四、二十五和二十六条规定向本协会交纳互助会费("互助会费入会保险")。

7. 船东可根据本保险条款第十七条规定交纳固定会费取得本协会的保险("固定会费入会保险"),但是,该船东应就此项固定会费入会保险的特别条款与经理机构达成明确的书面协议。

8. 本协会根据本保险条款提供的保险,在第十、十一、十三和十五条规定允许的范围内,仅使相关会员、共同入会会员、集团会员、其他协会或保险人或经许可的受让人受益。

9. 尽管有第八条第(一)款的规定,但是当会员不能解除其对船员伤、病、亡赔偿的法定责任时,本协会应以会员的名义直接向船员或其被抚养人解除该类责任或支付该类索赔。

但是:

1)限于船员或被抚养人向其他方的追偿权无法得以执行且通过其他途径也无法获得补偿;

2)在符合下述3)项规定的情况下,本协会对船员的赔偿额在任何情况下均不能超过会员按照条款及入会证书的规定本可从协会获得补偿的数额;

3)因会员未能向本协会支付所拖欠的款项而被撤销保险,协会按条款第二十六条第(二)款2项中的1)及4)的规定而停止对会员承担赔偿责任时,本协会仍有义务解除或支付该项索赔,但补偿仅以撤销通知之前发生的事故为限并且该补偿是协会仅作为会员的代理人作出的,会员应承担向本协会全额补偿该项付款的责任。

三、保赔保险承保风险

除非会员与经理机构另达协议,本协会根据本第三条承保会员下列第(一)至(二十五)款规定的风险。但此项保险应符合下述条件:

1. 除非董事会另作决定,并以此为限,本协会对会员的保险仅限于会员为履行本条规定的责任或为支付本条规定的损失、开支或费用已付出的款项;

2. 会员对任一事件可取得的最高赔偿应限于本条附则 1 和第八条第（三）款规定的限额，或入会船入会证书或保险背书载明的限额，或董事会在相关保险年度开始前决定的限额；

3. 除非会员与经理机构另达协议，会员从本协会取得的赔偿应扣除本条附则 2 规定的免赔额。

（一）人员伤、病或死亡——入会船船员

对任何入会船船员的伤、病或死亡支付赔偿金或补偿费的责任，以及因此项伤、病或死亡所产生的必要的医药、住院、丧葬费（包括尸体运送费用）及其他费用，包括该船员的遣返费用和派遣替换船员的费用。

但是：

当责任、损失或费用是根据船员协议或其他服务合同或劳务合同的条款而产生，且如无这些条款就不会产生时，除非这些条款事先得到了经理机构的书面认可，并以此为限，否则本协会不负赔偿责任。

（二）人员伤、病或死亡——除入会船船员外的其他人员及对旅客的责任

1. 对任何人员（非本条上述第（一）款及本第（二）款下述第 2 和 3 项规定的人员）的伤、病或死亡支付赔偿金或补偿费的责任，以及因此项伤、病或死亡所产生的必要的医药、住院及丧葬费（包括尸体运送费用）。

2. 对从事入会船货物作业的任何人员的伤、病或死亡支付赔偿金或补偿费的责任。但是：

1) 本协会对本款上述第 1 和 2 项规定责任的保险仅限于发生在入会船上的，或与入会船有关的，或在装货港从托运人或上一程承运人收到货物时起至在卸货港向收货人或下一程承运人交付货物时止的期间与货物作业有关的疏忽行为或不作为所产生的责任。

2) 当责任是根据任何合同或补偿协议的条款而产生，且如无这些条款就不会产生时，不属于本款保险范围，但可根据本条第款得以保险。

3) 由于入会船与他船碰撞所产生的对他船人员的责任，不属于本款保险范围，但可根据本条第（七）款第 2 项得到赔偿。

3. 对旅客的责任

1）对任何旅客的伤、病或死亡支付赔偿金或补偿费的责任，及因此项伤、病或死亡而产生的医药、住院及丧葬费（包括尸体运送费用）；

2）由于入会船发生海难事故而应支付该船上旅客的赔偿金或补偿费，包括支付旅客前往目的港或返回登船港的费用及旅客在岸基本生活费用；

3）对旅客行李物品的灭失或损坏支付赔偿金或补偿费的责任。

但是：

1）本协会根据本款第 3 项规定对旅客的赔偿责任，应限于在入会船上的或与入会船有关的任何作为、疏忽或不作为所引起的责任，开支和费用；

2）客票或会员与旅客签订的其他合同条款应取得经理机构的书面认可，且会员与经理机构就本第 3 项规定责任的保险已按经理机构要求的条款达成协议；

3）会员对任何旅客因航空运送而遭受的人身伤亡，或财产灭失或损坏、迟延或任何其他间接损失所产生的责任不能根据本款第 3 项从本协会获得赔偿，但是在下列期间产生的责任不应除外：

（1）受伤或生病旅客通过航空遣返期间，或旅客在入会船发生海难事故后通过航空遣返期间；或

（2）旅客在离开入会船的旅途期间，但应符合下述但书 4）的规定。

4）会员对旅客在离开入会船的旅途中死亡或受伤依据一份合同需承担责任时，在以下任一情况下不能根据本款第 3 项从本协会获得赔偿：

该旅途风险的合同已由旅客单独订立，不论该合同是否是与会员订立的；或

会员已放弃了其就有关旅客旅途风险向任何分包人或其他第三者的任何或全部追索权。

5）除非会员与经理机构达成协议，对有关现金、流通证券、贵重或稀有金属、宝石、贵重物品或稀有或珍贵物品的索赔获得相应特别保险，并以此为限，否则本协会不负赔偿责任。

6）就本第 3 项而言，"海难事故"是指以下事件：

（1）碰撞、搁浅、爆炸、火灾，或影响入会船的物理状况使其不能安全驶抵其预定目的港的任何其他事件；或

（2）危及旅客生命、健康或安全的事件。

7）当旅客责任包括了协会根据《2002 年国际海上旅客及其行李运输雅典公约》第四条之二及其实施细则的规定或者已实施的欧洲议会和欧洲理事会第 392/2009 号决议所签发的非战争蓝卡而产生的责任（证书责任），并且这些责任根据条款第八条（三）款 4 项之规定超过或可能超过 20 亿美元的承保责任限额时，则：

（1）经理机构可凭其绝对的自由裁量权推迟或者部分推迟支付索赔赔款直至依据证书所承担的责任，或经理机构决定的部分证书责任，已经得以解除；并且

（2）如果协会已解除的证书责任超出了上述承保责任限额，该付款的超出部分应视为协会对会员的贷款，会员应当补偿协会该超出部分。

（三）船员遣返及替换费用

1. 会员为留岸的入会船船员而派遣替换船员所产生的或根据法定义务遣返入会船船员所产生的，且根据本条第（一）款规定不能获得赔偿的船员遣返及替换费用。

但是，本款不包括由于下列原因所产生的费用：

1）船员在入会船上的服务期满，不论该项期满是根据船员协议或其他服务合同或劳务合同，还是根据合同双方的一致同意；或

2）会员违反任何协议或其他服务合同或劳务合同；或

3）入会船被出售；或

4）会员采取的与入会船有关的任何其他行动。

2. 按照经修订的 2006 年《海事劳工公约》规则 2.5 下导则 B2.5 或者实施经修订的 2006 年《海事劳工公约》的当事国所制定的国内法的规定所产生的遣返及替换费用，但不包括依据本规则第三条第（一）款或第（三）款第 1 项能够获得补偿的费用。

3. 尽管有第八条第（一）款的规定，当会员未能够清偿或支付前述第2项中提到的责任，本协会将代表会员直接向船员解除该责任或支付该索赔。

但是：

1）当本协会依据条款第二十五条第（一）款停止船东的保险或依据条款第二十六条撤销船东的保险时，尽管协会对于船东的索赔不再承担责任，但是若在保险被停止、被撤销后三个月内或保单到期日（以这两个日期先到期之日为准）内发生了本项所述的索赔，本协会仍有义务解除或支付该项索赔，但协会仅作为会员的代理人，会员应承担向本协会全额补偿该项付款的责任；且

2）船东必须全额偿付本协会对于本款第2项的索赔所支付的款项。

（四）个人物品的灭失或损坏

1. 对任何入会船船员个人物品的灭失或损坏支付赔偿金或补偿费的责任。

2. 对入会船上的任何其他人员（不包括本条第（二）款第3项规定的人员）的个人物品的灭失或损坏支付赔偿金或补偿费的责任。

但是：

1）除非会员与经理机构达成书面协议，对任何有关现金、流通证券、贵重或稀有金属或宝石、贵重物品或稀有或珍贵物品的索赔取得了相应特别保险，并以此为限，否则本协会不负赔偿责任。

2）当会员的责任是因某合同条款而产生，且如无这些条款就不会产生时，除非这些条款已事先得到经理机构书面认可，并以此为限，否则本协会不负赔偿责任。

（五）船舶全损船员失业赔偿

由于入会船发生实际全损或推定全损导致任何船员失业，会员根据其法定义务或其他法律责任或任何船员协议或其他服务合同或劳务合同规定，对船员工资或补偿所承担的支付责任。但是，相关协议或合同需经经理机构事先书面认可，并以经理机构书面认可的为限。

（六）由某些补偿协议或合同所产生的责任

根据会员订立的或以会员名义订立的，有关向入会船或由入会船提供设施或服务或有关入会船设施或服务的补偿协议或合同而产生的责任、开支或费用，但仅以符合下列规定的为限：

1）补偿协议或合同事先得到了经理机构的认可，且会员与经理机构就此项责任的保险按经理机构要求的条款达成了书面协议，或

2）董事会决定应赔偿会员。

（七）碰撞责任

由于入会船与他船碰撞而产生的下述第1、2和3项规定的向任何他人支付费用和赔偿金的责任。但是，本协会对该项责任的赔偿仅以不能根据入会船船舶险保单或船舶险入会证书的碰撞责任条款得到赔偿的为限。

1. 由于碰撞所产生的四分之一责任，或经理机构书面同意的其他比例的责任，但不包括本款下述第2项规定的责任。

2. 由于碰撞所产生的对下列事项或与下列事项有关的四分之四责任：

1）油类或任何其他物质的泄漏或排放（非入会船泄漏或排放），或此种威胁，但不包括对与入会船碰撞的他船及在该他船上的财产的损害；

2）任何不动产或动产或其他财产，但不包括他船或在该他船上的财产；

3）对障碍物、残骸、货物或任何其他物体的移除或处置；

4）入会船上的货物或其他财产，或这些货物或财产的所有人所支付的共同海损分摊、特别费用或救助费；

5）人员伤、病、亡、遣返费或替换费；

6）对与入会船碰撞的他船的救助，根据"保赔协会特别补偿条款"或其任何修订文所支付的补偿。

3. 仅因入会船碰撞所产生的责任金额超过入会船在船舶险保单或船舶险入会证书下的价值，会员所承担的超出可从船舶险保单或船舶险入会证书获得赔偿的金额的那部分责任，但不包括本款上述第1和2项规定的责任。

但是:

1) 除非董事会另作决定,并以此为限,本协会在本第 3 项下的赔偿责任,应仅限于如果入会船按第八条第(四)款第 1 项规定的应有价值投保船舶险,仍超出可从船舶险保单或船舶险入会证书获得赔偿的金额的那部分责任(若有的话);

2) 除非在船舶入会时或随后的每年续保时,会员与经理机构另达成协议,本协会对会员在入会船船舶险保单或船舶险入会证书下自行负担的任何形式的免赔额不负赔偿责任;

3) 如果与入会船碰撞的他船全部或部分地属于同一会员,该会员与本协会在本款下的权利和义务应如同碰撞的他船属于其他船东一样;

4) 除非会员与经理机构另达书面协议,并以达成的书面协议作为入会船的入会条件,如果碰撞船舶互有过失,且其中一方或双方船东的责任依法得到限制时,基于本款提出的索赔应按单一责任原则处理,在任何其他情况下,应按交叉责任原则处理,如同各船船东应予支付他船船东这样比例部分的赔款,即在确定由于碰撞而应由入会船船东支付或应支付给入会船船东的余额或金额时,可适当确定他方的赔偿金的比例部分。

(八)财产的灭失或损坏

对不论是在陆上的或在水上的,也不论是固定的或活动的任何财产的任何灭失或损坏(包括对权利的侵害)支付赔偿金或补偿费的责任。

但是:

1) 本款不包括对下列责任的赔偿:

(1) 由任何合同或补偿协议的条款而产生,且若无这些条款就不会产生的责任。

(2) 本条下列条款已承保的责任:

第(二)款第 3 项——对旅客的责任

第(四)款——个人物品的灭失或损坏

第(七)款——碰撞责任

第（十二）款——污染风险

第（十三）款——船舶拖带责任

第（十四）款——残骸处理责任

第（十六）款——货物责任

第（十七）款——入会船上的财产

（3）入会船船舶险保单或船舶险入会证书规定由会员承担的任何形式的免赔额。

2）如果入会船造成了财产灭失或损坏或侵害了权利，而该财产或权利全部或部分地属于该入会船会员，该会员具有同样权利从本协会取得赔偿，如同该财产或权利完全属于不同所有人一样。

（九）改变航线

入会船仅为了救助海上人命，或使船上伤病人员取得治疗，或等候该伤病人员的替换人员，或为了将偷渡或避难人员送上岸，而改变原定航线所产生的额外港口使费、伙食费、物料费、燃油费、保险费以及船员工资和津贴（系指超过入会船如不改变原定航线而本将产生的上述费用的部分)，但以不能从任何第三者取得补偿的为限。

（十）安置偷渡人员和避难人员

会员因履行其对偷渡或避难人员或海上获救人员的义务，或对这些人员做出必要的安排而产生的费用，不包括根据本条第（九）款所承保的费用，但仅以会员依法承担的或在经理机构认可和书面同意下所产生的，且不能从任何第三者取得补偿的为限。

但是，本协会对由于营救避难人员而产生的利润损失或贬值不负赔偿责任。

（十一）人命救助

由于第三者救助或试图救助入会船上的或来自入会船的任何人员的生命，会员依法支付该第三者的款项，但仅以该会员不能根据入会船船舶险保单或船舶险入会证书获得赔偿的，或不能从货主或货物保险人获得赔偿的为限。

（十二）污染风险

由于入会船排放或泄漏油类或任何其他物质，或存在这种威胁，所产生的下述第 1 至 5 项规定的责任、损失、损害、开支和费用：

但是：

1）除董事会另作决定且不必给出理由外，本协会对由于在任何岸上堆存场、仓库或处理设施中存在任何曾载于入会船上的任何物质，或从任何这些场、库或设施中排放或泄漏任何这些物质或排放或泄漏威胁而产生的任何责任、损失、损害、开支或费用不负赔偿责任，不论这些物质是否作为货物、燃油、物料或废弃物曾由入会船承载。

2）除非经理机构书面同意给予特别保险，并以此为限，本协会对如果会员对入会船所载货物以不比约克—安特卫普规则规定不利的条款承运，而本可在共同海损中得到赔偿的任何责任、损失、开支或费用不负赔偿责任。

3）除非经理机构另作书面同意，如入会船属于"小型油轮油污赔偿协议"所定义的"相关船舶"，该入会船会员在该入会船在本协会入会保险期间应是该协议有效期间的成员。

除非董事会另作决定，该会员对入会船在其非为该协议成员期间发生的任何海难、事故、事件或事情无权根据本第（十二）款取得任何赔偿。

4）除非经理机构另作书面同意，如入会船属于"油轮油污赔偿协议"所定义的"相关船舶"，该入会船会员在该入会船在本协会入会保险期间应是该协议有效期间的成员。除非董事会另作决定，该会员对入会船在其非为该协议成员期间发生的任何海难、事件或事情无权根据本第（十二）款取得任何赔偿。

1. 对损失、损害或污染的责任。

2. 会员作为董事会认可的任何协议的成员所产生的或应予承担的任何损失、损害或费用，包括会员履行该协议义务而产生的开支和费用。

3. 为避免或减轻污染或由污染导致的任何损失或损害而采取任何合理措施所产生的费用，以及由于采取了该措施而引起的对财产灭失或损坏的任何责任。

4. 为防止入会船排放或泄漏油类或可能造成污染的任何物质的紧迫危险，而合理地采取任何措施所产生的费用。

5. 由于遵从任何政府或主管当局为防止或减轻污染或污染危险而发出的任何命令或指示所产生的责任或费用，但是应符合以下情况：

1）这种遵从不是出于入会船正常营运、救助或修理的需要；且

2）此项责任或费用不能根据入会船船舶险保单或船舶险入会证书得到赔偿。

（十三）船舶拖带责任

1. 对入会船进行常规性拖带

根据对入会船进行下述常规性拖带的合同所产生的责任，不包括拖带费用：

1）在船舶正常营运中，为进出港口或在港内移动而进行的拖带，或

2）在船舶正常营运中，对惯常被拖带的入会船进行港口间或两地间的拖带，但以会员在该船船舶险保单或船舶险入会证书下未得以保险的为限。

2. 对入会船进行非常规性拖带

根据对入会船进行本款第 1 项规定外的非常规性拖带的合同所产生的责任，但本协会对此项责任的保险仅以会员按经理机构要求的条款与经理机构达成书面协议的为限。

3. 由入会船进行拖带

由入会船对他船或物体进行拖带所产生的责任，但除下列情况外，会员无权就由入会船拖带的船舶、其他物体或在该被拖物上的货物、其他财产的灭失、损坏、残骸清除以及相关费用获得补偿：

1）拖带或试图拖带是为了救助或试图救助海上人命或财产，或

2）入会船依据经理机构书面批准的合同或者按经理机构要求的条款进行拖带的。

（十四）残骸处理责任

1. 对入会船残骸实施起浮、移动、拆毁、设置照明或标记所产生的开

支或费用，但此等作业应是根据法律规定而强制实施的，或此等作业的费用应是由会员依法承担的。

2. 对载于或曾载于入会船上的任何货物或财产（不包括本条第（十二）款规定范围内的油类或任何其他物质）实施起浮、移动或拆毁所产生的开支或费用，但此等作业应是根据法律规定而强制实施的，或此等作业的开支或费用应由会员依法承担的，且会员不能从货物或财产的所有人或保险人或任何其他人获得赔偿。

3. 由于对本款上述第 1 和 2 项所提及的入会船残骸或任何货物或财产实施或试图实施起浮、移动或拆毁而使会员产生的责任。

4. 由于入会船残骸的存在或随意性移动，或由于未能使该残骸移动、拆毁、设置照明或标记而使会员产生的责任，包括由于从该残骸中排放或泄漏油类或任何其他物质而产生的责任。

但是：

1）如果入会船在本协会入会期间发生海难、事件而成为残骸，本协会对由此而产生的索赔将继续承担责任，即使根据第二十五条第（三）款规定本协会停止了对该船其他责任的保险。

2）根据本款第 1 项和/或第 2 项提出的索赔，应先扣除所有获救物品、货物、财产及材料的价值、入会船残骸的残值以及会员收到的任何救助报酬，本协会仅赔偿其剩余部分（若有的话）。

3）如果会员在实施对残骸的起浮、移动、拆毁、设置照明或标记以前，或在引起本款所提及的责任、开支或费用的事件发生以前，未经经理机构的书面同意，转让了其在该残骸上的利益（不包括委付情况），则不得根据本款从本协会获得赔偿。

4）如果会员的责任产生于一项补偿协议或合同，且如无这些协议或合同便不会产生此项责任时，本协会对本款所规定的开支或费用的赔偿责任，只有在以下情况下才予以承担：

（1）有关补偿协议或合同的条款事先得到了经理机构的认可，且会员就此项保险按经理机构要求的条款与经理机构达成书面协议，或

（2）董事会决定会员应该得到赔偿。

（十五）检疫费用

由于入会船上暴发传染病的直接后果而使会员产生的额外费用，包括检疫和消毒费用以及会员因此而遭受的有关燃油费、保险费、船员工资、物料伙食费及港口使费的净损失（即超过如未暴发传染病而本将产生的这些费用的部分）。

（十六）货物责任

本款下列第1至4项规定的对货物的责任和费用，但仅限于与拟载于、正载于或曾载于入会船的货物有关的责任和费用：

1. 货物灭失、短少、损坏或其他赔偿责任

由于会员或会员依法对其作为、疏忽或不作为负责的任何人员违反对货物应妥善地装载、操作、积载、运输、保管、照料、卸载和交付的义务，或由于入会船不适航或不适当所产生的对货物灭失、短少、损坏或其他赔偿责任的责任。

2. 对损坏货物的处置

会员为卸下或处置损坏的或无价值的货物而产生的额外费用（即超过若货物未损坏会员本将产生的费用的部分），但仅限于该会员对任何其他方不享有追索权的费用。

3. 收货人未提走货物

仅因收货人在卸货港或货物交付地完全不能提取或移走货物而使会员产生的责任或额外费用（即超过若收货人提取或移走货物，会员本将产生的费用的部分），但仅以超过货物的拍卖收益，且该会员对任何其他方不享有追索权的责任或费用为限。

4. 联运提单或转船提单下的责任

由于经理机构认可的联运提单或转船提单或其他运输合同规定由入会船承担其中部分运输，而使会员对由其他运输工具（非入会船）承运货物产生的货物灭失、短少、损坏或其他赔偿责任所承担的责任，条件是船东在已订立的运输合同中加入对履行运输合同的其他当事方保留追索权的

条款。

但是：

1）适用中国海商法或其他有关货物运输的规则

除非董事会另作决定，或经理机构书面同意给予特别保险，并以此为限，本协会对如果货物以适用中国海商法有关规定的合同进行运输，或以并入了有关承运人责任不比海牙规则或海牙—威斯比规则不利的条款进行运输便不会产生的责任或不必支付的费用不负赔偿责任。

2）绕航

除非董事会另作决定，或会员在入会船发生绕航前就有关绕航的保险得到了经理机构书面确认，并以此为限，本协会对入会船发生绕航所引起的或因绕航的后果而产生的责任、开支和费用不负赔偿责任。

本款所指绕航，系指使会员丧失如入会船未发生绕航其根据上述但书1）所提及的海商法或规则本可享有的旨在降低或减少其责任的抗辩权利或责任限制权利的入会船偏离合同约定航线或航程。

3）除外责任

除非董事会另作决定，并以此为限，本协会对由于以下情况所产生的任何责任、开支或费用不负赔偿责任：

（1）将货物卸在非运输合同规定的港口或地点；

（2）对根据一份不可转让提单、运单或者类似单证运输的货物，当单证、单证所适用的法律或由单证包含或证明的运输合同明确规定应凭单交付货物时，向未提交该单证的人所作的交付，但会员按照对承运人适用的其他法律的要求，未收取该单证便交付或丧失对货物的掌管或控制的情况除外；

（3）对根据一份可转让提单或类似物权凭证（包括电子提单）运输的货物，未从提货人收取该提单或凭证或电子提单情况下的类似行为而做出交付；但是，当货物运输由入会船在不可转让提单、运单或其他不可转让单证下或依据被批准的电子贸易系统进行，并根据该等单证的要求被恰当地交付或交付给按照电子贸易系统有权收取货物的人的情况应予以除外，尽管该会员根据一份由他人或以他人名义签发的，规定部分货物运输由非入会船履行的可转让提单或类似物权凭证而可能承担责任；

（4）签发预借或倒签提单、运单或其他包含或证明运输合同的单证，即提单、运单或其他单证所记载的装载或装船或收洽待运的日期，根据不同情况，早于或迟于货物实际装载、装船或收洽的日期；

（5）签发的提单、运单或其他包含或证明运输合同的单证上载有会员或入会船船长已知不正确的货物描述或货物数量或状况，或者载有任何欺诈性、不真实的描述；

（6）入会船未抵达或迟延抵达装货港，或未装上任何特定货物，但根据一份已签发提单所产生的责任、损失和费用不在此例；

（7）会员或其经营管理人员故意违反运输合同。

4）舱面货

本协会对货物因载于舱面而产生的灭失、损坏或其他赔偿责任不负责任，除非经理机构认为该货物及入会船适于舱面运输，且提单或其他运输合同：

（1）载明货物载于舱面，并规定承运人对该货物的灭失、损坏不负责任，或规定承运人对该货物享有不低于海牙规则或海牙—威斯比规则规定的权利、免责和责任限制；或

（2）载明货物载于舱面，并规定承运人对货物运输的责任适用中国海商法；或

（3）适当地规定承运人有权将货物载于舱面，且规定承运人对载于舱面的货物责任适用中国海商法，或适用有关承运人的权利、免责和责任限制不低于海牙规则或海牙—威斯比规则规定的条款。

5）从价提单

当从价提单或其他物权凭证、运单或其他运输合同上载明或申报了每货运单位、件或包的货物价值高于2500美元（或与此等值的其他货币金额）时，而该货价的载明或申报导致承运人丧失其本可以享受责任限制的权利并使其承担了更多的责任时，除非有经理机构书面同意的特别保险并

以此为限，否则协会对此货运单位、件、包超过 2500 美元（或与此等值的其他货币金额）的部分不承担赔偿责任。

6）稀有及贵重货物

本协会对与货币、金银、贵重或稀有金属或宝石、金银器皿或其他稀有或珍贵物品、钞票或其他货币、债券或其他流通证券运输有关的索赔不负赔偿责任。除非经理机构书面同意对此等物品的运输给予特别保险，并以此为限。

7）会员的财产

如果在入会船上遭受灭失或损坏的任何货物系会员的财产，该会员仍有权向本协会取得赔偿，赔偿数额相同于假定该货物属于第三者，且该第三者已与会员就该货物根据本款上述但书 1）所规定的海商法或规则签订了运输合同，该第三者可向会员获得赔偿的数额。

8）关于运输方式的规定

董事会有权随时对拟载于、正载于或已载于入会船上的货物的运输、存放、运送、保管和操作的条件及方法制定规定。该规定一经制定，便应被视为并入了本保险条款，并从制定规定那天后的下一个保险年度开始时起或从董事会决定的日期和时间起实施。从该规定开始实施时起，每一会员应使其或代表其在本协会入会保险的入会船或该等船舶所进行的运输遵守该规定。

如会员违反该规定，对会员的任何索赔，经理机构可拒绝或减少赔付，但以倘若会员遵守了该规定便不会产生的索赔为限，经理机构也可进一步对该会员加诸其认为合适的条款以作为该会员的船舶在本协会继续保险的条件。

9）岸上风险

本协会根据本款第 1、2 和 3 项规定所承担的责任，不包括货物在收洽待运前，在卸货港交付后，或在货物既不在入会船上又不在装货港或卸货港的码头区域内的任何时候发生的事件所产生责任和费用。本但书规定不影响本协会在本款第 4 项下的赔偿责任。

10）装前检验

在任何时候，按照本协会通函的要求或经理机构其他书面要求，会员应对载于或将要载于入会船上货物的状况安排检验。该检验应由本协会书面确认的检验师进行。在不影响本条款第三条第十六款3)、(5) 规定的情况下，如果会员或以会员名义就此类货物签发提单、运单或其他单证之前已进行了检验，除经理机构另有书面同意，否则会员应按检验的结论批注该提单、运单、包含或证明运输合同的单证来描述货物或货物的状况。

（十七）入会船上的财产

会员对在入会船上的任何集装箱、设备、燃油或其他财产的灭失或损坏所承担的责任。

但是：

1) 该财产应不在本条第（二）款第 3 项、第（四）款或（十六）款承保范围之内，也不在这些条款的但书、除外、责任限制或免赔额规定的范围之内；

2) 该财产应非为入会船的构成部分，也非为会员或会员的任何关联公司或与会员在同一管理机构下的任何公司所拥有或租赁；且

3) 除非会员与经理机构达成协议得到相应特别保险，并以此为限，对会员在其订立的任何合同或补偿协议下所产生的，且如无此项合同或补偿协议便不会产生的任何责任，本协会不负赔偿责任。

（十八）未能取得的共同海损分摊款

会员仅因违反运输合同而未能依法从货方或海上航程的其他方取得其本可有权索取的共同海损、特殊费用或救助费的分摊款。

但是：

本条第（十六）款但书1)、2) 及 3) 规定应适用于根据本款提出的任何索赔。

（十九）船方共同海损分摊款

由于为确定共同海损、特殊费用或救助费的分摊而估定的入会船的完好价值，高于该船在船舶险保单或船舶险入会证书下的保险价值，而根据

船舶险保单或船舶险入会证书未能取得补偿的船方共同海损、特殊费用或救助费的分摊款。

但是：

除非董事会另作决定，并以此为限，本协会根据本款所承担的赔偿责任，应限于如果入会船按第八条第（四）款第 1 项规定的应有价值投保船舶险，也不能根据船舶险保单或船舶险入会证书取得赔偿的那部分船方分摊款额（若有的话）。

（二十）罚款

1. 任何法院、法庭或主管当局就入会船因下述第 2 至 6 项列明原因，向下列第 1）至 3）类人员课以的罚款或处罚：

1）会员；或

2）会员可依法对之承担赔偿责任的任何人员（非根据合同或赔偿协议），或会员根据经理机构的认可而合理地对之承担赔偿责任的任何人员；或

3）会员可依法根据合同或赔偿协议对之承担赔偿责任的任何人员，但仅以合同或赔偿协议经经理机构事先书面认可的为限。

2. 货物短卸或溢卸或溢交，或未遵守有关物品申报规定或有关入会船货物文件的规定；

3. 走私或违反任何有关入会船建造、改装、改造或装备的海关法或海关规定；

4. 违反任何有关移民的法律或规定；

5. 意外排放或泄漏油类或其他物质，或这种威胁；

但是，本协会对下列原因引起的此项罚款不负赔偿责任：

1）入会船超载；或

2）违反或未执行经 1978 年议定书或其后任何议定书修改或修订的 1973 年国际防止船舶污染公约中有关船舶建造、改装及设备的规定，或任何国家关于实施该公约或其议定书的法律中有关上述内容的规定。

6. 任何罚款（不包括上述第 2 至 5 项所规定的罚款），但应以符合以

下两项情况的为限：

1）会员使董事会相信，其为避免导致该项罚款的事件的发生已采取了合理的措施；且

2）董事会决定会员应当得到赔偿，董事会对其决定无需说明理由。

7. 入会船被没收

尽管有第八条第（四）款第 4.1）项规定，对会员因违反任何海关法或海关规定被任何合法授权的法院、法庭或主管当局没收入会船而遭受的损失所提出的索赔，董事会可批准全部或部分赔付。

但是：

1）本协会的赔偿总额不得超过船舶被没收当天的市场价格；

2）会员应使董事会相信，其为防止因违反海关法或海关规定而致船舶被没收已采取了合理的措施；

3）根据本第 7 项提出的索赔，应仅以董事会决定的赔付数额为限，董事会无须对其决定说明理由；

4）只有当会员在入会船上的利益完全失去时，董事会才考虑是否赔付会员的该项索赔。

（二十一）对救助人的特别补偿

会员对入会船的救助人支付下述费用的责任，但以非可由被救财产利益方支付的为限：

1. "特别补偿"，即根据对 1989 年国际救助公约第 14 条规定的"无效果无报酬"原则的例外条款，或在 2000 年或 2011 年劳氏标准救助合同或本协会认可的其他标准救助合同内并入的"保赔协会特别补偿条款"所应支付的特别补偿；

2. "合理产生的费用"，即根据对 1980 年劳氏标准救助合同第 1（a）条规定的"无效果无报酬"原则的例外条款所应支付的"合理产生的费用"（及据此所获得的任何增额）。

（二十二）海事调查费用

在对入会船所遭受的损失或涉及入会船的海难事故的正式调查中，会

员为己抗辩或为保护自身利益而产生的开支及费用，但仅以经经理机构事先同意并符合经理机构提出的条件所产生的开支及费用为限。

（二十三）船舶营运所产生的费用

由于拥有、经营或管理船舶的业务而产生的，且董事会认为属于本协会承保范围的责任、开支及费用。

但是：

1）除下述但书2）规定的情况外，本协会对本保险条款其他条款所明确除外的责任、开支及费用不负赔偿责任；

2）对被第八条第（四）款第4项规定所除外的索赔，董事会可批准作全部或部分赔付；

3）本协会对根据本款提出的任何索赔，仅在董事会决定的限度内承担赔偿责任，董事会对其决定无需说明理由。

（二十四）损害防止及法律费用

1. 在发生可导致向本协会索赔的任何海难、事故、事件或事情时或之后，会员仅为了避免或减少其在本协会保险的全部或部分（因免赔额）责任或费用而合理产生的额外开支及费用（非本款下述第2项规定的开支及费用），但仅以在经理机构同意下所产生的或董事会决定应由本协会予以赔偿的开支及费用为限。

2. 与会员在本协会保险的全部或部分（因免赔额）责任或费用有关的法律费用及开支，但仅以在经理机构同意下所产生的或董事会决定本协会应予以赔偿的开支及费用为限。

（二十五）执行本协会指示所产生的费用

1. 会员按照经理机构为了本协会利益而提出的特殊要求行事所产生的开支、费用和损失；或

2. 如无经理机构的特殊要求，会员自己采取行动或不采取行动所产生的开支、费用和损失，但只有在经理机构认为会员的如此行事是为了本协会的利益，会员应从本协会得到赔偿时，本协会才承担赔偿责任。

第三条　附则：

1. 本协会对油污索赔的责任限制

1）当船舶由会员（不包括租船人，但包括光船租船人）或代表会员在本协会入会保险时，在符合董事会随时可能决定的条款或条件的情况下，本协会对根据本第三条第（十二）款及任何其他条款提出的与泄漏或排放油有关的任何索赔（不包括油的灭失或损害）的最高赔偿责任，为每船每事件十亿美元。

当船舶由某一租船人（不包括光船租船人）或代表某一租船人，或由数个该等租船人作为共同入会会员在本协会入会保险时，在符合董事会随时可能决定的条款或条件的情况下，本协会对根据本第三条第（十二）款及任何其他条款提出的与泄漏或排放油有关的任何索赔（不包括油的灭失或损害）和其他风险索赔的最高总赔偿责任，为每船每事件三亿五千万美元。

2）在不影响本附则第1）项的规定的情况下，对不论是因何国际公约、法令、法律、协议或其他规定所产生的油污责任，也不论是在何地理区域或贸易或其他方面所产生的油污责任，经理机构可在保险年度开始前决定排除、限制本协会对油污责任的保险，或只有在支付额外会费的条件下提供该项保险，在这种情况下，会员应按其与经理机构一致同意的会费数额及条款支付额外会费。

2. 免赔额

除非会员与经理机构另达协议，并以此作为船舶在本协会入会保险的条款，会员从本协会获得的有关赔偿应扣除下述免赔额：

1）船员伤、病、亡

根据第三条第（一）款提出的有关船员伤、病、亡的索赔应扣除每人每次靠港 500 美元免赔额；同一船员因为同一病因或伤情挂靠两个或两个以上港口就医的，对相关病情的索赔总额仅扣除一个免赔额。

2）旅客伤、亡、病

根据第三条第（二）款第 3 项提出的有关旅客伤、亡、病的索赔的免赔额为每位旅客 500 美元。

3）货物索赔和货方共同海损分摊

根据第三条第（十六）款或第（十八）款提出的货物索赔或未能向货方取得的共同海损分摊索赔的免赔额为每航次1000美元。在任一航次中发生第（十六）款和第（十八）款规定的索赔，其赔付总额仅扣除一个免赔额，免赔额为每航次1000美元。

4）罚款

根据第三条第（二十）款提出的污染罚款索赔的免赔额为每事件500美元；其他罚款索赔的免赔额为每次靠港500美元。

四、抗辩险承保风险

除非会员与经理机构另达协议，本协会根据本第四条承保会员所产生的下述费用和开支：

（一）因下列第1至10项列明事件引起的任何索赔、争议和诉讼所产生的合理开支和费用。

（二）就上述索赔、争议和诉讼或其可能的结果向律师、检验师及其他人员（但不包括会员、本协会或经理机构的人员）咨询意见所合理产生的开支和费用。

但是，除非符合下述情况，本协会对上述开支和费用不负赔偿责任：

1）会员开支和费用的产生，事先得到了经理机构的书面同意；或

2）开支和费用系由本协会根据第八条第（十一）款代表会员所产生；或

3）董事会认为开支和费用的产生是合理的，会员应从本协会得到赔偿；且

4）开支和费用未被本保险条款任何但书、保证、条件、免责、限制、免赔额或其他条款或入会条款所排除。

1. 由租船合同、提单或其他货运合同或因入会船所从事的货物运输或贸易所产生的运费、亏舱费、滞期费、延误费、速遣费、转运费、租赁费或其他事项；

2. 对入会船因碰撞事故滞留所支付的赔偿金；

3. 救助、拖带、共同海损分摊和费用（如果入会船系救助专用船/拖轮或为专用于救助而设计、改装或维持的船舶，且索赔是由于救助或试图救助所产生或是在救助或试图救助期间所产生的不包括在内，但经理机构可同意包括此类索赔）；

4. 非本协会承保的保险单；

5. 入会船遭受的损害；

6. 对有关入会船事务的正式调查的介入，或对公众团体、当局、公司或社团就有关入会船事务的干预所采取的保护；

7. 入会船的任何建造、买卖、改装或修理合同（包括与该合同有关的任何担保），但仅以合同是入会船在本协会保险开始之时或在本协会保险期间订立的为限，或以经理机构书面同意包括某项合同所产生的索赔、争议或诉讼的为限；

8. 入会船的任何抵押或抵押合同；

9. 与入会船有关的任何其他合同，但除非经理机构另作决定，不包括由管理合同所产生的争议；

10. 董事会认为属于本条规定范围内的任何其他事件。

第四条 附则：

1. 保释或担保费用

对会员为了解除或防止入会船或其任何其他财产或资产被扣押或被查封提供保释或其他担保而产生的费用和开支，本协会均不负赔偿责任，不论该保释或担保是否由本协会提供。

2. 责任限额

本协会在本条下的赔偿责任限额为每争议案 100 万美元。

3. 免赔额

本协会根据本条所作的赔偿应扣除每争议案免赔额 5000 美元。

当任一争议案的费用仅被部分承保时，本协会有权决定对该案所产生费用的赔偿比例。

4. 就本条而言,本附则上述第 2、3 和 4 项所称"争议案"的定义应由董事会根据案情逐案确定。

5. 对由于会员拥有、经营或管理入会船的业务而产生的损失、责任、费用或开支,尽管本条作出了与此相反的规定,如董事会认为属于本协会承保范围,仍可决定由本协会赔付会员任何金额,不论会员是否提出全额索赔。董事会对其决定不必说明任何理由。

6. 有关本条所承保的任何风险,对于会员寻求本协会赔偿的任一特定案件、索赔或争议,经理机构在任何情况下均有权决定是否予以支持,在行使该项权力时,经理机构应考虑其认为相关的所有因素,包括并不限于下述因素:

(1) 会员寻求本协会赔偿的有关索赔、争议或诉讼程序的整体案情;

(2) 除考虑个别会员的利益外,还应考虑全体会员的利益;

(3) 会员行为的合理性;

(4) 其决定对本协会财务状况的影响;

(5) 由会员提出或代表会员提出的措施的成本效率。

7. 经理机构可以在任何时候加诸其认为合适的条款以作为其支持会员对某个案抗辩的条件。

经理机构如果认为某个案应该结案或中止抗辩,可在任何时候从会员撤回本协会对该案的抗辩支持,自撤回支持时起,本协会对该案此后发生的任何费用和开支不负赔偿责任。

8. 入会船已投保第三条保赔保险,对可根据第三条获得赔偿的开支和费用,会员无权根据本第四条获得赔偿。

五、船舶险承保风险

除非会员与经理机构另达协议,本协会根据本第五条规定承保船舶全损险、一切险和船舶战争、罢工险。

(一) 保险标的

本协会根据本条承保的保险标的是入会船及本条下述条款所规定的责

任或费用。

就本条而言，在提及"入会船"时，应包括其船壳、救生艇、机器、设备、仪器、索具、燃料和物料。

（二）全损险

本协会根据本第（二）款承保由于下列原因造成的入会船的全损：

1. 地震、火山爆发、闪电或其他自然灾害；

2. 搁浅、碰撞、触碰任何固定的、浮动的或其他状态的物体，或其他海上灾害；

3. 火灾或爆炸；

4. 来自入会船外的暴力盗窃或海盗行为；

5. 抛弃货物；

6. 核装置或核反应堆发生的故障或意外事故；

7. 下列原因：

1) 装卸或移动货物或燃料时发生的意外事故；

2) 船舶机件或船壳的潜在缺陷；

3) 船长或船员有意损害会员利益的行为；

4) 船长、船员、引水员、修船人员或租船人的疏忽行为；

5) 任何政府当局为防止或减轻因本协会承保风险造成入会船损坏引起的污染所采取的行动，

但此项原因造成的全损应非由于会员、船东或其管理人未克尽职责所致。

（三）一切险

本协会根据本第（三）款承保上述第（二）款规定原因造成的入会船全损或部分损失或损坏，以及下列责任或费用：

1. 碰撞责任

1) 入会船与其他船舶碰撞或触碰任何固定的、浮动的或其他状态的物体所产生的法律赔偿责任。

但本协会对与下列事项有关的责任不负赔偿责任：

（1）人身伤、亡或疾病；

（2）入会船所载的货物或财物或其所承担的责任；

（3）移除或处置障碍物、残骸、货物或任何其他物体；

（4）对任何财产或物件的污染或沾污（包括预防措施或清除作业所产生的费用），但与入会船舶发生碰撞的他船或该他船所载财产所遭受的污染或沾污不在此例；

（5）任何固定的、浮动的或其他状态的物体的延迟或丧失使用所产生的间接损失和费用。

2）当入会船与他船碰撞，且碰撞两船互有过失时，除非一船或两船船东的责任受到法律的限制，本条第（三）款第1项下的赔偿责任应按交叉责任原则计算。当入会船触碰物体时，亦适用此原则。

3）本协会在本项下的赔偿责任（包括法律费用）是本第（三）款其他项规定责任之外的一项另行支付的责任。但本协会对每次碰撞或触碰事故所负的赔偿责任不超过入会船的保险金额。

2. 共同海损和救助

1）入会船的共同海损、救助、救助费用的分摊部分。入会船若发生共同海损牺牲，会员可获得对这种损失的全部赔偿，而无须先行使向其他方索取分摊款的权利。

2）共同海损的理算应在相关合同规定的理算地按合同规定的法律或理算规则办理。合同未规定的，应按现行《北京理算规则》在北京理算。

3）当所有分摊利益均为会员所拥有，或当入会船空载航行并无其他分摊利益时，共同海损的理算应按《北京理算规则》（第5条除外）或明文同意的其他类似规则办理，如同各分摊利益不由同一人拥有一样。该航程应被视为自入会船从起运港或起运地至抵达其后除避难港口或地点或仅为加油的挂靠港口或地点外的第一个港口或地点为止，若在上述中途港或地点放弃原定航程，则该航程应被视为在该处终止。

3. 施救

1）由于本协会承保风险造成入会船灭失或损坏，或入会船因承保风险处于紧迫危险之中，会员为防止或减少可根据本条规定得到赔偿的损失而支出的合理费用。

但，本项规定不适用于共同海损、救助或救助费用，也不适用于第五条另有规定的费用。

2）本协会在本项下的赔偿责任是在本第（三）款其他项规定责任之外的一项另行支付的责任，但本协会在本项下的赔偿责任不超过入会船的保险金额。

（四）除外责任

本协会不负责下列原因所致的责任、灭失、损坏或费用：

1. 入会船不适航，包括人员配备不当、装备或装载不妥，但以会员在船舶开航时知道或应当知道此种不适航的为限；

2. 会员及其代表的疏忽或故意行为；

3. 正常磨损、锈蚀、腐烂或保养不周，或会员克尽职责应予发现的材料缺陷，或对上述不良状况部件的更换或修理；

4. 本条第（十一）款规定的船舶战争、罢工险条款承保或除外的风险。

（五）免赔额

本协会根据本条上述第（三）款提供的保险应按下述规定扣除免赔额：

1. 对承保风险所致部分损失的赔偿，每次事件应扣除入会船入会证书规定的免赔额（不包括有关碰撞责任、救助、共同海损或施救的索赔）。

2. 在两个连续港口之间的单独航程中，因恶劣气候造成损失的数项索赔应按一次事件处理。

本款规定不适用于入会船全损索赔及入会船搁浅后专为检验船底所产生的合理费用的索赔。

（六）海运

除非会员事先通知了经理机构，并接受经理机构所要求的条件及支付额外会费，本协会根据本条第（二）和（三）款提供的保险，对下列情况所造成的灭失、损坏、责任和费用不负责任：

1. 入会船被他船拖带（不包括惯常被拖带或在需要协助被拖至第一个安全港口或地点），或入会船根据会员事先订立的合同从事拖带或救助服务。但与装卸有关的常规性拖带不在此例。

2. 入会船与他船（非港内或近岸小船）在海上直接装或卸货物，包括两船驶近、并靠和驶离。

3. 入会船（不论有无货载）为拆船意图或为拆船出售意图所进行的航行。

（七）延续和延扩承保

1. 如入会船在本协会的保险期间到期时尚在航行中或处于危难中，或在避难港或中途港，经会员事先通知经理机构，并按日比例支付超期会费，本协会对该船的保险将延续到该船抵达目的港为止。该船在延续期间内发生全损的，还需另加交6个月会费。

2. 除非经理机构作出书面相反意见，在下述情况下，本协会在本第五条第（二）和第（三）款下的保险应自动终止：

1）入会船的船级社变更，或船级变动、暂停、中止、撤回或到期。但是如果发生此等任一事件时入会船在海上，该自动终止应延迟至船舶到达下一港口时。如果此种船级变动、暂停、中止或撤回是由第五条承保的损失或损坏造成的，则本协会对该船的保险应仅在该船未经船级社事先同意于下一港口开航时自动终止。

2）自愿或以其他方式变更入会船所有权或船旗，或入会船转给新管理人，或光船出租，或被征购或被征用。但是如果入会船上载有货物并已从装货港开航或在海上空载航行，经会员要求，该自动终止应延迟，直至船舶继续其计划航程，载货船抵达最后卸货港时为止，空载船抵达目的港时为止。

3. 当入会船违反任何有关货物、航线、航行区域、拖带、救助服务或开航日期的保证或入会保险条款，除非会员在知悉后立即通知经理机构，并接受经理机构修改的承保条件及加付经理机构要求的会费，否则本协会对该船的保险责任自动终止。

（八）退费

本协会根据本第五条第（二）或第（三）款提供的保险，在下列情况下办理预付会费退费：

1. 入会船退出或终止在本协会的保险时，在不影响本保险条款第十六、十八、二十四、二十五和二十六条效力的情况下，自退出保险或终止保险之日起至原保险期间届满之日止，应按净预付会费的日比例计退给会员。但本款规定不适用于根据本条上述第（七）款第3项规定而自动终止保险的情况。

2. 入会船在本协会同意的港口或闲置区域内连续停泊超过30天时，不论该船是否是在船厂或船坞修理，还是在装卸货物，停泊期间的净预付会费按日比例的50%计退。如果根据本款规定可得到退费的连续30天以上的停泊期间跨连同一会员投保的两个连续保险时，本协会仅按本协会承保的实际停泊天数所占的比例计退净预付会费。

但，本款上述第1和第2项规定不适用于在保险期间或其延续期间船舶发生全损的情况，不论该船舶全损是否是由于本协会承保风险所造成。

（九）招标

1. 当入会船受损并需进行修理时，会员应像一个精打细算的未投保船东那样对受损船舶的修理进行招标以获取最有利的报价。

2. 经理机构也可对入会船的修理进行招标或要求会员再次招标。如果发出了招标，且经经理机构的认可而接受了投标，则本协会将对会员仅因按经理机构要求而发出招标，在发出招标时起至接受投标时止的时间损失期间所支付的燃料、物料及船长、船员的工资和给养给予补贴。但此种补贴不得超过在相关保险年度船舶保险价值的30%，不足一年的，按日比例计算，但以会员在接到经理机构的认可后毫无迟延地接受投标的为限。

上述补贴应扣除以下款项：在燃料、物料及船长、船员工资和给养方面得到的赔偿，包括可作为共同海损的款项，以及从第三方得到的延迟损害赔偿金和/或利润损失和/或营运费用。

3. 会员可决定受损船舶的修理地点，但如会员未像一个精打细算的未投保船东那样行事，经理机构有权对会员决定的修理地点或修理厂商行使否决权或从本协会的赔款中扣除由此而增加的任何费用。

（十）索赔和赔偿

1. 全损

1）入会船发生完全损毁或者严重损坏以致不再成为原被保险的同种标的，或会员不可挽回地丧失该船舶，作为实际全损，按保险金额赔偿。

2）入会船在预计到达目的港的日期后超过两个月仍无行踪消息的，可作为实际全损，按保险金额赔偿。

3）入会船实际全损似已不可避免，或者恢复、修理和/或救助的费用或者这些费用的总和超过入会船保险价值的，可被视为推定全损，在向本协会发出委付通知后，不论本协会是否接受委付，按保险金额赔偿。如本协会接受了委付，该船应归本协会所有。

4）入会船发生全损时，本协会在本条下的保险即自动终止，但会员仍应向本协会交纳全年会费。

会员只有在向本协会支付了全部应付款项（包括并不仅限于全部会费及根据第二十五和第二十六条规定所应支付的所有会费和款项）时，才有权从本协会取得全损赔付。

2. 部分损失

不属于实际全损或推定全损的任何损失为部分损失。

1）对在本项下的索赔的赔偿，不作以新换旧的扣减。

2）本协会对船底铲刮、除锈或喷漆的索赔不负责任，除非该索赔与被保险事故所造成的船壳板损坏修理直接有关。

3）会员为使入会船适航而做必要的进坞修理，和/或入会船按常规进坞检修时，需同时就本协会所承保的损坏进行修理，则进出船坞的费用和船坞的使用费用应由本协会和会员平均分摊。

如入会船需就本协会所承保的损坏进坞修理时，会员在该船在坞内期间进行检验或其他修理工作，只要会员的检验或修理工作未延长入会船在坞时间或未增加船坞费用，本协会将全额支付船坞费用，不作任何扣减。

4）本协会不负责赔偿会员为获取或提供资料和文件而花费时间和劳务所索要的报酬，也不负责赔偿会员委派的或代表其行事的任何管理人、代理人、管理公司或代理公司或类似公司为进行此项服务所收取的佣金或费用，除非这些报酬、佣金或费用是经经理机构的事先同意而产生，并以此为限。

5）如果入会船保险金额低于约定价值或共同海损或救助费用的分摊价值，本协会对本项承保的损失和费用的赔偿，应按保险金额与约定价值或分摊价值的比例计算。

6）如果入会船与同一会员所拥有的或与和入会船属同一管理机构的另一船发生碰撞，或接受该另一船的救助，本协会在本项下的责任，应与假定该另一船完全属于第三方时其所承担的责任相同。

（十一）船舶战争、罢工险

1. 责任范围

本协会根据本第（十一）款承保由于下述原因造成的入会船灭失、损坏、碰撞责任或共同海损、救助或施救费用：

1）战争、内战、革命、叛乱或由此引起的内乱或敌对行动；

2）捕获、扣押、扣留、羁押、没收或封锁，但由该等事件引起的索赔必须从事件发生日起满六个月才能受理；

3）任何战争武器，包括水雷、鱼雷、炸弹；

4）罢工、被迫停工或其他类似事件；

5）民变、暴乱或其他类似事件；

6）任何人怀有政治动机的恶意行为。

2. 除外责任

由于下列原因引起的入会船的灭失、损坏、责任或费用，本协会不负赔偿责任：

1）原子弹、氢弹或核武器爆炸；

2）入会船船籍国或登记国政府或地方当局所采取的或根据其命令所

采取的对入会船的捕获、扣押、扣留、羁押或没收；

3）入会船被征用或被征购；

4）联合国安理会任何常任理事国之间爆发战争（不论宣战与否）。

3. 保险的终止

1）本协会或会员有权在任何时候发出通知解除在本第（十一）款下的保险，此项解除在发出通知后7天届满时生效；

2）不论是否发出解除通知，本协会根据本第（十一）款规定提供的保险在下列情况下应自动终止：

（1）任何原子弹、氢弹或核武器的敌对性爆炸，不论此种爆炸发生于何时、何地，也不论是否涉及入会船；

（2）联合国安理会任何常任理事国之间爆发战争（不论宣战与否）；

（3）入会船被征用或出售。

4. 承保原则

1）本第（十一）款下的船舶战争、罢工险系本协会在本第五条所承保的船舶险的附加险。本第五条第（一）至（十）款规定的船舶险的相关条款也适用在本第（十一）款下承保的船舶战争、罢工险，但有抵触时，就船舶战争、罢工险而言，应以本第（十一）款的规定为准。

2）本协会对可由其他保险负责的任何索赔不负赔偿责任。

3）如本第（十一）款规定之保险由于本款第3项规定的原因终止时，在不影响本保险条款第十六、十八、二十四、二十五和二十六条效力的前提下，净预付会费可按日比例退还会员。本第（十一）款下的保险不办理停泊退费。

六、特别保险

（一）除非本协会章程或本保险条款明文禁止，经理机构可根据特别条款接受船舶在本协会入会保险，向会员提供第三、四和五条规定以外的任何特别或额外风险的保险。承保风险的种类和范围以及保险的条款应由会员和经理机构达成书面协议。

（二）尽管有第二条第 5 款规定，本协会仍可根据特别条款承保非与入会船有关或非与入会船的经营有关的风险。但是对此项风险的保险应由会员和经理机构达成明确书面协议。

（三）在不影响第十三条第三款规定的情况下，经理机构可对本条款第六条、第七条所承保风险的全部或部分进行再保险，当已安排该再保险后，会员仅有权获得从再保险安排实际追偿所得的净金额，以及协会自留风险（如果有的话）部分。

七、对租船人、特殊作业和客轮的特别保险

在不影响第六条规定原则的条件下，本协会可承保与会员在入会船上的利益或与其作为船东对入会船的经营相称的下述风险，但仅以与经理机构达成的书面特别协议且根据经理机构要求的条款和条件给予保险。

（一）对租船人的特别保险

当某船以租船人名义或代表租船人在本协会入会保险时，本协会根据经理机构书面同意的条款和条件承保下述责任、损失和费用：

1. 租船人对入会船船东或二船东有关第三条规定风险所承担的责任及其附带的开支和费用。

2. 尽管有第八条（通用规则）第（四）款第4.1)，2) 和 3) 项规定，租船人对入会船的灭失或损坏所承担的责任及其附带的开支和费用。

3. 尽管有第八条（通用规则）第（四）款第4.2) 项规定，租船人因其在入会船上的燃料、燃油或其他财产灭失或损坏所遭受的损失。

（二）对特殊作业的特别保险

对会员从事第八条（通用规则）第（四）款第 5 项或本保险条款其他条款排除保险或限制保险的作业所产生的，或在从事任何此等作业过程中所产生的任何责任、罚款、损失、开支或费用，本协会可按会员与经理机构达成的明确书面条款和条件给予保险。

（三）对客轮的特别保险

本协会可按经理机构书面同意的条款和条件承保客轮会员下述风险：

1. 对任何旅客行李物品的灭失或损坏的责任，或对任何旅客的伤、病或死亡以及与之有关的医药、住院、丧葬费（包括尸体运送费用）的责任。但以在第三条第（二）款第 3 项下不能取得赔偿的责任、开支和费用为限。

2. 尽管有第八条（通用规则）第（四）款第 4.6）项规定，由于入会船发生海难事故而对原欲乘坐入会船的旅客支付赔偿金或补偿费的责任，包括其旅费及基本生活费。

3. 会员违反合同或相关规定，未在入会船上提供设施或未提供与在入会船上的旅程有关的设施，根据其法定义务向旅客支付赔偿金或补偿费的责任。

八、通用规则

（一）会员先付，代位求偿和转让

除非董事会另作决定，会员从本协会取得对任何责任、开支或费用的赔偿的先决条件，是其必须首先解除该责任和付清该开支或费用。

在不影响经理机构根据本条第（九）款规定行使索赔处理权的情况下，如果本协会向会员或根据代表会员所出具的担保而向第三方作出了赔付，而该会员就本协会已作出赔付的索赔或事件对某第三方享有要求分摊、赔偿的权利或其他权利，则本协会应从该会员得到以本协会赔付款项为限度的对该索赔或事件的代位求偿权，包括从该第三方索回款项前，因此项赔款所生利息的权利，以及对为行使该等权利而产生的任何费用的追索权。

会员同意作为受托人为本协会持有该等权利，并根据本协会作出的有关执行权利或索回款项的指示而采取措施。所有追回款项，包括利息和无论何时如何取得的任何款项均应付还本协会。但是，如果追回的所有款项超过了本协会支付的款项（包括利息及不论是否已支付给第三方的费用或是否已由本协会产生的费用），其剩余款项应由会员所得。

在本协会要求时，会员应将该等权利依法转让给本协会。

如果由于法律规定，该等权利不能转让或转移，则会员保证不自行解除权利，或保证按照本协会的要求而采取措施以向第三方行使该等权利。

（二）付费获偿和冲抵

在不影响本保险条款任何其他规定的情况下，会员从本协会取得对其任何灭失、损害、责任、开支和费用的赔偿的先决条件，是会员或其权益受让人或代表会员的其他人先向本协会付清所有到期会费或其他应付款项。

但是本协会可以放弃此项先决条件，在这种情况下，本协会有权将本协会应付给会员的任何款项冲抵会员应付给本协会的任何款项。

在不影响本保险条款任何其他规定的情况下，本协会有权将本协会应付会员的任何款项冲抵该会员应付本协会的任何款项。

（三）责任限制

1. 基本原则

在符合本保险条款以及船舶入会保险的任何特别条款和条件的情况下，本协会对入会船承保可依据法律（包括任何有关责任限制的法律）进行判定和确立的责任。本协会对超过法律规定责任的任何金额不负赔偿责任。如果某船仅以其部分吨位在本协会入会保险，除非经理机构已以特殊条款接受了该船如此保险，本协会对会员的任何赔偿应按该船入会吨位与其全部吨位的比例（"相关比例"）支付。如果根据本保险条款，会员的索赔应受任何其他责任限制的制约，则本协会对会员的赔偿应在适用该责任限制后按该相关比例计付。

2. 租船人

当某船以租船人（不包括光船租船人）的名义或代表该租船人在本协会入会保险时，除非该租船人与经理机构另达书面协议，本协会对该租船人提出的与该船在本协会入会保险有关的任何索赔的赔偿责任，应限于假定该租船人是该船登记所有人，并已申请责任限制且未被否定的情况下所能限制的责任。

3. 油污责任

除非本协会可将其责任限制为一个更低的数额，否则本协会对任何有关油污索赔的赔偿责任不超过第三条附则 1 规定的限额。

除非董事会另作决定，上述责任限额不仅应适用于任何一条入会船发生的每件事件，也应适用于不论是涉及一条船舶还是数条船舶的溢漏油或溢漏油威胁的事件，还应适用于根据第三条任何一条或数条条款所提出的所有油污索赔。如果所有此种索赔的总额超过了该责任限额，则本协会对每一索赔的赔付责任应限于该责任限额按每一索赔金额与所有索赔总金额的比例计算的数额。

本款上述规定及下述但书所指的"油污索赔"，在不影响本保险条款另有规定的情况下，应指有关泄漏或排放油类或任何泄漏或排放油类的威胁或后果而无论怎样产生的责任、开支、损失或费用，但不包括对此项油类自身的灭失或损坏的责任。

但是：

1）如果入会船在海难事故发生后向他船提供救助或其他协助，则会员因该救助、协助或该海难事故而产生的油污索赔，应与同样从事与该海难事故有关的救助或协助的任何其他船舶所产生的与油污有关的任何责任或费用合并计算。该任何其他船舶应是在本协会或在属于国际保赔集团分摊协议成员的任一其他保险人投保油污风险的船舶。

在此种情况下，本协会的责任限额应是第三条附则 1 规定的限额按该会员的索赔金额与所有索赔总金额的比例计算的数额。

2）如果某船由某人或代表某人（不包括租船人，但包括光船租船人）在本协会入会保险，还以该人或任何他人名义或代表该人或任何他人（不包括租船人，但包括光船租船人），在本协会或在属于国际保赔集团分摊协议成员的任何其他保险人另行投保了油污索赔风险，则对任一事件所产生的所有该等油污索赔的赔偿总额不得超过第三条附则 1 规定的限额，本协会对在本协会入会保险的赔偿责任应限于该限额按该人员可从本协会获得赔偿的最大索赔额与可从本协会和所有其他保险人获得赔偿的所有索赔总额的比例计算的数额。

3）如果就同一船舶有数个租船人（不包括光船租船人）在本协会或属于国际保赔集团分摊协议成员的任何其他保险人保险，除非董事会根据本条第（三）款第 3 项规定另作决定，所有租船人对任一事件所产生的所有油污索赔可获得赔偿的总额，不得超过第三条附则 1 规定的责任限额。本协会对在本协会入会保险的每一租船人的赔偿责任应限于该责任限额按每一租船人可从本协会获取赔偿的最大索赔额与所有索赔总额之比例计算的数额。

4）如果会员对任何油污索赔尚有其他保险，而该其他保险不仅赔偿限额不超过第三条附则 1 规定的责任限额，而且也非属本协会事先书面同意的限额分配安排，则：

（1）本协会的上述责任限额在适用该索赔时应扣减该其他保险所规定的限额；

（2）本协会对未超过该其他保险规定限额的索赔不负赔偿责任。

4. 旅客或船员

就本段及附文而言，在不影响本条款其他规定的情况下，"旅客"是指依据旅客运输合同由船舶运送的人或经承运人同意根据货物运输合同随船照料车辆或活动物的人员，"船员"是指除旅客外的其他在船人员。

除非本协会可将其责任限制为一个更低的数额，否则本协会对一起事故所产生的全部索赔的总责任不超过：

（1）对旅客的责任限额为二十亿美元，及

（2）对于由船舶所有人（租船人除外，但包括光船承租人）或代表船舶所有人入会的每一船舶，对旅客及船员的责任限额为三十亿美元。

但是：

如果船舶由某人或以某人的名义（租船人除外，但包括光船承租人）在本协会入会保险，又由该人或以该人名义的其他此类任何人在本协会或在属于国际保赔集团分摊协议成员的其他任何保险人另行投保时，

1）对于旅客责任索赔，可从本协会和/或其他此类保险人获得的总补偿不超过每事故二十亿美元，本协会的责任仅限于按该人员可从本协会获得补偿的数额占可从本协会及其他此类所有保险人获得总补偿额的比例计算的数额。

2）对于旅客及船员责任，可从本协会和/或其他此类保险人获得的总补偿不应超过每事故三十亿美元。

（1）如果对旅客的责任已按照上述1）的规定限制在二十亿美元，则本协会对船员的责任应限于余下的十亿美元按该人员可从本协会获得的补偿占可从本协会及其他此类所有保险人获得总补偿额的比例计算出的数额；且

（2）在其他情况下，本协会对旅客及船员的责任应限于三十亿美元按该人员可从本协会获得的补偿占可从本协会及其他此类所有保险人获得总补偿额的比例计算出的数额。

5. 本款上述第2项和第3项规定不适用于第五条规定的保险。

（四）除外责任

除第五条另有规定者外，本除外责任条款应适用于本保险条款承保的所有风险，但本款第1、4和5项规定仅适用于第三条规定的保险。

1. 船舶险承保风险

除非董事会另做决定，或经理机构书面同意作为船舶入会保险条款给以承保，本协会对在入会船发生导致责任、开支或费用的事件时，船舶如以其应有价值，根据与附上1/10/83学会定期船舶险条款的劳氏海运保单MAR1/1/82格式条款相当的条款或本协会第五条规定的船舶险条款足额地投保了船舶险，而本应由船舶险保险人承保的责任、开支或费用不负赔偿责任。

就本保险条款而言，在无约定的情况下，船舶应有价值系指在上述事件发生日船舶的市场价值。

2. 战争风险

当引起会员任何责任、开支或费用的损失或损坏，人员伤亡病，或其

他事故是由于以下原因造成时，本协会对会员的此项责任、开支或费用不负赔偿责任（不论会员或其雇佣人员或代理人员的任何疏忽是否是产生这些责任、开支或费用的原因之一）：

1）战争、内战、革命、叛乱、暴动或由此而引起的内乱，或由或对交战武装力量做出的任何敌对行为，或任何恐怖行为（但是，对某件行为是否构成恐怖行为存在争议时，董事会的决定应是终局性结论）；

2）捕获、扣押、扣留、禁运或羁押（船长或船员的不法行为和海盗行为除外）及其后果，或进行这些行为的任何尝试；

3）水雷、鱼雷、炸弹、火箭、炮弹、爆炸物或其他类似战争武器（仅因运输任何这些武器而产生的责任、开支和费用除外，不论这些武器是否在入会船上），但是本项除外不适用于由于政府的命令而使用这些武器，或是根据董事会或经理机构为避免或减轻本协会承保范围内的责任、开支或费用所做出的书面批准而使用这些武器。

但是：

尽管这些责任、开支或费用可能被本项规定排除，董事会仍可决定向会员提供本保险条款规定的任何或所有风险的特别保险。但是，此种特别保险的限额、条款和条件应以董事会决定的为准。

3. 核风险

本协会对由于下列原因直接或间接造成的或引起的任何责任、开支或费用，或归因于下列原因所产生的任何责任、开支或费用不负赔偿责任：

1）由于下列物质或设施产生的核辐射，或下列物质或设施的放射性、有毒性、爆炸性，或其他危险性或污染性：

（1）任何核燃料、核废料或核燃料的燃烧，或

（2）任何核设施、核反应堆或其他核装置或其核部件；或

2）任何应用原子或核裂变和/或核聚变的战争武器，或其他类似的核反应或核放射武器或物质。

但是：

1）本项除外规定不适用于入会船将"例外物质"作为货物运输所产

生的责任、损失、开支或费用。本款所指"例外物质"是指含有用于或拟用于工业、农业、商业、医学或科学目的的放射性同位素，或董事会认可的其他例外物质。

2）尽管这些责任、开支或费用可能被本第 3 项规定排除，但董事会仍可决定对该风险向会员提供特别保险。但是，此种特别保险的限额、条款和条件应以董事会决定的为准。

4. 入会船损坏，租金损失等

以符合第三条第（二十）款第（7）项及第（二十三）款规定为条件，除本项另有规定外，本协会对下述损失或费用不予赔偿：

1）入会船全部或部分灭失或损坏；

2）入会船上的任何设备或任何集装箱、索具、物料或燃料的灭失或损坏，但以这些设备或任何集装箱、索具、物料或燃料是会员或会员之关联公司或与会员在同一管理机构下的公司所拥有或租赁的为限；

3）入会船的修理费或与此有关的任何费用或开支；

4）由会员提出的或向会员提出的有关入会船全部或部分运费或租金损失的索赔。但如果此项运费或租金损失构成可从会员获得赔偿的属本保险条款承保范围内的货物责任索赔的一部分的，或经理机构同意计入该货物索赔之中的不在此例；

5）救助或救助性质的服务以及与此有关的任何开支和费用；

6）由于入会船的一项租约或其他航次任务被取消所产生的损失；

7）因不可收回债务或因任何人包括代理人的无偿债能力而产生的损失；

8）会员提出的或向会员提出的有关入会船滞期、延迟或受阻留的索赔。但如果此项滞期、延迟或受阻留构成可从会员获得赔偿的属本保险条款承保范围内的货物责任索赔一部分的，或经理机构同意计入该索赔之中的不在此例。

但是，

本项除外规定不适用于根据第三条下述条款提出的索赔：

第（十一）款　　人命救助

第（十八）款　　未能取得的共同海损分摊款

第（十九）款　　船方共同海损分摊款

第（二十一）款　对救助人的特别补偿

第（二十四）款　损害防止及法律费用

第（二十五）款　执行本协会指示所产生的费用

5. 救助船、钻探船、挖掘船及其他船、特殊作业、潜水作业等产生的某些责任、开支和费用。

对会员因此类入会船从事下述作业所产生的责任、开支和费用，除非会员与经理机构根据第六条或第七条规定达成书面特别保险协议，并以此为限，否则本协会不负赔偿责任：

1）救助作业

入会船实施救助作业或由会员提供救助（对本条款而言，救助或救助作业应包括残骸清除作业）所产生的责任、开支和费用，但是下列情况不在此列：

（1）入会船为了救助或试图救助海上人命实施救助作业所产生的责任、开支和费用；及

（2）会员（作为专业救助人）所产生的责任、开支和费用，这些责任、开支和费用由该会员与本协会达成的一项特别协议所承保，且由于该会员对入会船的经营及与会员在入会船上的利益有关而产生。

2）钻探作业

从事与石油或油气勘探、开采相关的钻探或生产作业的入会船，包括锚泊于或安置于作业场域的作为任何这种作业的一个组成部分的起居舱室，所产生的责任、开支和费用。但以这些责任、开支和费用是由钻探或生产作业所产生的，或在钻探或生产作业期间所产生的为限。

就本项规定而言，某船舶如果是（特别是）一条储油油轮，或者是一条用于储油的其他船舶，且处于下述之一情况的，应被视为在实施生产作业：

（1）油由油井直接输入储油船；或

（2）储油船上设有油气分离装置，气在储油船上从油中分离出来，而不是靠自然泄放。

对于被用以从事与开采石油或油气相关生产作业的入会船，下列期间或情形不属于协会承保范围：

（1）从入会船与油井建立起直接或非直接的连接时起，到该入会船与油井断开连接时为止，此种断开连接的目的是为了驶往港口或其他作业场所而按计划驶离作业现场；亦或

（2）入会船与油井非有意断开连接，或为应对突发状况而有意断开连接；亦或

（3）无论是否为了应对突发状况，入会船与油井虽保持连接但不再进行作业。

3）特殊作业

会员在实施特殊作业中所产生的责任、开支和费用，这种特殊作业包括但不限于挖掘、爆破、打桩、探井、电缆或管道的建筑、铺设或维修、矿样采集、矿土处置、专业溢油反应，或专业溢油反应训练和油舱清洗（在入会船上的作业除外，但不含灭火作业），以因下述事项而产生的责任、开支和费用为限：

（1）由该项作业的任何受益者或任何第三方（不论其与该项作业的受益者是否有关系）就作业的特殊性提出的索赔；或

（2）会员未能完成此项特殊作业，或会员的作业、产品或服务的效果或质量的适切性；或

（3）承包工程的任何灭失或损坏。

但是，本除外条款不适用于会员因下述事项而产生的责任、开支和费用，但仅以本协会根据本保险条款第三条规定予以承保的责任、开支和费用为限：

（1）在入会船上的船员和其他人员的伤、病或死；或

（2）入会船残骸的移除；或

（3）入会船泄漏油类造成的污染或污染威胁。

4）废料处置及潜水作业

因下列事由引起的任何索赔所产生的责任、开支和费用：

（1）由入会船进行废料焚烧或处置（但不包括作为其他商业活动中附带完成的任何此类作业，非特殊作业）；或

（2）会员使用潜水艇、微型潜水艇或潜水钟实施的作业；或

（3）会员负有责任的专业或商业潜水作业，但此种作业不包括：

i. 入会船实施救助所导致的潜水作业，而作业潜水员系入会船（或是由入会船操作的潜水钟或其他类似设施或小艇）的船员，且会员对该潜水员的作业负有责任；及

ii. 与入会船进行的检查、修理或保养有关或与入会船造成的损坏有关而附带实施的潜水作业；及

iii. 娱乐性潜水活动。

5）锚泊和膳宿供应船上人员

会员产生的与以下任何人员有关的责任、开支和费用：

（1）在入会船（用作膳宿供应船）上的人员（非船员），该等人员非被会员雇佣，且其雇主与会员间也无经经理机构同意的风险的契约性分担；或

（2）当入会船在锚泊之中（非临时锚泊），且作为旅馆、饭店、酒吧或其他娱乐场所对公众开放时，旅馆和饭店的旅客或其他游客或该船餐饮服务船员。

6）重大件货物运输

会员产生的与以下重大件货物运输有关的责任、开支和费用：对载于半潜式重吊入会船或任何其他重大件货物运输专用入会船上的货物的灭失或损坏或其残骸的处置。但如果该货物是根据"重大件货物运输标准合同"条款或经理机构书面认可的任何其他条款运输的不在此例。

6. 双重保险

除非董事会另作决定，本协会对会员可从任何其他保险下获得赔偿的

责任、开支或费用不负赔偿责任；本协会对除了在其他保险中订有对双重保险不负责任或限定责任的条款外，还假定船舶并未在本协会投保本保险条款规定风险的情况下，会员本可从该其他保险中获得赔偿的责任、开支或费用也不负赔偿责任。

7. 轻率贸易（承运违禁品、偷越封锁、非法贸易，或轻率或冒险经营）

本协会对入会船承运违禁品、偷越封锁，或从事非法贸易，或者董事会考虑所有因素后认为入会船所进行的运输、贸易或航程不谨慎、不安全、过于危险或不恰当所产生的索赔不负赔偿责任。

8. 无纸贸易

协会不承担使用除协会经理机构书面确认的电子贸易系统外的任何电子贸易系统所产生特有的那些责任、费用和损失，即如使用纸制贸易系统便不会产生的责任、费用和损失（协会对此具有唯一的裁量权）。

就本条款而言：

1）电子贸易系统是指用于货物买卖和/或海上货物运输或部分海上货物运输或其他运输方式，以替代或意欲替代纸制文件的系统，且这些文件为：

（1）物权凭证，或

（2）使持有人有权接受或占有此文件中所指的货物，或

（3）运输合同的证明，运输合同当事人凭此合同可将其权利和义务转让给第三方。

2）"文件"是指记录了任何名目信息的任何载体，包括但不限于计算机或其他电子方式生成的信息。

9. 共同入会会员、船队入会会员、集团入会会员之间的争议协会对会员与共同入会会员、船队入会会员、集团入会会员之间的争议、索赔，或共同入会会员、船队入会会员、集团入会会员之间的争议、索赔所产生的责任、损失、费用和开支不负赔偿责任。

（五）保持船级和符合法定要求

除非会员与经理机构另达书面协议，下列条件是本协会承保每条入会船的基本条件：

1. 入会船在整个入会期间必须在经理机构认可的一个船级社入级，并始终保持该船级社所给予的船级。

2. 一旦发生可使船级社建议会员对船舶进行修理或采取其他措施的任何事件或情况，会员必须立即报告该船级社。

3. 会员必须在船级社指定的时间内执行该船级社提出的与入会船有关的所有规则、建议和要求。

4. 会员认可经理机构就入会船船级的保持情况对入会船入级的任何船级社或在任何时候曾经入级的任何船级社所持有的任何资料进行检查；并授权船级社在经理机构为其认为必要的任何目的而提出要求时，向经理机构出示和提供这些资料。

5. 入会船在入会期间的任何时候更换其入级的船级社时，会员必须立即告知经理机构，并将其至更换日尚未执行的船级社对该船作出的所有建议、要求或限制告知经理机构。

6. 会员必须遵循入会船船籍国关于船舶建造、改装、状况、装备、设施和人员配备方面的所有法定要求，并必须始终保持由船籍国或代表船籍国根据上述要求以及《国际安全管理规则》和《国际船舶和港口设施保安规则》签发的法定证书的有效性。

如果会员不履行上述条件，除非董事会另作决定，并以此为限，本协会对会员在不履行或未曾履行上述条件期间所发生的任何索赔不承担赔偿责任。

但是：

如果某船仅以租船人（不包括光船租船人）的名义或代表该租船人在本协会入会保险，该租船人的获赔权利将不取决于对本第（五）款上述第2、3、4、5或6项条件的履行。

（六）船舶检验

1. 经理机构可随时指定检验师或其认为合适的其他人员代表本协会对入会船进行检验。

2. 如果入会船闲置 6 个月或 6 个月以上，不论该轮是否在该全部闲置期间在本协会入会保险还是部分闲置期间在本协会入会保险，会员一旦决定恢复该入会船营运，应在入会船离开闲置地至少 7 天前通知经理机构。经理机构收到会员上述通知后，可指定检验师或其认为合适的其他人员代表本协会对船舶进行检验。

3. 在上述第 1 和 2 项规定的情况下，会员应

1）提供进行船舶检验所需要的便利，并

2）遵循经理机构在船舶检验后提出的建议。

如果会员违反上述第 2 或 3 项规定的义务，除非董事会另作决定，并以此为限，会员无权就在违反期间发生的任何海难、事件所引起的任何索赔从本协会取得赔偿。

如果会员违反了上述第 2 项规定的义务，但在其履行了上述第 3.1）项规定的义务时，即可被视为其对第 2 项规定义务的违反终止。

尽管有上述规定，经理机构仍可根据检验情况或在会员违反第 3.1）项和第 3.2）项规定的义务时，决定立即停止会员有关入会船在本协会的保险。

（七）停泊退费

如果未载运货物且停止服务的入会船自其在停泊港口或地点最后抛锚时起连续安全停泊 30 天以上（该期间从船舶到达之日起计算到离开之日止，到达之日与离开之日仅按一日计算），会员有权获得第三条所述的保赔保险净会费返还，具体如下：

1. 如果船舶在安全港口或地点停泊，船舶的所有机器设备（包括船舶自身发电机）停止运行，并且无船员或其他人员在船上或在船边周围值守，但为了保证船舶的安保所需的最低配员除外；会员按日最高可获得 90% 净会费的返还，经理机构对此具有裁量权；

2. 如果船舶在安全港口或地点停泊，且船舶的机器设备仍在运行，对此会员按日最高可获得 50% 净会费的返还，经理机构对此具有裁量权。但以下列条件为限：

除非经理机构另有书面同意，如果船舶在停泊期间进行了有关作业、修理、整修和保养（但在停泊地点仅为船舶的安保所需的作业、修理、整修和保养除外），则会员无权按照上述 1 的规定获得退费；

尽管有上述 1) 的规定，在停泊期间所进行的船舶日常维护则不影响会员按照上述 2 的规定获得退费；

如果船舶有可能连续停泊 30 天以上，且无论其按照本条款对停泊退费的申请是否已提交或预计要提交，则：

（1）会员应立即按照经理机构要求的表格，将船舶停泊位置、船员安排和预计停泊时间等信息，以书面形式通知经理机构；

（2）在上述（1）所指的通知发出后，会员负有对船舶及停泊港口或地点的安全进行持续评估的义务，并在情况发生重大变化时，及时通知经理机构；

（3）经理机构有权但不是义务安排检验或者其他调查，以确定船舶和停泊港口或地点的安全，并且除经理机构另有书面同意，否则会员应承担该检验费或调查费；

（4）经理机构对船舶停泊的港口或地点在本条款意义上是否为安全具有唯一的裁量权。

停泊退费的申请应按经理机构所要求的表格提出；当停泊通知已提供，无论会员是否已获得停泊退费，按照本条款的规定，会员保证以下为会员获得停泊退费补偿的前提条件，即会员和船舶应当：

（1）始终遵守本条款的规定，尤其是第八条（五）款的规定；

（2）遵守对停泊港口或地点有管辖权的主管部门的法定要求，包括但不限于港口当局、港口主管机关，以及船舶险保险人所设定的条件，以及船旗国和船级社的任何要求；

租船入会下的停泊不退会费，但光租入会的情况除外；

本条款中的净会费是指除巨灾会费外，扣减不可返还的再保险费、保险佣金、行政管理费及会员应付的其他费用后的会费。

除非董事会另有决定外，停泊退费应在停泊结束或该保险年度结束后 3 个月内提出，二者以时间先者计，否则不予补偿。

经理机构有权全部或部分地承认那些按照本条款规定本应被排除在外的停泊退费的索赔。

（3）当入会船停泊期间超过 30 天以上，无论部分停泊期间是否在本协会入会期间内或者会员按照本条款的规定是否已要求退费补偿，会员应在船舶从停泊地点开航前最少 14 天通知经理机构，经理机构有权在开航前或开航后对船舶进行检验。本条款第八条（六）款应适用于停泊船舶。

（八）损害防止义务

一旦发生将导致会员向本协会提出索赔的任何海难、事件，会员和其代理人有义务采取和不断地采取各种合理的措施，以避免或减少可能由本协会承保的任何责任或费用。如果会员违反本项义务，对会员就该事件所提出的任何索赔，除非董事会另作决定，并以此为限，经理机构可拒绝赔付或对赔款扣减其决定的数额。

（九）处理索赔的权利和义务

1. 入会船一旦发生将导致会员向本协会提出索赔的每一件海难、事件或索赔，或发生致使会员产生可由本协会承保的责任、开支或费用的每一件事件或事情，会员必须立即如实通知经理机构或在必要时通知距离最近的本协会通讯代理。

2. 会员必须立即将与上述第 1 项所提及的任一事情有关的每一次检验或检验机会通知经理机构。

3. 会员必须随时将其或其代理所拥有、掌管或获知的与上述第 1 项所述海难、事件有关的任何情况、文件或报告通报经理机构，并应在经理机构要求时迅速提交给本协会，和/或允许本协会或其代理人对会员或其代理所拥有或掌管的任何种类的相关文件进行查阅、复制或拍照，还应允许本协会或其代理人对会员的雇员、代理人，或在海难、事件发生之时或之后的任何时候被会员聘用的其他人员，或本协会认为可能对海难、事件有任何直接或间接了解的或有责任在任何时候对此向会员作出报告的其他人员进行调查。

4. 会员应遵循经理机构根据下述第 7 项规定对索赔或可引起向本协会索赔的任何海难、事件所提出的处理和解决意见。

5. 会员在获取经理机构书面同意前不得对可能由本协会承保的任何索赔进行结案、认可责任或放弃对第三方追偿的权利。

6. 会员向本协会提交索赔时，如该索赔涉及第三方责任或费用，会员应将所有必要的文件移交给经理机构，并协助经理机构向第三方追偿。

7. 经理机构有权根据自己的决定：

1）掌控、指导、处理或接管处理与本协会全部或部分承保的或与可能由本协会全部或部分承保的任何责任、损失、损害、费用或开支有关的任何索赔、法律诉讼或其他行动并有权以会员的名义进行该法律诉讼；并

2）要求会员根据其认为合适的方式和条件对上述索赔、诉讼或行动做出解决、折衷处理或其他处理；

3）对会员在本协会保险的有关责任、开支或费用的赔偿，按会员解除其责任或支付开支或费用之日的货币兑换率，从其他货币兑换为会员交付会费的货币支付会员。

8. 本协会为避免或减少根据本保险条款可予赔偿的责任、损失、损害、开支或费用而采取的措施，不应被视为本协会放弃权益或承诺责任或构成对本协会权益的侵害。

如果会员违反上述第 1 至 6 项所述任何义务，对该会员就海难、事件向本协会提出的任何索赔，除非董事会另作决定，并以此为限，经理机构可拒绝赔付或对赔款扣减其决定的数额。

（十）时间限制

在不影响上述第（九）款关于会员告知义务规定的情况下，除非董事会另作决定：

1. 有关保赔保险和抗辩险

在以下情况下，会员根据第三条和第四条提出的任何索赔应予解除，本协会对此不再承担赔偿责任：

1）会员在知悉入会船发生了本条第（九）款第 1 项所述任何海难、事件或索赔的一年内，未通知经理机构；或

2）会员对任何责任、开支或费用清偿或结案一年内未将索赔案提交经理机构求偿。

2. 有关船舶险及船舶战争、罢工险会员在海难、事故或事件或损失发生后两年内未将索赔单证提交经理机构求偿，本协会对会员根据第五条提出的任何索赔不负赔偿责任。

（十一）担保

本协会无义务为释放或防止扣押或查封入会船或会员或会员之关联公司或与会员在同一管理机构下的公司所拥有或管理的任何其他船舶、财产或资产（包括运费或到期款项），或为释放或防止拘留该等船舶的任何船员而提供保释或其他担保。但本协会可同意以必要的条款就某个案提供保释或其他担保。如果本协会同意提供保释或其他担保，会员应遵守下述第 1 至 7 项规定或由经理机构与会员对该等规定作出的任何变更而订立的特别协议：

1. 本协会提供保释或其他担保并不构成本协会对与此有关的索赔承认责任。

2. 本协会有权对因提供保释或其他担保而产生的费用从会员取得偿付，但如由会员产生的该项费用可根据第三条第（二十四）款从本协会取得赔偿的不在此例。

3. 本协会有权对提供保释或其他担保向会员收取保释或担保金额的每年 1% 手续费，或经理机构认为合适的其他数额的手续费。

4. 本协会同意提供保释或其他担保时，会员应按本保险条款附件 2 会员《担保标准格式》向本协会出具担保。

5. 会员应在本协会决定的日期，向本协会支付本协会为之提供保释或

其他担保且属于本协会承保范围的任何责任、损失、开支或费用所适用的任何免赔额款项。

6. 不论会员是否向本协会出具担保，如果本协会为会员提供了保释或其他担保，则上述第4项所提及的会员《担保标准格式》的条款应作为本协会与会员一致同意的条款；会员《担保标准格式》的条款和条件对会员有约束力，如同会员已向本协会出具了具有这种条款和条件的担保一样。

7. 如果本协会根据本款规定提供了保释或其他担保，而会员未能遵循本协会根据第八条提出的要求或作出的指示，则本协会有权向会员发出14天的书面通知（除非本协会在此期间已被解除了其在该保释或担保下的责任），以会员的名义对会员收到的索赔或可能的索赔进行抗辩、结案或作出其他处理。会员应在本协会要求时，偿付本协会由于行使本项规定的权利而产生的任何损失、损害、责任、开支和费用。但是如果损失、损害、责任、开支和费用是由会员产生的且可从本协会得到赔偿的不在此例。

8. 在任何情况下本协会不提供现金担保。

（十二）证书

尽管有第八条（四）款2、3项的除外规定，应会员的要求，本协会签发下述担保或证书，并以会员的名义承担因此所产生的责任、开支和费用：

1. 本协会根据美国法典89—777第2章规定向美国联邦海事委员会提交的担保或其他保证；或

2. 本协会根据1969年或1992年国际油污损害民事赔偿责任公约第7条或任何修订案签发的证书；或

3. 本协会根据1992年国际油污赔偿基金有关小型油轮油污赔偿协议签发的担保；或

4. 根据2001年国际燃油油污损害民事责任公约第7条签发的证书；或

5. 按照2007年内罗毕残骸清除国际公约第十二条由协会出具的证书；或

6. 按照经修订的 2006 年《海事劳工公约》规则 2.5.2、标准条款 A.2.5.2、导则 B.2.5 以及规则 4.2、标准条款 A.4.2.1、导则 B.4.2 或者为实施 2006 年《海事劳工公约》所制定的类似法律规定，由协会出具的证书；该证书一旦被出具，2016 年《海事劳工公约》延展条款将适用或被并入其中；或

7. 按照在当前保险年度内生效的其他法律、法规或者国际公约的规定，由协会签发的保函、担保或者证书。

但是：

1. 对于本协会仅因出具担保、保证或证书而承担的责任、开支和费用，会员应将其从标准保赔战争保险中获得的赔款补偿给本协会，如会员未安排标准保赔战争保险或虽安排了但因未完全履行该保险项下的义务从而无权从该保险项下获得赔款，则应将其视同安排了标准保赔战争保险且完全履行了该保险项下的义务从而有权从该保险项下获得赔款。在此情况下，会员应将其本应从标准保赔战争保险中获得的赔款补偿给本协会。并且

2. 会员承诺：

1）本协会因出具担保、保证或证书而承担的责任、开支和费用，在会员从任何其他保险或本协会提供的延展保险中获赔的任何款项的限度内，视为会员从本协会获得的贷款，并且

2）以本协会自由裁量所决定的可行的范围和条款，将会员在任何其他保险下所享有的一切权利或向任何第三者索赔的一切权利转让给本协会。

（十三）律师及其他人员的聘用

1. 在不影响本保险条款任何其他规定以及不放弃本协会根据下述规定而享有的任何权利的情况下，经理机构可在任何时候代表会员以其认为合适的条款委托和聘用律师、检验师或其他人员（不论会员是否已经委托和聘用了律师、检验师或其他人员），对可导致会员向本协会索赔的任何事件进行处理，包括并不仅限于对任何此项事件进行调查或提出意见，及提

起法律的其他形式的程序，或对有关法律的或其他形式的程序提出抗辩。经理机构也可以在其认为合适的时候中止此项聘用。

2. 本协会仅对会员经经理机构事先同意所聘用的，或经理机构代表会员所聘用的上述第 1 项所述人员所产生的费用和开支负责。

3. 会员经经理机构事先同意委托和聘用律师、检验师或其他人员，或经理机构代表会员委托和聘用律师、检验师或其他人员，均应按照或被视为按照以下条款进行委托和聘用：

1）被聘律师、检验师或其他人员有权在经理机构或者会员的要求下退出聘用，或者在他们认为本协会和会员之间已经产生或可能产生利益冲突而应该退出的情况下退出聘用（不影响其基于任何其他原因而退出聘用的权利）；

2）被聘律师、检验师或其他人员已得到会员指示，（在整个受托或被聘期间及退出聘用以后）自始至终向经理机构就事件提交意见并作出报告，而无需先向会员提交意见报告；

3）被聘律师、检验师或其他人员应向经理机构提交其掌握或控制的有关事件的任何文件或信息，而无需先向会员提交；如同他们自始至终受托代表本协会行事一样，尽管任何这些意见、报告、文件或信息将另受法律的或任何其他形式的特权所保护。

（十四）利息

本协会对其应付会员的任何款项不支付利息。

（十五）会员的故意不当行为

本协会对会员明知入会船不适航仍派或任其开航而产生的任何责任、灭失、损害、开支或费用不承担赔偿责任。本协会对由于会员的故意不当行为所产生的任何责任、灭失、损害、开支或费用不承担赔偿责任。

（十六）电子通讯

本协会以任何电子通讯形式发出或接收的任何记录或文件，在无显然错误的情况下，应是该项通讯以及对该项通讯的发出或接收的最终证据。

（十七）制裁风险

1 如果由于协会对于船东的任何责任、开支或费用提供保险、进行赔付或者给予任何利益，而使协会成为或将要成为任何相关主管当局或政府的制裁、禁令、限制或打压行为的对象或遭受此类风险时，协会将对此等责任、开支、费用不予补偿。

2. 如果由于任何相关主管当局或政府对国际保赔集团分摊协议下的任何成员和/或再保险人支付款项的制裁、禁令、限制、打压行为或此风险导致协会就任何责任、成本、费用从该成员或再保险人处取得的赔偿出现短缺，则在任何情况下，船东均无权就该责任、成本、费用的短缺部分从协会获得赔偿。就本段而言，"短缺"包括但不限于由于该分摊协议成员或再保险人延迟付款或根据相关主管当局或政府的要求，将款项汇至指定的账户，从而导致协会无法获得赔偿或延误获得赔偿的情况。

3. 尽管有其他规定，在不影响本协会条款其他规定的情况下，当董事会认为船东使得或将要使得本协会成为或将要成为相关主管当局或政府制裁、禁令、限制或打压行为的对象，其将严重影响本协会时，董事会可以决定终止对该船东任何一条或所有入会船舶的保险。

（十八）适用中国法律

本保险条款及本协会订立的所有保险合同均应适用中华人民共和国法律，但是，《保险法》除外。

九、入会保险申请及告知义务

（一）会员应在入会申请时将影响本协会据以确定会费或确定是否同意承保的任何重要情况，如实告知本协会，并随时将改变本协会承保风险、条件或条款的任何重要情况，如实告知本协会。

本协会保险成立的先决条件是：会员向本协会提供的所有信息应是完全的和真实的，但以会员知道或在通常业务中应当知道的为限。

（二）任何要求将船舶投入本协会保险的申请人应按经理机构随时要求的格式提交入会保险申请书，并提供有关船舶的规范。船舶入会保险申请可在任何时候提交。

（三）入会保险申请一经被接受，申请人在申请书上填报的船舶规范及其在申请入会保险时或在协商变更保险条款的过程中向经理机构提供的任何其他信息，应被视为构成申请人与本协会之间的保险合同的基础。

（四）经理机构有权拒绝接受某船在本协会入会保险，且不必说明任何理由，不论提出此项申请的申请人是否是本协会会员。

十、共同入会保险及船队入会保险

（一）如果某船以数人的名义或代表数人（"共同入会会员"）投入本协会入会保险，则有关每一共同入会会员均有权从本协会获得赔偿以及本协会有权向全体共同入会会员收取互助会费或固定会费的条款，应作为全体共同入会会员与经理机构书面同意的条款。

（二）除非另有书面协议，全体共同入会会员对有关该项入会保险而应付本协会的所有会费、摊款或其他款项的支付承担连带责任，任一共同入会会员对有关该项入会保险收取了本协会支付的任何款项，应作为本协会对该款项支付责任的充分履行。

（三）任一共同入会会员未告知其所知悉的重要情况应被视为全体共同入会会员未告知。

（四）任一共同入会会员导致本协会拒绝赔偿的行为应被视为是全体共同入会会员的行为。

（五）除非经理机构另给书面同意，由本协会或代表本协会向任一共同入会会员发出的任何通讯应被视为为全体共同入会会员所获知，任一共同入会会员发给本协会、经理机构或他们的代理人的通讯应被视为得到了全体共同入会会员的完全同意和授权。

（六）船队入会保险

当数条船舶由一个或数个会员加入本协会保险，且经理机构书面同意该数条船舶按一个船队入会保险来处理时，如果该数条船舶由数个会员加入本协会保险，则该数个会员应对有关该项入会保险而应付本协会的所有会费、摊款或其他款项的支付承担连带责任。就本款下的保险而言，该数个会员应被视为是一个单个会员，该数条船舶应被视为是代表该单个会员在本协会入会保险。本条上述第（一）款至第（五）款的相关规定，也应适用于本款规定的船队入会保险。

（七）本条款下所提供的保险应仅延展到船东通常从事或者负责的营运或活动中所产生的风险、责任和费用，以及本条款和入会证书中载明的特别条款所规定的承保范围之内。

十一、集团会员入会保险

（一）经理机构可根据这样的条款接受任何船舶在本协会入会保险，即，在本条下述第（二）和第（三）款规定的限度内，以及根据该两款规定的条件，本协会就该船向会员提供的保险将延展至附属于或关联于该会员的任何人员或公司。本协会与任何该等人员或公司（均被称之为"集团会员"）之间的权利和义务，在符合下述第（二）和第（三）款规定的情况下，应为该会员与经理机构书面同意的权利和义务。

（二）根据本条上述第（一）款规定，本协会延展至集团会员的保险，应限于对与他们产生的责任、开支或费用有关的索赔的赔偿，且以符合下述情况的为限：

1. 如果该索赔是向入会船会员提出，该会员也将产生相同的责任、开支和费用；且

2. 该会员有权根据该船在本协会保险的条款从本协会取得赔偿。

（三）本协会对任一事件向会员以及根据本条规定已得到延展保险的所有集团会员承担的全部赔偿责任，不应超过该会员就该事件可从本协会取得赔偿的款额。该会员和任一集团会员从本协会收取该款项或收取总数为该款额的数笔分别支付的款项，应作为本协会对其赔偿责任的全部及充分的履行。

（四）如按照本条款承保的任一当事方的行为使协会拒绝对其进行补偿，则该行为应被视为同一入会的所有被保险人的行为。

十二、入会证书和保险背书

（一）本协会接受船舶入会保险申请后，以及随后的每一续保保险年度开始时，经理机构应尽快向该船会员签发船舶入会证书。该入会证书格式可由经理机构随时制定，入会证书应载明保险期间开始之日或视具体情况载明保险年度，以及该船舶入会保险的条款和条件。

（二）在任何其他时候，如果经理机构和会员同意对任何入会船变更入会保险条款，经理机构应随后尽快向会员签发保险背书，保险背书应载明变更的条款以及此项变更生效的日期。

（三）按上述规定所签发的每份入会证书和保险背书，关于保险期间的起始，船舶入会保险的条款和条件，以及任何变更的条款和此项变更的生效日期均为最终证据，从各个方面均有约束力。但是如果经理机构认为某一入会证书或保险背书存在错误或疏漏，可签发一份新入会证书或新保险背书，此份新入会证书或新保险背书将为最终证据并具有如上所述之约束力。

十三、再保险

（一）除非本协会章程或本保险条款明文禁止，经理机构可代表本协会订立再保险合同，对其他协会或保险人承保的任何一条或数条船舶所产生的风险给予再保险，或对任何其他协会或保险人承保的全部或任何部分或任何比例的保险业务给予再保险。

本协会可得会费或保费以及本协会接受再保险的条款和条件应由经理机构与该其他协会或保险人达成协议。

除非另有书面协议，其他协会或保险人应在各个方面遵循本保险条款规定并受本保险条款规定约束。其他协会或保险人与本协会的合同应在这样的状况下实施，即在各个方面，该其他协会或保险人如同是可能产生相关风险的任一条或数条船舶的船东，且作为船东已将船舶在本协会进行了入会保险。

（二）本协会可成为或继续成为国际保赔集团分摊协议或任何类似性质或目的的其他协议的成员。

（三）经理机构有权代表本协会以其认为合适的条款对本协会所承保的任何风险（包括本条上述第（一）或（二）款所提及的再保险或根据国际保赔集团分摊协议而可能承担的任何风险）向其认为合适的再保险人分出保险。

十四、会员

（一）任何船东，均可申请将其具有有效船级证书和由船籍国或代表船籍国签发的所有法定证书的船舶投入本协会入会保险。如果本协会同意按照向本协会支付互助会费的条款（"互助会费入会保险"）接受其申请，并将其姓名或名称记入会员登记簿，则自本协会同意接受该船舶入会保险之日起，该船即为入会船，该船东即为会员。

（二）如果本协会同意按照向本协会支付固定会费的条款（"固定会费入会保险"）接受某船在本协会保险，则经理机构可决定该船船东是否成为会员。

（三）如果本协会根据第十三条第（一）款规定同意接受对任何风险的再保险，则经理机构可决定被本协会再保险的保险人和/或被该保险人承保的船东是否成为会员。

（四）如果以某船东名义在本协会入会保险的所有船舶不论由于什么原因而终止保险，该船东将不再是会员。任何再保险不论何时终止，在本协会再保险的保险人以及该保险人承保的船东，如果他们之前曾是会员的话，将不再是会员。

（五）除非会员与经理机构就本保险条款的任何变更另达书面协议，并以此作为船舶在本协会入会保险的条款，会员向本协会提出其船舶在本协会入会保险申请且已被本协会接受的事实，应被视为是该会员接受并同意其船舶根据本保险条款的各项规定在本协会入会保险的证据，本保险条款的各项规定应包括并不仅限于承保风险、免责条款、免赔额、责任限制等规定。

（六）会员应根据第十六、十七、十八、二十四、二十五和二十六条规定按时交纳会费。

（七）就在本协会的保险而言，除本保险条款另有明确规定外，在本条第（五）款、第（六）款及本保险条款其他相关条款中，在提及"会员"时，应被视为包括在本协会保险的会员，也包括在本协会保险的船东，和在本协会再保险的保险人及被该保险人承保的船东，而不论他们是否被本协会根据本条规定接受为会员。

十五、转让

（一）如无经理机构的书面同意，会员不得转让本协会提供的保险以及根据本保险条款或其与本协会订立的任何合同所获得的利益。

经理机构有权给予或拒绝给予该项书面同意且不必说明任何理由，或以其认为合适的条款或条件给予该项书面同意。除非经理机构另作决定，未得到经理机构书面同意或未遵循经理机构加诸的条款和条件所做的任何所谓的转让均为无效。

（二）本协会在解决受让人提出的任何索赔时，有权扣留经理机构认为足以清偿让与人欠本协会债务的款额（无论该项债务及其孳息在转让时是否存在或已经增长或随后可能增长），不论经理机构是否明确说明本协会的该项权利作为其同意转让的条件。

十六、互助会费和保证

（一）互助会费

1. 在本协会入会保险的船舶的会员应对任一有关保险年度（非根据第二十三条规定而关账的保险年度），就其在本协会入会保险的船舶（不包括固定会费入会保险的船舶），以交纳互助会费的方式向本协会提供董事会认为所需的全部基金，以便用于：

1）支付董事会认为本协会在该保险年度中开展保险业务所需要的基

本费用；

2）支付本协会对该保险年度的赔款、费用和保险业务开支（不论是否是已发生的、增长的或预计的），（在不影响前述原则的情况下，还应包括在固定会费入会保险下，当本协会对索赔或其他费用的支付超出固定会费收入时，董事会决定记入该保险年度账户的任何超支；以及由于本协会与任何其他保险人所订立的任何再保险合同或风险分摊协议，而使或可能使本协会承担该其他保险人所产生的任何索赔、费用和开支的任何部分）；

3）向本协会应急储备金、巨灾储备金或其他储备金（按第十九条规定）转账，及为该等储备金的设立目的或董事会认为适宜的其他目的所作的调用；

4）为弥补某个或数个已关账保险年度发生的或可能发生的资金短缺而作出董事会认为恰当的转账。

2. 会员应按本款下述第 3 项和本条下述第（二）、（三）和（四）款规定，以预付会费、追加会费或免责会费和巨灾会费形式交纳互助会费。

3. 无论由于什么原因，如果某会员任一或所有船舶在本协会的保险终止、停止或被撤销，经理机构有权在有关保险终止、停止或被撤销后的任何时候，根据第二十四、二十五或二十六条规定向该会员收取免责会费。会员应按经理机构要求支付该项免责会费。

（二）预付会费

1. 预付会费由经理机构与申请人或会员在洽谈船舶入会保险申请时或在每一保险年度开始前，根据船舶状况、营运特点、保险险别以及历年保险赔付情况等因素商定。

2. 会员应在船舶在本协会的入会保险开始时，向本协会全额支付根据上述第 1 项规定所商定的预付会费，或按经理机构同意的安排分期支付该项预付会费。但不应影响第五条第（十）款第 1.4）项有关船舶险的规定。

（三）追加会费

1. 在每一保险年度中的任何时候或保险年度结束后（但不得在保险年度关账以后）的任何时候，董事会可以决定对该保险年度向入会船会员

（以固定会费入会保险的除外）征收一次或数次追加会费。董事会可以决定一个预付会费追加百分比方式征收追加会费。

2. 会员（以固定会费入会保险的除外）有义务对其在任一保险年度在本协会入会保险的船舶对该保险年度支付追加会费，该追加会费应是以董事会决定的追加百分比，乘以该会员对该保险年度已支付或应支付的预付会费所得出的金额。

3. 董事会、经理机构或其工作人员或代理人员可在任何时候向会员表述本协会对将收取的任何追加会费百分比的估计方式，以使会员明了其对相关保险年度的财务义务。但，即使向会员表述了估计的追加会费百分比，并不影响董事会根据本保险条款规定对相关保险年度以比估计高的或低的百分比向会员征收追加会费和巨灾会费的权利。本协会、董事会、经理机构或其工作人员或代理人员在任何情况下对所表述的任何估计或对估计中的任何错误、疏漏或不正确不承担任何责任。

（四）巨灾索赔，巨灾会费以及保证

1. 引言

1）因本协会与国际保赔集团某些成员协会订立的共保或分保协议，并鉴于本保险条款的定义条款"巨灾索赔"和"国际保赔集团再保限额"规定，本协会或国际保赔集团任何成员协会在任一船舶的入会保险下因任一事件所产生的所有索赔（不包括油污索赔），包括对任何残骸移除或不移除责任的任何索赔，应作为一件索赔案处理。

2）当本协会或国际保赔集团任何成员协会在某船的入会保险下产生的索赔金额超过或可能超过国际保赔集团再保限额时，该超过部分的索赔（若有的话）被称为"巨灾索赔"。

3）在提及本协会或国际保赔集团任何成员协会产生的任何这种索赔时，应包括与之有关的开支和费用。

2. 巨灾索赔的可偿还性

1）在不影响任何其他可适用的责任限制的情况下，对本协会产生的任何巨灾索赔，从本协会取得的赔偿不得超出下列款项的总额：

（1）根据国际保赔集团分摊协议，有资格参加分摊的索赔中应由本协会承担的部分；和

（2）本协会从国际保赔集团分摊协议其他成员协会所能获得的他们对该巨灾索赔承担的最大分摊款。

2）上述第 2.1）项规定所提及的总额应按本协会对下述情况的证明程度作相应扣减：

（1）本协会在收取或试图收取下列费用时，已恰当地产生了费用：

i. 为提供资金以支付本第（四）款第 2.1）（1）项规定所提及的巨灾索赔中由本协会承担的部分而征收的巨灾会费，或

ii. 本第（四）款第 2.1）（2）项规定所提及的款项；或

（2）本协会欲向其会员征收巨灾会费以支付本第（四）款第 2.1）（1）项规定所提及的巨灾索赔中由本协会承担的部分，然而由于如此征收的任何或部分巨灾会费不能经济地取得，而未能收到与本协会承担部分等值的款项。但是如果情况发生变化，此项款项随后又能够经济地取得，则上述第 2.1）项所提及的总数额应恢复为原数额。

3）在证明上述第 2.2）（2）项所述事项时，本协会还应证明：

（1）本协会已就本第（四）款第 2.1）项所提及的巨灾索赔向在巨灾索赔发生日在本协会入会保险的所有会员，根据本第（四）款下述第 5 项规定并以该规定允许的最大数额征收了巨灾会费；及

（2）本协会已及时地征收了巨灾会费，未免除或放弃会员支付巨灾会费的义务，并已采取所有合理措施来取得该项巨灾会费。

3. 巨灾索赔的支付

1）支付本协会产生的任何巨灾索赔所需的基金应从以下几个途径得到：

（1）本协会从其为巨灾索赔支付风险而实施的特别保险中所能取得的赔款；及

（2）本协会从国际保赔集团分摊协议其他成员协会所能取得的他们对巨灾索赔的分摊款；及

（3）从巨灾储备金中，根据董事会决定提出的款项；及

（4）根据本第（四）款下述第5项规定，向会员征收一次或数次巨灾会费，不论本协会是否从上述第3.1）（1）项规定所提及的特别保险中已寻求赔偿或已经取得所有或任何赔偿。但是本协会应首先根据上述第3.1）（3）项规定作出决定；及

（5）本协会从上述任何基金中所获得的任何利息。

2）本协会根据国际保赔集团分摊协议条款对分摊协议其他成员协会产生的任何巨灾索赔而承担的摊款所需资金应以上述第3.1）（1）、（3）、（4）和（5）项规定说明的方式提供。

3）本协会如果欲以上述第3.1）（4）项规定说明的方式为支付本协会所产生的任何巨灾索赔提供资金，只有在本协会收到此项资金时，才可被要求支付此项巨灾索赔，但本协会应证明其在寻求收取此项资金时已采取了本第（四）款第2.3）项所提及的措施。

4. 巨灾索赔争议的处理

1）尽管有第二十九条规定，有关巨灾索赔，在适用本第（四）款第2.2）或3）项规定或本第（四）款第3.3）项规定时产生的下列任何争议，应提交给按照国际保赔集团分摊协议规定所组成的专家组，该专家组作为专家机构而不是作为仲裁庭对有关争议做出决定：

（1）为支付巨灾索赔而收取或寻求收取资金时，是否合理地产生了费用；或

（2）任何巨灾会费或部分巨灾会费是否可经济地取得；或

（3）在寻求征收第（四）款第3.3）项规定的巨灾会费时，本协会是否采取了该项规定所提及的措施。

2）如果在会员意欲提交争议时专家组还未组成，本协会应根据会员的要求，发出根据国际保赔集团分摊协议的要求组成专家组的指示。

3）本协会可以（在会员提出时，应该）按国际保赔集团分摊协议有关正式指示的要求，向专家组发出调查争议并合理尽快地做出决定的指示。

4）专家组应根据其自己的判断决定为对争议作出决定所需要的信息、

文件、证据和意见，及决定如何得到这些材料。本协会和会员均应全力配合专家组。

5）专家组在决定根据本第 4 项规定提交给他的任何争议时，应努力遵循与其在决定根据国际保赔集团分摊协议提交给他的有关巨灾索赔所产生的争议时所遵循的程序相同的程序。

6）在决定争议时，专家组成员

（1）应依靠其自己的知识和专长；并

（2）可依据其认为适当的由本协会或会员提供的任何信息、文件、证据或意见。

7）如果专家组的三人不能就某项事情达成一致意见，应采纳多数人的意见。

8）不应要求专家组对其任何决定做出解释。

9）（以符合下述第 4.10）款规定为条件）专家组的决定是终局决定，对本协会与会员均有约束力，本协会与会员对该决定均无权上诉。

10）如专家组对本第 4.1）（2）款或第 4.1）（3）款所述争议做出决定后，本协会或会员认为情况发生了重大变化，尽管有上述第 4.9）款规定，仍可将争议提回专家组重审。

11）专家组的费用由本协会支付。

12）不论是根据本第（四）款第 4 项规定还是根据国际保赔集团分摊协议向专家组提交了争议，本协会向专家组支付的与任何巨灾索赔有关的费用、补偿及其他款项，应被视为是本协会根据本第（四）款第 2.2）（1）项规定所恰当地产生的与该巨灾索赔有关的费用。

5. 巨灾会费的征收

1）如果

（1）董事会在任何时候确定需要或在将来需要资金以支付某件巨灾索赔中由本协会支付的部分（不论该巨灾索赔是本协会产生的，还是国际保赔集团分摊协议的任何其他成员协会产生的），且

（2）董事会根据第二十三条第（三）款第 1 项或第（三）款第 3 项规

定宣布，为了对该巨灾索赔征收一次或数次巨灾会费，某保险年度将保持开账，则，董事会可在作出如此宣布以后的任何时候，按照下述第5.2）项规定为该巨灾索赔征收一次或数次巨灾会费。

2）董事会应按下述办法征收巨灾会费：

（1）向在巨灾索赔发生日在本协会保险的所有船舶征收，即使巨灾索赔发生日处于董事会根据第二十三条第（三）款第3项规定作出宣布的那个保险年度内，任何这样的船舶在相关事件发生时可能未在本协会入会保险，及

（2）按每船的公约责任限额，根据董事会决定的百分比计收。

（3）在巨灾索赔发生日在本协会入会保险的船舶，如有一个等于或小于国际保赔集团再保限额的保险总限额限制，则不应对其征收巨灾会费。

（4）董事会向任何会员的任一船舶就任一巨灾索赔所征收的一次或数次巨灾会费总额不应超过该船的公约责任限额的2.5%。

6. 终止保险或停止保险时对巨灾会费的保证

1）当：

（1）董事会根据第二十三条第（三）款第1项或第（三）款第3项规定宣布：为了征收一次或数次巨灾会费，某保险年度将保持开账，及

（2）对董事会根据本款上述第5项规定可能征收的任何一次或数次巨灾会费负有支付义务的会员，因任何原因而停止或已停止在本协会的保险时，或本协会决定停止该会员在本协会的保险时，经理机构可要求该会员就其对该巨灾会费的预估责任向本协会提供担保或其他保证，该担保或其他保证应按经理机构认为适合具体情况的格式、条款和金额（"担保金额"），在经理机构确定的日期（到期日）前提供。

2）除非并直至会员按经理机构的要求提供了这种担保或其他保证，会员对其或代表其在任何保险年度在本协会入会保险的任一和所有船舶无论何时产生的任何索赔，均无权从本协会取得赔偿。

3）如果会员在到期日前未向本协会提供这种担保或其他保证，则对应由会员支付本协会的一笔与该担保金额相等的到期款项，本协会将按经

理机构认为适于情况的条款保留该款项作为保证金。

4)会员根据本协会要求而提供的担保或其他保证(包括根据上述第6.3)项规定所做的支付),不得以任何方式限定或限制其向本协会交付董事会根据本第(四)款第5项规定决定征收的巨灾会费的责任。

7. 本第十六条第(四)款规定及本保险条款其他条款中涉及巨灾索赔和巨灾会费的任何规定不适用于第四条和第五条项下的保险。

十七、固定会费

(一)申请以支付固定会费作为船舶入会保险条款("固定会费入会保险")(即如第二条第7款所规定的条款)的船东,在其申请被接受以前,应与经理机构就固定会费的数额和支付时间达成协议。

(二)提出船舶以固定会费入会保险申请的每一船东,或由他人代表其提出该申请的每一船东,其申请一经被接受,即有义务在经理机构说明的时间,向本协会支付其与经理机构一致同意的款项。

十八、会费支付

(一)除非经理机构另给书面同意,会员应按经理机构指定的日期、分期付款方式和数额,交纳预付会费、追加会费或免责会费或巨灾会费。

(二)预付会费、追加会费或免责会费或巨灾会费或费率一经确定,经理机构应尽快地通知每个有关会员以下情况:

1. 费率;

2. 应交纳会费的日期,如以分期交纳会费的,则每期应交金额和每期应交日期;

3. 会员就每条入会船或所有入会船应交纳的会费金额;

4. 如会员非以美元交纳会费的,则说明这种情况。

(三)经理机构可要求任一会员根据其指定的货币交纳全部或部分会费。

(四)会员不得以其向本协会提出的任何索赔冲抵其应交纳之互助会

费、固定会费或其欠本协会的任何其他款项，也无权以此不付或迟付任何该等会费或款项。

（五）在不影响本协会根据本保险条款，特别是第二十四、二十五和二十六条规定，所享有的权利和补偿的情况下，如果会员在经理机构指定的付费日或之前，未交纳到期应付的任何全部或部分会费或分期支付的款项或任何其他款项（在不影响上述原则规定的情况下，应包括任何固定会费和根据第二十四、二十五和二十六条规定到期应付的任何款项或其部分款项），则该会员应对未付款项向本协会支付自指定付费日（含该日）起至实际支付日止的利息，利息以董事会决定的利率计算。但是董事会也可决定免除全部或部分此项利息。

（六）即使会员在本协会的保险或其任何船舶在本协会的入会、保险可能已经停止、终止或被撤销，对会员欠付本协会的任何款项，本协会对该会员在本协会入会保险的任何船舶仍享有留置权或采取其他行动的权利。

（七）如果任一会员未向本协会交纳会费或其他应付款项，且董事会确定此项款项已无法取得，为弥补本协会基金因此而产生的短缺或亏空所需的款项应被视为是本协会产生的费用，对此，本协会可按董事会决定根据第十六条规定征收会费，或者根据第十九和二十三条规定动用储备金。

（八）会员应按照要求或指示向本协会支付任何会费税或其他因本协会向会员提供保险或者再保险而被征收的税费，该税费是会员应予支付的或是本协会决定的，会员应补偿本协会或使本协会不因该会费税或其他类似税费而承担任何损失、损害、责任或费用。

（九）如果本协会因会员拖欠任何款项而采取法律行动去追讨这些款项，会员应向本协会支付协会因此而产生的任何费用。

十九、储备金

（一）为了应付紧急情况或董事会认为合适的其他目的，董事会可以建立和保持储备金或其他账户。

（二）在不影响本条上述第（一）款规定的情况下，董事会可为下列一项或数项特定目的而建立和保持储备金或其他账户：

1. 巨灾储备金：为支付任何一件或数件巨灾索赔提供资金而建立的储备金，不论这些索赔是发生在同一保险年度还是发生在任何不同保险年度。

2. 应急储备金：为本协会任何整体目的，包括下述目的，提供资金而建立的储备金：

1）稳定追加会费的水平，以及消除或降低对任何以前的、现在的或将来的任一保险年度征收全部或部分追加会费的需求；

2）消除或减少在任一已关账保险年度已经发生或认为可能发生的亏空；

3）弥补本协会在货币兑换中或在已实现的或未实现的投资业务中的任何实际的或可能的损失。

（三）董事会可为了储备金的设立目的而从该储备金调用其准备金，即使被调用的款项将用于任何一个或数个非调出款项的保险年度。

无论何时董事会认为调用任何储备金的款项用于任何其他目的或任何不同目的符合本协会或会员的利益，也可如此调用。董事会还可在任何时候将某个储备金的款项转入另一个储备金。

（四）为建立上述储备金或其他账户所需基金可由以下两项或其中一项途径取得：

1. 董事会在确定任何保险年度的追加会费的费率时，可决定从该追加会费中提取一定数额或一定比例的款项，转入任何储备金或账户，并用于该储备金或账户的设立目的；

2. 董事会在任何保险年度关账时或其后任何时候，可决定将记入该保险年度准备金的一定数额或一定比例的款项，转入任何储备金或账户，并用于该储备金或账户的设立目的。

（五）如董事会决定根据上述第（四）款第 1 项规定提取款项时，经理机构应在要求交纳相关追加会费之时或之前，将此决定通知在该保险年度入会保险的会员。

二十、保险期间

（一）除本保险条款另有规定外，本协会向在本协会入会保险的任一船舶提供的保险（不包括投保一个固定期限的保险），除非根据本保险条款终止保险，有关第三条或第四条规定的承保风险，应自入会证书载明的日期和时间始至翌年 2 月 20 日格林尼治标准时间 12 时止，及其后一个保险年度接一个保险年度地继续；有关第五条规定的承保风险，应自入会证书载明的日期和时间始至当年 12 月 31 日北京时间 24 时止，及其后一个保险年度接一个保险年度地继续。

（二）本协会向在本协会投保固定期限的船舶提供的保险，以符合本保险条款其他规定为条件，应在该固定期限期满时止。

二十一、保险合同的变更

（一）在任何保险年度期间，经理机构可根据本协会的财务状况决定在下一保险年度对所有在本协会入会保险的船舶的互助会费普增一个百分比。

有关第三条或第四条规定的保险，在任一年的 12 月 20 日前，或有关第五条规定的保险，在任一年的 11 月 1 日前，如果经理机构已将普增决定通知了会员，则应按经理机构决定的普增百分比变更入会船会费费率继续下一保险年度的保险，入会船的入会保险条款从各方面均应被视为据此而作出了变更，除非：

1. 根据本条下述第（三）款又发出一项变更通知；或
2. 根据第二十二条规定发出终止保险通知；或
3. 保险期间因其他原因在此前已经终止。

有关经理机构决定的通知应构成第十二条规定的保险背书。

（二）如果在任何时候，本保险条款在任何方面做出了修改，且该修改将影响会员与本协会订立的保险合同的条款和条件，该修改应从本协会修改决议所说明的生效时间和日期全面生效，对会员应有约束力。

（三）有关第三条或第四条规定的保险，在任一保险年度的 1 月 20 日格林尼治标准时间 12 时前，或有关第五条规定的保险，在任一保险年度的 12 月 20 日北京时间零时前，如果经理机构发出通知要求变更某入会船在下一保险年度的会费费率（非本条第（一）款所规定的情况），或要求对该入会船的入会保险的条款或条件做出修改，则本协会将按会员与经理机构在发出此项通知后紧接着的 2 月 20 日格林尼治标准时间 12 时前（有关第三条或第四条规定的保险），或 12 月 31 日北京时间 24 时前（有关第五条规定的保险）一致同意的会费费率、入会保险条款或条件对该入会船继续下一保险年度的保险。

如至上述相关时间，会员与经理机构未能就上述变更或修改达成一致，本协会的保险就此终止。

二十二、保险终止通知

（一）有关第三条或第四条规定的保险

1. 在本协会入会保险的任一船舶的保险期间（不包括投保固定期限的保险）可以下述方式终止：

1）经理机构可在任一保险年度 1 月 20 日格林尼治标准时间 12 时前向任一会员发出书面终止保险通知，而无须陈述任何原因；

2）会员可以在任一保险年度 1 月 20 日格林尼治标准时间 12 时前向本协会发出书面终止保险通知，而无须陈述任何原因。

2. 如果按照本款上述第 1 项规定发出了通知，则保险应于发出此项通知后紧接着的 2 月 20 日格林尼治标准时间 12 时终止。除非经理机构同意，否则在其他任何时候不得从本协会撤出任何船舶，任何终止保险通知不被接受。

（二）有关第五条规定的保险，除本保险条款另有规定外，会员或经理机构发出终止通知的时间应不迟于任一保险年度 12 月 20 日北京时间零时，如按此发出了通知，则保险应终止于发出通知后紧接着的 12 月 31 日北京时间 24 时。除有关发出通知和保险终止时间的规定外，上述第（一）款其他规定应适用于第五条规定的保险。

二十三、保险年度关账

（一）董事会在任一保险年度结束后可宣布从其认为合适的某天起该保险年度关账，或者宣布从该日起除将根据本条第（三）款规定征收一次或数次巨灾会费外该保险年度关账。

（二）除本条第（三）款和第十六条第（四）款规定情况外，任何保险年度关账后，不得再对该保险年度征收追加会费或巨灾会费。

（三）1. 如果在任一保险年度（"相关保险年度"）开始后的三十六个月期满前的任何时候，本协会或国际保赔集团分摊协议的任何成员协会根据分摊协议发出通知（"巨灾通知"），告知在相关保险年度发生了一件导致或在任何时候可能导致巨灾索赔的事件，董事会即应尽快宣布相关保险年度保持开账，以便为该项巨灾索赔征收一次或数次巨灾会费。

为了对该巨灾索赔征收一次或数次巨灾会费，该相关保险年度应在董事会决定关账的日子才关账。

2. 如果在本第（三）款第 1 项规定的三十六个月期满时，无上述规定所述的巨灾通知，则仅就巨灾会费的征收而言，该相关保险年度即应自动关账，不论该保险年度是否为了其他原因而关账。

3. 在某保险年度根据本第（三）款第 1 和 2 项规定关账后的任何时候，如果董事会认为在该关帐保险年度中发生的某一事件可能随之导致或在以后的任何时候导致巨灾索赔，即应尽快宣布下一个最近的开账保险年度（非董事会根据本第（三）款第 1 或 3 项规定已作出宣布的保险年度）保持开账，以便为支付该巨灾索赔而征收一次或数次巨灾会费。为了对该巨灾索赔征收一次或数次巨灾会费，该开账保险年度应在董事会决定关账的日子才关账。

4. 如果董事会根据本第（三）款第 1 或 3 项规定宣布某保险年度保持开账，经理机构应通知在该宣布所涉及的保险年度中在本协会入会保险的会员。

5. 在向任一保险年度中在本协会入会保险的会员征收巨灾会费后的任何时候，如董事会认为为巨灾索赔而征收的巨灾会费，未必需要其全部来赔付该巨灾索赔时，可以决定将其认为不再需要的任何余款以下列两种方式或其中一种方式处置：

1）将余款或任何部分余款转入根据第十九条规定建立和保持的巨灾储备金；或

2）将余款或任何部分余款根据会员交纳巨灾会费的比例退还会员。

6. 为征收巨灾会费，任一保险年度除根据本第二十三条规定关账外均不得关账。

（四）除本条第（三）款规定情况外，董事会可宣布任一保险年度关账，尽管其已知或预料该保险年度存在着或以后可能产生目前尚未产生的索赔、费用或支出，或有效性、程度或金额尚未确定的索赔、费用或支出。

（五）在任一保险年度关账的时候，如果董事会认为有关该保险年度的会费收入或其他收入（包括转入的储备金及为该保险年度提取的准备金）未必需要以其全部来支付该保险年度产生的索赔、费用和支出（按第十六条第（一）款第1.1）和1.2）项关于索赔、费用和支出的规定）时，可决定将其认为不再需要的任何余款以下列两种方式或其中一种方式处置：

1. 将余款或任何部分余款转入根据第十九条规定建立和保持的储备金；或

2. 将余款或任何部分余款根据本条下述第（八）款规定退还给在该保险年度在本协会入会保险的会员。

（六）在某保险年度关账后的任何时候，如果董事会认为有关该保险年度而产生的赔款、费用或支出（按第十六条第（一）款第1.1）和1.2）项关于赔款、费用或支出的规定），将超过或可能超过对该保险年度收取的会费收入和其他收入（包括转入的储备金及为该保险年度提取的准备

金)的总和时,可以决定通过以下一种或几种方式提供资金以弥补此项短缺:

1. 从本协会的储备金调用;

2. 从任何已关账保险年度的准备金调用;

3. 对开账保险年度征收追加会费,以其部分款项弥补任何此项短缺(按第十六条第(一)款第1.4)项规定所允许的目的)。

如董事会决定采用上述第3项规定所述方式,经理机构应在提出支付要求时或之前,通知在该保险年度在本协会入会保险的会员。

(七)在任何保险年度关账后的任何时候,董事会可以决定合并任何两个或多个已关账保险年度的账户,并集中该等合并关账保险年度的准备金。如果董事会作出如此决定,则该合并的两个或多个已关账保险年度应被视为是一个关账保险年度。

(八)董事会根据上述第(五)款第2项规定决定退还给各会员的任何款项,应按照在该保险年度在本协会入会保险的各会员对该保险年度所交纳的互助会费(应先扣除根据其入会保险条款或本保险条款任何其他规定而给予的任何退款或扣减)的比例退还。

但是:

(1)对根据第二十四、二十五或二十六条已被估定免责会费支付责任的任何会员不予退还;并

(2)对根据第二十六条已被撤销保险的会员,其无论何因而欠本协会的任何款项(不论是会费还是其他款项,也不论是有关已决定作出退款的保险年度还是任何其他保险年度)应先从退款中扣除,剩余款项(若有的话)退还该会员。

(九)在决定第四条和第五条规定之承保风险的保险年度关账事宜时,本条中有关巨灾会费的规定不予适用。

二十四、终止保险

(一)由于根据第二十一或二十二条发出了通知(不论是会员发出,

还是经理机构发出），会员任一船舶在本协会的入会保险终止，在不影响根据第二十六条规定撤销保险的效力的前提下：

1. 在互助会费入会保险下，除非对会员的责任根据第二十五条第（六）款规定（停止保险免责会费，未包括巨灾会费）另达协议或作出征收，该会员和其接任人应该并继续对发出通知的那个保险年度全年及以前保险年度应付的所有摊款、会费和其他款项承担支付责任；及

2. 在符合本保险条款其他条款规定和入会船入会保险条款的前提下，本协会根据本保险条款将继续对该入会船，有关第三条或第四条规定的承保风险，在该通知发出后紧接的2月20日格林尼治标准时间12时前，或有关第五条规定的承保风险，在该通知发出后紧接的12月31日北京时间24时前，发生的任何事件所导致的所有索赔承担赔偿责任，但对在该日该时或其后发生的任何事情不承担任何赔偿责任。

（二）根据第八条第（六）、（七）、（十七）款规定，或由于第二十一、二十二条、第二十五条第（一）、（二）、（三）款或第二十六条第（一）款规定以外的原因，会员任一船舶在本协会的入会保险终止时：

1. 在互助会费入会保险下，除非对会员的责任根据第二十五条第（六）款规定（停止保险免责会费，未包括巨灾会费）另达协议或作出征收，该会员和其接任人应该并继续对根据第十六条第（四）款规定应付的任何巨灾会费承担全额支付责任，并对下述保险年度应付的所有其他摊款、会费和其他款项，按下述办法承担支付责任；

1) 对发生终止保险的保险年度，按比例支付，即，有关第三条或第四条规定的承保风险，支付自该保险年度开始时（如在保险年度中入会，则自入会保险开始的那天）始至保险终止日格林尼治标准时间12时止的期间所占比例计算的数额；有关第五条规定的承保风险，支付自该保险年度开始时（如在保险年度中入会，则自入会保险开始的那天）始至保险终止日北京时间24时止的期间所占比例计算的数额；及

2) 对以前保险年度，全额支付该等保险年度应付的此等款项。

2. 在符合本保险条款其他条款规定和入会船入会保险条款的前提下，

本协会根据本保险条款将继续对该入会船,有关第三条或第四条规定的承保风险,在保险终止日格林尼治标准时间 12 时前,或有关第五条规定的承保风险,在保险终止日北京时间 24 时前,发生的任何事件所导致的所有索赔承担赔偿责任,但对在该日该时或其后发生的任何事情不承担任何赔偿责任。

但是,本条第(二)款规定不得被用以赋予这样的通知书以有效性,即,非根据第二十一、二十二或二十六条第(一)款规定而发出的旨在终止任一船舶入会保险的任何通知书。

二十五、停止保险

(一)下列任一事件一经发生,本协会对会员加入或代表其加入本协会入会保险的所有船舶的保险立即停止:

1. 当会员为个人时:

1)其死亡;

2)法院对其下达接管令;

3)其破产;

4)其与债权人达成任何整体和解或安排;

5)其精神失常而不能对其财产和事务进行控制或管理。

2. 当会员为公司时:

1)其通过任何自愿结业决议(非因公司或集团重组而自愿结业);

2)其接到强制结业令;

3)公司解散;

4)在破产案中接管其全部或部分业务或财产的接收人或管理人被指定时;

5)其根据破产法开始法律程序以寻求破产保护或重组时。

6)尽管有下述 7)的规定,在不损害该规定的情况下,当董事会认为对某一会员的保险将使或可能使协会或其会员成为任何国家或国际组织的任何形式的制裁、禁令或打击的对象时,董事会可以决定发出书面通知,以终止该会员在协会的保险；

7）尽管有上述6）的规定，在不损害该规定的情况下，除非董事会另有决定，如果因会员在运输、贸易或航次运营中使用的任一船舶（无论该船舶是否加入本协会），无论以何种形式，使或将使协会成为任何国家或国际组织的任何形式的制裁、禁令或打击的对象时。一旦对船舶是否被如此使用产生争议，协会董事会的决定是终局的。

（二）除非经理机构另作书面同意，会员或代表会员加入本协会入会保险的任一船舶发生下列任一情况，本协会对该船的保险立即停止：

1. 会员不论是以买卖合同或其他正式文件或协议，还是以任何其他方式，卖出或转让其在该船的全部或任何部分利益；

2. 船舶或会员在该船的任何部分利益被抵押或被担保；

3. 因入会船不再持有经理机构认可的船级社所给予的船级，或会员违反第八条第（五）或（六）款规定的义务，经理机构作出立即停止对入会船的保险的决定时，但有关第五条规定的承保风险，不应影响第五条第（七）款规定的效力；

4. 入会船的被担保人或其代表无可置疑地占有了该船；

5. 由于指定了新管理人而更换了该船的管理人；

6. 在不影响第五条第（七）款效力的前提下，入会船被国家或政府当局征用或征购。

（三）除非经理机构另作书面同意，会员或代表会员在本协会入会保险的任一船舶发生下列任一最早事件，本协会对该船的保险立即停止：

1. 从最后知悉船舶消息的那天起算，船舶失踪十天；

2. 被劳合社公布为失踪船舶；

3. 船舶实际全损；

4. 被船舶险保险人（不论是船舶险还是战争险保险人）接受为船舶推定全损；

5. 船舶险保险人（不论是船舶险还是战争险保险人）已同意对入会船未修理的损坏赔付会员，而在无约定的情况下，该损坏超过了导致索赔的海难事故发生前即刻船舶市场价值；

6. 船舶险保险人（不论是船舶险还是战争险保险人）基于该船舶被认为或被视为实际全损或推定全损而按协议全损或和解全损赔付；

7. 经理机构决定船舶被作为或被视为实际全损或推定全损或其他商务性全损。

但是：

1）尽管本协会根据本条第（三）款规定停止对某船的入会保险，在符合本保险条款规定和该入会船入会保险的条款和条件的情况下，对造成船舶实际全损或推定全损的海难事故所直接引起的责任，本协会仍然承担赔偿责任；

2）如果经理机构同意在船舶发生本条第（二）款或第（三）款列明的任何事件后继续承保该船，可对继续承保该船加诸其认为合适的条款和条件。

3）尽管本协会根据本条第（二）款或第（三）款规定停止对某船的入会保险，有关第五条规定的承保风险，仍应按该条规定办理。

（四）在入会船发生本条第（一）款至第（三）款列明的任一事件时，除本保险条款其他条款另有明确要求者外，会员应在该事件发生日后的一个月内将该事件书面通知经理机构。

（五）当本协会根据本条第（一）款规定停止对会员的所有船舶的入会保险时，及根据本条第（二）款或第（三）款停止对会员的任一船舶的入会保险时，在不影响第二十六条第（一）款关于撤销保险规定的效力的情况下：

1. 在互助会费入会保险下，除非对会员的责任根据本条第（六）款规定（停止保险免责会费，未包括巨灾会费）另达协议或作出征收并以此为限，该会员和其接任人应该并继续对根据第十六条第（四）款规定应付的任何巨灾会费承担全额支付责任，并对下述保险年度应付的所有其他摊款、会费和其他款项，按下述办法承担支付责任：

1）对发生终止保险的保险年度，按比例支付，即，有关第三条或第四条规定的承保风险，支付自该保险年度开始时（如在保险年度中入会，则自入会保险开始的那天）始至保险终止日格林尼治标准时间 12 时止的期间所占比例计算的数额；有关第五条规定的承保风险，支付自该保险年度开始时（如在保险年度中入会，则自入会保险开始的那天）始至保险终止日北京时间 24 时止的期间所占比例计算的数额。但是，如果会员未按照本条第（四）款规定要求发出通知，则上述期间应延展至经理机构决定的那天的格林尼治标准时间 12 时（有关第三条或第四条规定的承保风险）或北京时间 24 时（有关第五条规定的承保风险），及

2）对以前保险年度，全额支付该等保险年度应付的此等款项。

2. 以符合本保险条款其他条款规定和入会船入会保险的条款为条件，本协会将继续根据本保险条款对该会员在本协会入会保险的任一船舶在停保日前发生的任何事件所导致的所有索赔承担赔偿责任，但对停保日后发生的任何事情不负任何赔偿责任。

（六）停止保险免责会费

任一入会船或任一船队在本协会的入会保险由于任何原因一经停止，不论造成该保险停止的原因是第二十一条或第二十二条所列明的情况，还是本条第（一）、（二）或（三）款所列明的情况，经理机构即可：

1. 不论就下述第 2 项规定的问题是否与会员进行过协商，在其就免责会费曾作出的任何评估的基础上，以自己的判断进一步评估与会员就该船或该船队至停保日止对本协会所应承担的责任相当的免责会费，并向会员征收该等免责会费（未包括巨灾会费）。

2. 视情况决定全部或部分地免收会员对停保船舶或停保船队支付上述第 1 项规定的免责会费（未包括巨灾会费），或以其认为适于具体情况的条款和条件，全部或部分地免收会员对停保船舶或停保船队的该项免责会费（未包括巨灾会费）。

3. 如果经理机构行使本第（六）款第 1 项或第 2 项规定所赋予的权力，则：

1）会员应立即支付经理机构根据本第（六）款第 1 项规定而征收的

免责会费，不得作任何扣减。

但是，经理机构也可接受会员对其应付的免责会费，在经理机构指定的期限内，以经理机构同意的银行、金额、条款和条件向本协会提供担保。会员该项担保的提供并不解除其对巨灾会费的支付责任。

2）对根据上述第1项规定对免责会费作出征收之日后或根据上述第2项规定对免责会费作出免收之日后（视具体情况而定）董事会决定征收的任何追加会费，会员不承担支付责任；对董事会此后根据第二十三条规定宣布或决定的任何退款，该会员也无权享受。

（七）关于本条第（一）款第2项第7）目的规定，当制裁、禁令或打击的风险消除后，经理机构有权恢复对该会员入会的所有船舶的保险。

二十六、撤销保险

（一）如某会员未支付其应付本协会的任何款项，不论是全部未支付还是部分未支付，经理机构可向其发出书面通知，要求其在通知中指定的日期前支付该款项。该指定日期从书面通知发出日起算应不少于7天。如果会员在该指定之日或之前仍未全额支付该款项，本协会将立即撤销对在该通知中提及的由该会员或代表该会员加入本协会的所有船舶的保险（不论该保险在该指定之日是现行有效的，还是根据第二十五条第（一）、（二）或（三）款规定或本保险条款任何其他条款规定已经停止），而不再另发通知或办理其他手续。

（二）根据上述第（一）款规定，会员在本协会的保险被撤销时（在本条以下规定中称该时间为"撤销日"），则：

1. 在互助会费入会保险下，除非对会员的责任根据本条第（四）款规定（撤销保险免责会费，未包括巨灾会费）作出征收并以此为限，该会员和其接任人应该并继续对根据第十六条第（四）款规定应付的任何巨灾会费承担全额支付责任，并对下述保险年度应付的所有其他摊款、会费和其他款项，按下述办法承担支付责任：

1）对撤销日所在的那个保险年度，按比例支付，即支付按从保险年度开始时始（如在保险年度中入会，则从入会时始）至撤销日止，或至经理机构书面同意的一个较早的那天止的期间所占比例计算的数额，及

2）对以前保险年度，全额支付对该等保险年度应付的该等款项。

2. 从撤销日起，本协会对被撤销保险的会员根据本保险条款提出的有关其所有船舶的任何索赔停止承担赔偿责任，

1）不论该索赔是否是由于撤销日前（包括以前保险年度）发生的任何事件而已经产生或可能产生；

2）也不论该索赔是否是由于撤销日后发生的任何事件而产生；

3）也不论本协会对该索赔是否可能已经认可了责任，或委托了律师、检验师或任何其他人员来处理该索赔；

4）也不论本协会在撤销日或之前是否知道可能产生或将会产生这些索赔，自撤销日始，本协会对该索赔的任何责任将追溯既往地终止，本协会对该会员的任何此类索赔不论什么原因均不负赔偿责任。但是：

经理机构可以其认为合适的条款，包括并不限于要求会员支付摊款、会费或其他款项的条款，对本协会根据本条第（一）款或第（二）款规定本不负赔偿责任的有关会员在本协会入会保险的任一船舶所产生的索赔，承担全部或部分赔偿责任，不论这些索赔是在停保日或撤销日之前还是之后产生的，视具体情况定；或全部或部分地免除会员对应付本协会的摊款、会费或其他款项的支付。

（三）对应付本协会款项的确定

1. 在确定根据本条第（一）款或本保险条款其他条款是否存在会员应付本协会的款项时（如果存在此种款项，则确定是何种款项）不应将本协会无论由于什么原因而应付会员或被据称应付会员的任何款项考虑在内，也不允许进行任何形式的冲抵（包括由于会员破产或结业而可能产生的冲抵）（不论在过去的任何时候是否曾允许对摊款进行冲抵）。但，经理机构在上述条款所述通知中要求会员支付的任何即期款项，如其本身（根据经理机构的判断）已被允许进行冲抵或记入会员账户的不在此例。

2. 不影响第二十七条规定的情况下，本协会或代表本协会的任何作

为、不作为、处置举措、不行使权利、耽搁或任何形式的放任，或本协会对期限的准许，或对不论是在上述规定中提及的停保日或撤保日之前还是之后发生的任何索赔的责任的接受（不论明示还是默示）或认可，均不得损害第二十四、二十五和二十六条规定的效力，也不得作为本协会对其根据这些条款所享有的任何权利的任何放弃。

（四）撤销保险免责会费

1. 根据本条第（一）款规定，会员在本协会的保险一经被撤销，即使在此撤销之前其保险已经停止，且经理机构在该停保之时可能未行使或可能已同意不行使第二十五条第（六）款第1项和第2项规定的权力，经理机构仍可在其就免责会费曾作出的任何评估的基础上，以自己的判断进一步评估会员至撤销日止对本协会所应承担的责任，向会员征收与该责任相当的免责会费（未包括巨灾会费）。

2. 如果经理机构行使本款上述第1项规定的权力，则：

1）会员应立即支付经理机构根据第1项规定所征收的免责会费，不得作任何扣减。

但是，经理机构也可接收会员对其应付的免责会费，在经理机构指定的期限内，以经理机构同意的银行、金额、条款和条件向本协会提供担保。会员该项担保的提供并不解除其对巨灾会费的支付责任。

2）对在根据本款上述第1项规定对免责会费作出征收之日后董事会决定征收的任何追加会费，会员不承担支付责任，但对董事会随后根据第二十三条规定宣布或决定的任何退款，该会员也无权享受。

二十七、权利行使及求偿

（一）本协会在执行本保险条款的任何规定或其与会员订立的任何合同条款或条件时的任何作为、不作为、处置举措、不行使权利、耽搁或放任，或本协会对期限的准许均不得损害或影响本协会根据本保险条款或这些合同所享有的权利和补救，也不得以此作为本协会放弃其根据本保险条款或这些合同享有权利的证据。本协会对会员违反本保险条款或该等合同追究责任的权利的任何放弃，不能作为其对会员随后的任何违反追究责任的权利的放弃。本协会有权在任何时候坚持严格适用本保险条款，以及坚持严格执行其与会员订立的合同，且不必另行通知。

（二）不可抗力

本协会对任何因天灾、政府限制或禁令、战争、暴乱或协会不可控制的其他此类事件导致协会迟延履行或不履行本条款项下的义务不负责任。

（三）对本协会代表会员或作为会员的担保人而支付给任何第三者的任何款项，凡经理机构认为不属本协会承保的，会员应在被要求时偿付本协会。

二十八、投资

（一）本协会基金在董事会的监督指导下可由经理机构在董事会授权的范围和金额内进行投资。

（二）除非董事会另做决定，记入任何保险年度或储备金的所有基金应集中统筹管理，合理用于投资。

（三）如果根据上述第（二）款规定集中使用了基金，则对从该集中基金获得的投资收入（应考虑资本收益和损失），董事会可决定向相关保险年度、储备金或账户进行分配。

（四）在不影响上述第（三）款规定的情况下，董事会可决定在任一保险关账后，根据上述规定而作出的任何分配不再记入该保险年度，而记入由本协会保持的任何储备金或账户。

二十九、争议处理

（一）对本协会为获取其认为会员欠付的任何款项而采取的任何诉讼，会员特此确认中国海事法院的管辖权。在不影响前述规定的情况下，本协会有权在任何法律管辖区域提起并继续任何诉讼以获取其认为该会员欠付的任何款项。

（二）除第十六条（四）款第 4 项规定的争议外，会员与本协会之间产生的与本保险条款或保险合同有关的任何其他分歧或争议，应先提交董事会裁定。如果董事会决定放弃该裁定权，则相关会员有权根据本条第（三）款规定将分歧或争议提交仲裁。该项提交和裁定应以书面做出。

（三）如果会员不接受董事会裁定，应提交北京中国海事仲裁委员会，仲裁庭由会员和本协会各指定的一名仲裁员和双方共同指定的或共同委托仲裁委员会主任指定的首席仲裁员组成。仲裁的提交和仲裁程序应按照"中国海事仲裁委员会仲裁规则"（2004）及其任何修正案办理。一裁终局，裁决一经作出，即对双方有约束力。

附录2 中华人民共和国船舶油污损害民事责任保险实施办法

第一章 总 则

第一条 为完善船舶污染事故损害赔偿机制，建立船舶油污损害民事责任保险制度，根据《中华人民共和国海洋环境保护法》《中华人民共和国海商法》《中华人民共和国防治船舶污染海洋环境管理条例》等法律、行政法规和中国缔结或者参加的有关国际条约，制定本办法。

第二条 在中华人民共和国管辖海域内航行的载运油类物质的船舶和1000总吨以上载运非油类物质的船舶，其所有人应当按照本办法的规定投保船舶油污损害民事责任保险或者取得相应的财务担保。

承担船舶油污损害民事责任保险的商业性保险机构和互助性保险机构，应当遵守本办法。

第三条 国务院交通运输主管部门负责统一管理全国船舶油污损害民事责任保险工作。

国家海事管理机构负责组织实施全国船舶油污损害民事责任保险工作。

沿海各级海事管理机构依照各自职责负责具体实施船舶油污损害民事责任保险工作。

第二章 船舶油污损害民事责任保险及额度

第四条 在中华人民共和国管辖海域内航行的船舶应当按照以下规定

投保油污损害民事责任保险或者取得其他财务保证：

（一）载运散装持久性油类物质的船舶，投保油污损害民事责任保险，其保险标的应当包括持久性油类物质造成的污染损害；

（二）1000总吨以上载运非持久性油类物质的船舶，投保油污损害民事责任保险，其保险标的应当包括非持久性油类物质造成的污染损害和燃油造成的污染损害；

（三）1000总吨以上载运非油类物质的船舶，投保油污损害民事责任保险，其保险标的应当包括燃油造成的污染损害；

（四）1000总吨以下载运非持久性油类物质的船舶，投保油污损害民事责任保险，其保险标的应当包括非持久性油类物质造成的污染损害。

第五条 在中华人民共和国管辖海域内航行的载运散装持久性油类物质的船舶，投保油污损害民事责任保险或者取得其他财务保证，应当不低于以下额度：

（一）5000总吨以下的船舶为451万特别提款权；

（二）5000总吨以上的船舶，除前项所规定的数额外，每增加一吨，增加631特别提款权，但是，此总额度在任何情况下不超过8977万特别提款权。

第六条 在中华人民共和国管辖海域内航行的载运非持久性油类物质的船舶，以及1000总吨以上载运非油类物质的船舶，投保油污损害民事责任保险或者取得其他财务保证，应当不低于以下额度：

（一）20总吨以上、21总吨以下的船舶，为27500特别提款权；

（二）21总吨以上、300总吨以下的船舶，除第（一）项所规定的数额外，每增加一吨，增加500特别提款权；

（三）300总吨至500总吨的船舶，为167000特别提款权；

（四）501总吨至30000总吨的船舶，除第（三）项所规定的数额外，每增加一吨，增加167特别提款权；

（五）30001总吨至70000总吨的船舶，除第（四）项所规定的数额外，每增加一吨，增加125特别提款权；

（六）70001总吨以上的船舶，除第（五）项所规定的数额外，每增加一吨，增加83特别提款权。

第七条 从事中华人民共和国港口之间货物运输或者沿海作业的船舶，投保油污损害民事责任保险或者取得其他财务保证，其额度按照第六条所规定额度的50%计算。

第三章　船舶油污损害民事责任保险机构

第八条 中国籍船舶应当向经国家海事管理机构确定并公布的保险机构投保船舶油污损害民事责任保险，或者取得经国家海事管理机构确定并公布的保险机构以及境内银行等金融机构所出具的保函、信用证等其他财务保证。

第九条 承担中国籍船舶油污损害民事责任保险的互助性保险机构应当符合以下要求：

（一）在中国境内注册或者在中国境内设有代表机构或者代理机构；

（二）上一年度净基金超过1亿美元或每吨净基金超过3美元；

（三）保险条款符合中国法律、行政法规、规章以及中国批准或者加入的国际条约的有关规定。

第十条 承担中国籍船舶油污损害民事责任保险的商业性保险机构应当符合以下要求：

（一）应当依法经国务院保险监督管理机构批准设立、取得经营保险业务许可证，并已向工商行政管理机关办理登记，取得营业执照；

（二）上一年度净资产超过7亿元人民币；

（三）上一年度偿付能力超过100%；

（四）保险条款符合中国法律、行政法规、规章以及中国批准或者加入的国际条约的有关规定。

第十一条 从事中国籍船舶油污损害民事责任保险的保险机构应在每年10月15日前向国家海事管理机构提交以下材料：

（一）注册证明、营业执照、经营保险业务许可证以及其他合法开业证明等证明材料，境外互助性保险机构还应当提交在中国境内设立代表机构或者代理机构的证明材料；境外互助性保险机构所提供的营业执照、注册登记证明以及其他合法开业证明为复印件的，应当经其所在国家或者地区依法设立的公证机构公证并经中国驻该国使、领馆认证；

（二）上一年度的经注册会计师审计的资产负债表、损益表；

（三）上一年度船舶油污损害民事责任保险的偿付能力（仅针对商业性保险机构）；

（四）上一年度承保船舶油污损害民事责任保险的总吨位；

（五）上一年度承保的中国籍船舶名单；

（六）上一年度所承保中国籍船舶的理赔情况；

（七）船舶油污损害民事责任保险合同样本；

（八）船舶油污损害民事责任保险业务的负责人、联系人以及联络方式；境外互助性保险机构还应当提交其在中华人民共和国境内代表机构或者代理机构的负责人、联系人以及联络方式；

（九）需要说明的其他背景材料。

第十二条　国家海事管理机构应当及时对保险机构提交的材料进行核实，在征求国务院保险监督管理机构意见后，对符合本办法规定的保险机构予以确定，并于每年11月30日前向社会公布。

第四章　船舶油污损害民事责任保险证书

第十三条　中国籍船舶投保船舶油污损害民事责任保险或者取得其他财务保证之后，应当按以下规定向船籍港所在地的直属海事管理机构申请办理相应船舶油污损害民事责任保险证书：

（一）载运持久性油类物质的船舶，应当办理《油污损害民事责任保险或其他财务保证证书》；

（二）1000总吨以上的载运非持久性油类物质的船舶，应当办理《燃油污染损害民事责任保险或其他财务保证证书》和《非持久性油类污染损害民事责任保险或其他财务保证证书》；

（三）1000 总吨以下的载运非持久性油类的船舶，应当办理《非持久性油类污染损害民事责任保险或其他财务保证证书》；

（四）1000 总吨以上的载运非油类物质的船舶，应当办理《燃油污染损害民事责任保险或其他财务保证证书》。

第十四条 中国籍船舶申请办理船舶油污损害民事责任保险证书，应向海事管理机构提交以下材料：

（一）申请书；

（二）有效的船舶油污损害民事责任保险单证或者其他财务保证证明；

（三）船舶国籍证书。

第十五条 海事管理机构应当对申请材料进行审核，对符合本办法规定的，在受理之日起 7 个工作日内，向船舶签发相应的船舶油污损害民事责任保险证书。

船舶油污损害民事责任保险证书的有效期不得超过船舶油污损害民事责任保险合同或者其他财务保证证明的期限。

第十六条 船舶油污损害民事责任保险证书不得伪造、涂改，并应当随船携带，以备海事管理机构查验。

船舶油污损害民事责任保险证书遗失的，应当书面说明理由，附具有关证明文件，向原发证机关申请补发。

第十七条 在中国管辖海域内航行的外国籍船舶应当符合以下规定：

（一）适用《1992 年国际油污损害民事责任公约》的，应当持有缔约国主管机关或其授权机构签发的《油污损害民事责任保险或其他财务保证证书》。

（二）适用《2001 年国际燃油污染损害民事责任公约》的，应当持有缔约国主管机关或其授权机构签发的《燃油污染损害民事责任保险或其他财务保证证书》。

（三）1000 总吨以下载运非持久性油类物质的船舶，应当持有有效的非持久性油类污染民事责任保险单证或其他财务保证证明。

第十八条 海事管理机构应当加强对船舶油污损害民事责任保险证

书、保险单证或其他财务保证证明的查验。

第五章 法律责任

第十九条 有下列情形之一的,由海事管理机构责令改正,并处 1 万元以上 5 万元以下的罚款;拒不改正的,责令停航、禁止进出港或者过境停留,并处 5 万元以上 25 万元以下的罚款:

(一)在中国管辖海域内航行的船舶,其所有人未按照规定投保船舶油污损害民事责任保险或者取得其他财务保证的;

(二)船舶所有人投保油污损害民事责任保险或者取得其他财务保证的额度低于本办法规定的。

下列情形视为船舶未按照规定投保船舶油污损害民事责任保险或者取得其他财务保证:

(一)未取得相应的船舶油污损害民事责任保险证书;

(二)伪造、涂改船舶油污损害民事责任保险证书;

(三)所持有的船舶油污损害民事责任保险证书超过有效期;

(四)所持有的船舶油污损害民事责任保险证书与船舶实际情况不相符。

船舶伪造、涂改船舶油污损害民事责任保险证书的,海事管理机构还应当对已签发的船舶油污损害民事责任保险证书予以撤销。

第二十条 从事船舶油污损害民事责任保险的保险机构有下列情形之一的,自发现之年次年起三年内海事管理机构对其不得予以确定和公布:

(一)在生效的法院判决、仲裁裁决书或仲裁调解书规定的履行期间届满后拒不执行,未向所承保船舶赔付的;

(二)向海事管理机构提交虚假材料。

第二十一条 海事管理人员滥用职权、徇私舞弊、玩忽职守、严重失职的,由所在单位或者上级机关给予行政处分;构成犯罪的,依法追究刑事责任。

第六章 附 则

第二十二条 本办法所称的"以上"包括本数,所称的"以下"不包括本数。

第二十三条 本法中下列用语的含义是:

"油类"是指任何类型的油及其炼制品。

"持久性油类"是指任何持久性烃类矿物油,例如原油、燃油、重柴油和润滑油等。

"非持久性油类"是指持久性油类以外的任何油类。

第二十四条 本办法自 2010 年 10 月 1 日起实施。

在中华人民共和国海域内航行的 1200 总吨以下载运散装持久性油类物质的船舶,其油污损害民事责任保险制度自本办法生效 1 年后实行。

参考文献

[1] 王保树，于敏，杨东（译）．最新日本公司法．北京：法律出版社，2005．

[2] 房永斌，孙运英．保险法规监管．中国人民大学出版社，2004．

[3] 中国保险监督管理委员会．国际保险监管研究．中国金融出版社，2003．

[4] 齐瑞宗，肖志立．美国保险法律与实务．法律出版社，2005．

[5] 赵国贤．美国保险监管及法规．经济管理出版社，2005．

[6] 邓成明．中外保险法律制度比较研究．知识产权出版社，2002．

[7] 孟昭亿．中国保险监管制度研究．中国财政经济出版社，2002．

[8] 马永伟．各国保险法规制度对比研究．中国金融出版社，2001．

[9] 刘红林等．发达国家保险监管制度．时事出版社，2001．

[10] 邱展发．P&I 与船舶保险：理论及实务操作．台湾航贸图书出版社，1991．

[11] 江朝国．保险法基础理论．中国政法大学出版社，2002．

[12] 艾素君．保赔保险合同法律问题研究——兼论第三人对保赔协会的直接诉讼．法律出版社，2008．

[13] 周玉华．保险合同与保险索赔理赔．人民法院出版社，2001．

[14] 安丰明．船东保赔协会法律制度研究——以英国法为中心．中国检察出版社，2006．

[15] 汪鹏南．论保赔保险合同的法律性质．中国海商法年刊，2002．

[16] 任天干．保赔保险合同法简论．上海海运学院硕士论文，2002．

[17] 魏华林，潘国臣．论中国保险企业组织形式的多元化．武汉大学学报（人文科学版），2004（5）．

[18] 安丰明．从互助到保障和赔偿：船东保赔协会演变研究．现代法学，2003（10）．

[19] 王晓怡．保赔协会法律地位研究．中国海商法年刊，2009（1）．

[20] 陶海燕．保赔保险相关法律问题研究．大连海事大学硕士论文，2010．

[21] 注杰．中国保险监管体系法律研究——以保险资金运用为视角．吉林大学博士论文，2011．

[22] TYSERS. 2010/11 保赔保险回顾．上海中和保险经纪—英国泰瑟保险经纪公司报告，2011（1）．

[23] 韩鑫．关于船舶保赔保险几个问题的讨论．世界海运，2010（5）．

[24] 宋逢明．国际船东互保协会的规模经济问题及启示．保险研究，2005（8）．

[25] 保赔协会．链接和谐海事——专访英国托马斯米勒公司亚太区主席罗福．中国船检，2005（6）．

[26] 何光权．ISM 规则对船东保赔保险的影响．上海保险，2001（11）．

[27] 钮磊磊，顾煜．制约国内远洋船舶保险业发展原因探讨．保险研究实践与探索，2012（5）．

[28] 司玉琢．国际海事立法趋势及对策研究．法律出版社，2002．

[29] 张柯．相互保险公司与股份保险公司的比较研究．上海保险，2005（5）．

[30] 卫新江．论中国发展相互保险公司的策略选择．上海保险，2005（5）．

[31] 卓惠萍，鲁彦平．论中国非营利性组织之营利问题．山东行政学院学报，2006（6）．

[32] 高庆华．船东保赔协会的法律地位及法律适用．海商法研究，1999（1）．

［33］李凤宁. 中国保赔保险法律制度的完善研究. 中国水运, 2007（1）.

［34］孟龙. 论国际保险机构和保险集团跨国业务监管. 保险研究, 2003（6）.

［35］李繁. 船东互保协会性质研究兼谈中国海商法对船东互保协会立法的改进. 中国政法大学硕士论文, 2007.

［36］家诺. 2009 保险年度国际船舶保赔市场分析. 水运管理, 2009（1）.

［37］许萍. 中国保赔保险市场"监管缺位"问题分析及政策建议. 上海保险, 2018（9）.

［38］郑庆寰. 保赔保险市场的发展分析——兼论上海发展保赔保险市场的设想. 上海保险, 2013（6）.

［39］楼颖, 李秀昊, 李佳彬. 上海航运保险市场发展状况分析. 中国水运, 2013（3）.

［40］刘畅. 船东保赔协会之先付原则与第三人直接诉讼——以英国立法与司法实践为视角. 广西政法管理干部学院学报, 2012（3）.

［41］李凤宁. 海上责任保险的立法趋势与展望. 保险研究, 2007（4）.

［42］郭雷楠, 陈敬根. 国际保赔集团成员协会垄断法律问题研究. 河北法学, 2020（2）.

［43］徐仲建. 论船东互保协会在民法中的法律地位. 中国海商法研究, 2018（2）.

［44］胡海滨. 国际保赔保险发展现状及趋势. 中国保险, 2015（6）.

［45］中国船东互保协会. 保赔险年报（2010—2018 年）.

［46］Mac Gillivray, Evan James, Legh – Jones, Nicholas. on Insurance Law. Relating to All Risks Other than Marine, Sweet & Maxwell, 8th edition, 1988.

［47］Christopher Julius Starforth Hill, Bill Robertson, Steven J. Hazelwood. Introduction to P&I Practical Guides. Lloyd's of London Press, 1996.

［48］Hazelwood. An Introduction to P&I. Law and Practice, 2000.

［49］Steven J. Hazel wood. P. & I. Clubs. Law and Practice (third edition), LLP, 2000.

[50] Hansman, Henry. The Organization of Insurance Companies. Mutual versus Stock, Journal of Law. Economics and Organization, 1985.

[51] Hetherington. J. A. C. Fact V. Fiction. Who Owns Mutual Insurance Company. Wisconsin Law Review, 1969.

[52] Adkins Jason. The Policyholder's Perspective on Mutual Holding Company Conversions. Journal of Insurance Regulation, 1997.

[53] Clifferd Chanee. European Insurance Regulation. London Professional Ltd, 1997.

[54] Eisner, M. A, J. worsham, E. J. Ringuist. Contemporary Regulatory Policy. Bouldo: Lynne Riermer Publishers. Inc, 2000.

[55] Borch K. Markets and the Supervision of Insurance Companies. The Journal of Risk and Insurance, 2001 (41).

[56] Douglas Caddy. Legislative Trends in Insurance Regulation. Texas A&M University Press College Station, 1986.

[57] Willis Report. Protection and Indemnity Market Review 2011/2012. Willis Limited, 2012.

[58] TYSERS. THE P&I REPORT, 2019.

后 记

保赔保险是海上保险的重要组成部分，具有悠久的历史，在保障船舶营运中不可或缺，但对该领域中的问题进行研究者不多，因此在本书成文过程中资料的搜集就显得极为困难。究其原因，可能是目前海上保险的研究本就冷门，而属于海上保险子险种的保赔保险也就显得更小众了，关注者很少。在如此冷僻的领域中，仍然有一些深耕者，这其中包括保险公司、保赔协会等机构的人员，也包括院校的研究者们，他们的工作可能不那么令人瞩目，但极具专业性，令人尊敬。在本书写作过程中，参考、引用、借鉴了这些研究者们的观点、信息，在此要特别向他们表示诚挚的谢意！

本书的写作断断续续，现在呈现的内容并不容易。书稿完成的最后一段时间正值新冠肺炎疫情的全球大爆发，心情起起伏伏，但又要逼迫自己平静下来，向前辈及同学、同事讨教，不断整理着自己思路。令人高兴的是，书稿完成之日也是国内疫情防控取得重大成果之时，愿早日云开雾散，众人皆欢喜！

本书共分为 9 个部分，其中第 6 部分的内容由中央财经大学张虹老师撰写。感谢中国人民保险股份有限公司灾害研究中心的资助，这是促使我们进行此项内容研究的原动力；感谢中国船东互保协会的岳岩老师无私的帮助；感谢中央财经大学胡海滨老师的大力支持；感谢司迪、王子丰等同学在资料收集和数据整理中的付出；最后感谢李晓林老师对本书出版的鼎力帮助。

本书的观点仅是一家之言，不当之处，敬请批评指正。

郭丽军

2020 年 5 月 5 日 北京